미술치료에 나타난

형태 심리

박현일 著

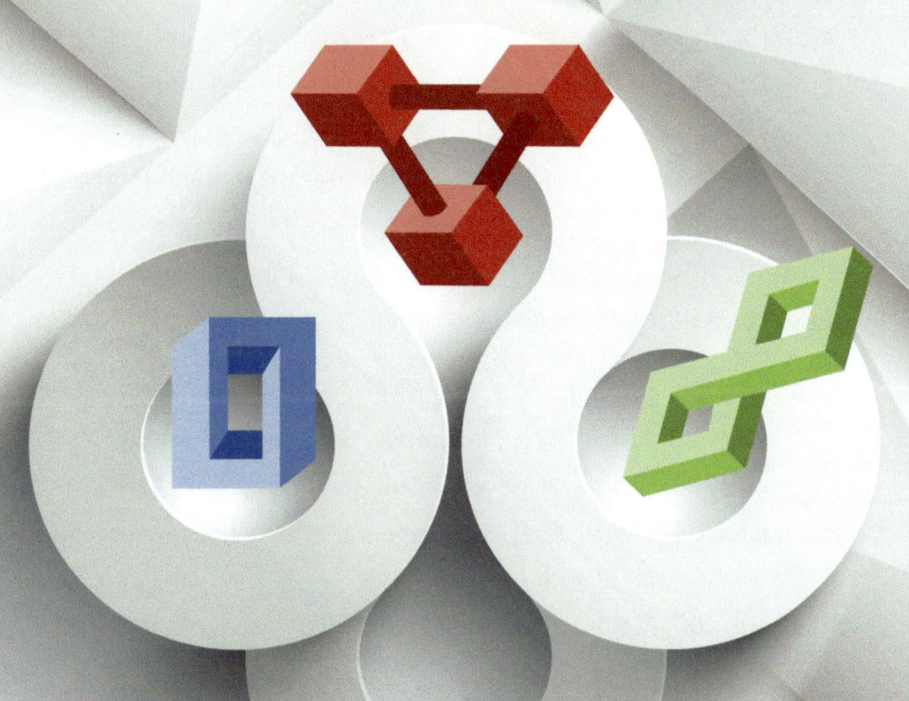

 21세기사

머리말

20세기 후반 현대 산업 사회의 분업화와 전문화에 따라 인간의 정서가 심하게 황폐화됨에 따라 미술치료가 나타나게 된 본질적인 이유이며, 그 이유는 미술치료가 인간의 복잡한 내적 상태를 이해할 수 있는 학문으로서 접근하고 있기 때문이다. 미술치료는 미술 작품을 통해서 개인의 갈등이나 심적 고통을 해소시키고, 인간의 표현을 통해 심리를 진단하며, 이를 치료하는 데 목적이 있다.

필자는 이런 것이 진정한 미술치료라고 생각한다. 미술치료는 그림을 그리는 과정에서 시작하여 그림을 완성시킬 때에 나타난 문제점을 결론으로 얻어 각각의 개인에게 알맞은 치료 방법을 찾아내 적용하는 것이다. 적용하는 방법은 여러 가지가 있겠으나 미술치료 과정에서 시작하기 가장 쉬운 방법은 음악이고, 완성(결론)에서 나타난 문제점을 풀어 주는 가장 좋은 방법은 형태 심리와 색채 심리이다.

따라서 필자는 미술치료 과정에서 아이들의 행동이나 언어, 습관적 태도, 상호작용, 현실적인 감각도 중요하다고 생각하지만 그 과정에서 나타난 어떤 결과에 비중을 더 두고 있다. 결과(완성)에서 나타난 증상이 많을수록 심리적인 면과 행동적인 면을 치료할 수 있는 과제가 생기기 때문이며, 이를 기반으로 한 미술치료에 나타난 형태 심리야말로 미술치료의 목적에 부합될 수 있을 것이라 생각한다.

그러므로 『미술치료에 나타난 형태 심리』는 대학 강의 16주에 맞추어져 있고, 16개의 Chapter로 구성되어 있다.

Chapter 01 뇌(brain)에는 뇌와 좌우 손의 차이

Chapter 02 지각과 창조성(creativity and perception)에는 지각과 창조성

Chapter 03 발달 단계(development stage)에는 발달 단계설과 그림의 발달

Chapter 04 아동의 표현 조형(expression modeling of the child)에는 아동의 조형과 그림의 형태

Chapter 05 조형(modeling)에는 조형의 개념 요소, 조형의 시각 요소, 조형의 원리, 형태의 분류 및 특징, 형태의 생리와 심리

Chapter 06 표현의 상징성(symbolism of expression)에는 상징과 태양

Chapter 07 인물화(figure painting)에는 인물화, 묘화의 순서와 기타, 얼굴의 순서

Chapter 08 형태의 일반적 특징(general characteristic of form)에는 형태의 요소, 구성의 일반적 특징, 대상, 선, 필압, 위치

이러한 내용들은 20년 넘게 저술한 『사고력 발달을 위한 어린이 그림 지도 방법론』, 『애니메이션이 보인다』, 『색채학 사전』, 『색채학 강의』, 『그림을 통한 성격 치료 미술치료』, 『아동미술 인명사전』, 『미술치료 용어사전』, 『아동미술 용어사전』과 연구한 「색채를 통한 청소년 심리상태의 분석연구」, 「유아 글자 교육 여러 가지 색」, 「초등학생을 위한 그림 지도」, 「장애인의 색채의식에 관한 연구(4)」, 「障害者の色彩意識に關する研究(5)：精神遲滯障害者と肢体障害者」, 「C-T-S-C Personality Inventory : Circle, Triangle, Square, and Clover」 결과의 내용들을 정리하였다.

특히 이 책은 전문가뿐만 아니라 미술 치료를 전공하는 학생부터 미술 치료사, 유치원, 초 중 고등학교 교사, 대학에서 근무하는 교수, 엄마, 아빠, 이모, 고모, 삼촌, 누나뿐만 아니라 어린이들을 가르치고 있는 모든 이들도 쉽게 접근할 수 있도록 집필하였다.

끝으로 『미술치료에 나타난 형태 심리』를 흔쾌히 출간해주신 21세기사 이범만 사장님과 독자들이 필독에 보다 도움이 될 수 있도록 편집에 신경을 쓴 편집자 여러분께 감사를 이로써 삼는다.

계사년 첫 달에

저자

차례

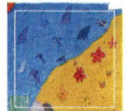

Contents

Contents

미술치료에 나타난 **형태 심리** ─○

Chapter

뇌
Brain

01

뇌
Brain

1 뇌(brain)

1) 좌뇌와 우뇌(right brain and left brain)

세계적으로 유명한 예술가 중에 미켈란젤로와 다빈치, 피카소가 왼손잡이이다. 그들은 예술가 중에서 왼손잡이에 대한 이야기 속에 등장하는 인물들이다. 이런 이야기의 배경에는 좌우 대뇌 반구의 사이에 나타나는 활동의 차이가 있기 때문이다.

대뇌는 왼쪽과 오른쪽 두 가지로 나누어져 있으며, 왼쪽 대뇌는 언어적인 활동의 역할을 하고, 오른쪽 대뇌는 비언어적 시공간적인 능력과 관련이 있다. 또한 손의 사용도 예술의 활동에 있어서 대뇌와 같은 역할을 하며, 이러한 언어가 일반적인 특징이다.

왼쪽과 오른쪽 두 개의 반구 사이에는 양자를 결합하는 뇌량(腦梁, corpus callosum)과 교연섬유(交連纖維)가 있어 상호 협조적인 움직임으로 작동된다.

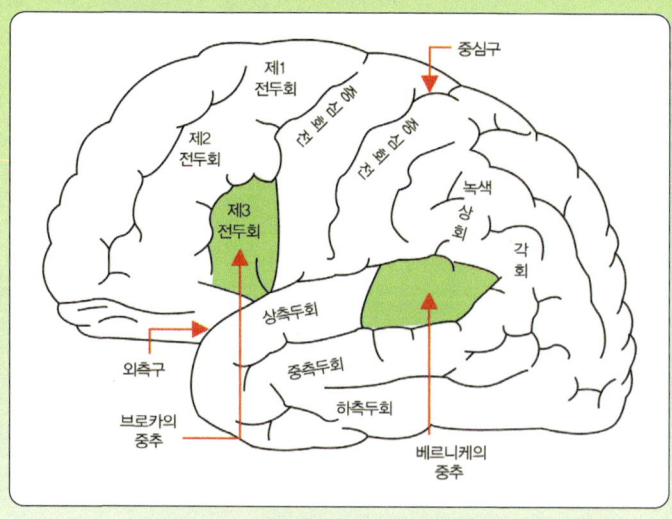

〈그림 01〉 브로카의 중추와 베르니케의 중추(二木, 1984)

좌반구는 최초로 명확하게 규정되었으며, 그 차이를 맡고 있다. 1836년 닥스(Dax, M.)는 말하는 것이 불가능한 환자가 좌반구에 부상이 있다는 사실을 보고하였다. 그 후 베르니케(Wernicke, K.)는 말하는 것은 가능하지만 타인의 말을 이해할 수 없는 장애는 좌반구에 부상이 있다는 사실을 지적하였다. 1989년 스프링거(Springer, S. P.)는 읽고 쓰는 장애가 나타나는 것은 좌반구의 부상에 의해 생긴다고 제시했다.

언어의 구사에 관여하는 부위는 브로카(Broca, Paul Pierre)의 중추, 말을 이해할 수 있는 것은 베르니케의 중추로 알려졌다(<그림 01> 브로카의 중추와 베르니케의 중추, 참조). 뇌의 특정한 부위에 부상이 생긴 언어 기능의 장애가 실어증이다. 이 장애는 대개 좌반구에 부상이 있으며, 우반구의 부상으로 생기는 일은 적다. 실어증은 언어의 기능과 좌반구의 관계를 명확하게 제시한다.

뇌부상 환자의 연구에서, 우반구가 비언어적 시공간적 능력에 관여하는 것도 알려지게 되었다. 환자에게 이러한 검사를 실시하여 좌반구에 부상이 있는 환자보다도 우반구에 부상이 있는 환자 쪽이 비언어적 시공간적 능력이 떨어진다는 사실을 알 수 있다.

1930년대 경 많은 자료를 수집한 결과 좌반구의 역할을 알 수 있지만(Springer, S. P., 외, 1989), 우반구의 기능이 늦게 발견된 원인은 언어의 장애에 비해 우반구의 기능 장애가 더 어렵기 때문이다. 현재에도 좌반구와 언어의 관계성을 확실하게 나타내는 우반구의 기능은 아직도 연구의 단계이다.

일반적으로 왼손이 우반구의 지배를 받고, 오른손이 좌반구의 지배를 받는다. 우반신의 마비가 좌반구의 부상에 있고, 좌반신의 마비가 우반구의 부상에 있다는 관계이다. 좌반구는 언어적, 우반구는 비언어적 시공간적이라는 특징이 맞아 떨어지지만 '복잡한 수의 운동'을 특징으로 설명하기는 어렵다(편측 반구로 우위에 매개되는 기능, Kolb, B., 외, 1990).

〈표 01〉 **편측 반구로 우위에 매개되는 기능**(Kolb, B., 외, 1990)

기능	좌반구	우반구
시각계	문자, 단어	복잡한 기하학적 패턴, 얼굴
청각계	언어 관련 음	비언어적 환경 음
반사감각계	?	복잡한 패턴의 촉각 재인식
운동	복잡한 수의 운동	공간적 패턴을 이루는 운동
기억	언어적 기억	비언어적 기억
언어	말하기, 읽기, 쓰기, 셈산	프로소데이?
공간처리		기하, 방향 감각, 도형의 심적 회전

2) 뇌의 기능(function of brain)

좌우 대뇌 반구의 기능은 언어적인 것에 비해 비언어적 시공간적 역할을 하고 있으며, 많은 언어를 좌우 반구가 나타내고 있으며, 반대되는 이분법적 언어가 특징이다(표 02).

〈표 02〉 **좌우 대뇌 반구의 기능에 관한 이분법**(Springer, S. P., 외, 1989)

좌반구	우반구	좌반구	우반구
수속적	확산적	유향적	자유로운
지적	직관적	차이적	실존적
연역적	상상적	단시적	다중적
합리적	은유적	역사적	초시간적
수직적	수평적	분석적	전체적
이산적	연속적	명시적	암묵적
추상적	구체적	객관적	주관적
현실적	충동적	단속적	동시적

좌우 대뇌 반구의 이분법은 계층별로 나눌 수가 있지만, <표 03>의 상단은 기초적인 것이다. 그러나 하단은 실험적 근거가 불충분하다. 예를 들면, 좌반구는 시간적인 변화를 포착하여 자극을 세분화시켜 분석하고, 우반구는 동시적으로 패턴의 특성을 나타낸다. 좌반구는 논리적·분석적·합리적이고 실질적인 사고를 갖으며, 인지 양식과 사고 양식, 문화의 차이가 전개된다.

특히, 이분법을 이용할 때에 계층성과 함께 상대적인 차이를 표현하며, 좌반구가 언어의 기능에 대한 역할로 표현된 것은 상대적인 차이를 의미한다.

〈표 03〉 **좌우 대뇌 반구의 기능에 관한 이분법의 계층성**(Springer, S. P., 외, 1989)

좌반구	우반구
언어적	비언어적, 시공간적
단시적, 시간적, 디지털적	동시적, 공간적, 아날로그적
논리적, 분석적	게슈탈트적, 종합적
합리적	객관적
개방적 사고	전통적 사고

3) 좌우 뇌와 예술 활동(right brain and left brain of art activities)

예술적인 활동은 언어적인 활동에 비해 우반구의 역할이 중요하다. 물론 예술적인 활동에 따라 좌우 반구가 달라지지만 이 활동은 비언어적 시공간적이기 때문에 뛰어난 우반구의 움직임에 의존한다.

그러나 예술적인 활동이 우반구만으로 형성되는 것은 아니다. 편측 반구에 부상이 있는 어린이의 그림은 그림의 요소가 그려져 있지만 배열과 공간 관계가 일그러져 있다. 또한 좌반구에 부상이 있으면 그림의 요소가 빠지거나 단순화가 과도하게 보인다. 우반구에 부상이 있으면 그림의 요소는 부적절하여 외형과 비율, 공간 관계가 불완전하게 나타난다. 이런 그림을 그리는 행위에도 좌우 반구의 특징이 전개된다.

언어적인 활동은 주로 좌반구가 담당하고 있지만, 은유와 유머의 이해는 우반구가 중요한 역할을 한다(Springer, S. P., 외, 1989). 언어적인 활동과 예술적인 활동은 근본적으로 양 반구의 협조적인 움직임에 의해 일어난다. 그리고 예술적인 활동은 상대적으로 우반구의 움직임이 중요하다.

예술적인 활동과 좌우 반구의 움직임은 고정적인 것으로 생각된다. 멜로디 기억의 반구에서 음악을 전공한 학생과 비전공 학생을 비교하면, 비전공 학생의 왼쪽 귀(우반구)가 뛰어나며, 음악을 전공한 학생은 반대로 오른쪽 귀(좌반구)가 발달되었다(Wagner, M. T., 외, 1981).

이 결과 음악을 전공한 학생은 멜로디 개개의 요소 또는 단시적인 측면에 주목했기 때문이다. 그러므로 예술의 훈련과 경험에 의해 좌우 반구의 변화가 생겨났다.

2 좌우 손의 차이(difference between the right and left hand)

좌우 대뇌 반구의 차이는 좌우 손의 사용과 관계가 있으며, 이 관계는 두 가지의 다른 측면이 있다. 첫 번째는 왼손이 오른쪽 반구, 오른손이 왼쪽 반구의 신경 지배를 받기 때문에 좌우 반구의 차이가 좌우 손의 차이에도 영향을 미친다. 두 번째는 사용하는 손의 차이가 좌우 반구의 차이와 관계가 있다.

손을 사용한 좌우 반구의 기능에 관한 연구에 의하면, 문자 이외의 다양한 형태의 지각에는 일반적으로 왼손 쪽이 뛰어나다(Hiscock, M., 1988). 예를 들면, 불규칙한 형태의 도형(무의미 도형)을 보이지 않는 곳에서 양손에 각각 한 가지씩을 만지게 하여 그것이 어떤 도형인지 찾으라고 하면 오른손보다 왼손이 도형을 맞히는 성적이 더 좋다. 이것은 좌반구의 비언어적 · 시공간적인 움직임이 반영된 것이다. 문자와 그림이 있는 블록을 손으로 짜 맞추는 방법으로 크로스워드 퍼즐과 같은 언어적 과제와 지그재그 퍼즐과 같은 비언어적 과제를 수행할 때에 사용되는 손을 관찰하면 비언어적 과제일 때 왼손의 사용이 증가된다(Hampson, E., 외, 1984).

이 연구들은 손에 의한 형태의 지각을 필요로 하는 예술적인 활동에서 왼손의 사용이 유리해지고, 비언어적 · 시공간적인 예술 활동에서는 왼손의 사용이 증가됨을 시사한다. 이러한 예술적인 활동은 좌반구의 움직임과 왼손의 사용과도 관련이 깊다.

1) 자주 사용하는 손(frequently used hand)

왼손잡이 중에는 좌반구가 언어적, 우반구가 비언어적 · 시공간적이라는 일반적인 도식에 맞아떨어지지 않는 사람이 꽤 있다.

<표 04>는 편측 반구에 부상이 있는 환자에게 생겨나는 실어증과 시공간 능력의 장애를 추정한 것이다. 언어의 기능에 의하면, 좌반구가 우위인 확인된 사람은 오른손잡이가 96%이고, 왼손잡이는 66%이다. 나머지는 우반구가 우위였으며, 언어의 기능은 양반구 모두에 있었다. 시공간의 능력에 의하면, 좌반구가 우위인 오른손잡이는 68%이고, 왼손잡이는 38%이다. 더구나 이러한 개인 차이는 성에서도 존재하고, 남성보다 여성이 일반적인 도식에 맞아 떨어지지 않는다.

  자주 사용하는 손과 좌우 대뇌 반구의 차이는 예술적인 활동과 우반구의 관계가 사용하는 손에 의해 달라지고, 그렇지 못한 사람은 왼손잡이에 많음이 나타나고 있다. 손의 사용에 관한 이들 두 가지의 측면은 예술가의 손을 생각할 때 커다란 문제점을 만들어낸다. 먼저 예술적인 활동이 왼손의 사용과 관련이 있다면, 이 활동은 왼손의 사용이 유리하다는 점과 예술가에게는 왼손잡이가 많을 것이라는 추측을 할 수 있다.

〈그림 02〉 왼손잡이   〈그림 03〉 오른손잡이

  예를 들면, 일반 학과와 예술대학, 미술대학 학생의 손을 비교한 연구에서는 예술계 학생의 48%가 왼손잡이 아니면 양손을 모두 사용한 반면 일반 학과의 학생은 22%였다(Mebert, C. J., 외, 1980). 결국 문제되는 왼손잡이는 우반구와 비언어적·시공간적 능력의 연관성이 맞아 떨어지지 않는다. 예술가의 손에 관한 문제는 아직도 명쾌한 설명을 할 수가 없다.

〈표 04〉 자주 사용하는 손 및 성(性)과 좌우 대뇌 반구의 기능

(A) Bryden, M. P., 외, 1991

분류		우위의 반구		
		좌	양측	우
언어의 기능	오른손잡이	96%	0%	4%
	왼손잡이	6%6	17%	17%
시공간 능력	오른손잡이	32%	0%	68%
	왼손잡이	30%	32%	38%

(B) Bryden, M. P., 외, 1983

분류		우위의 반구		
		좌	양측	우
언어의 기능	남성	94%	0%	6%
	여성	78%	0%	22%
시공간 능력	남성	24%	0%	76%
	여성	41%	0%	59%

* 남녀의 비교는 오른손잡이의 경우이다.

좌우 대뇌 반구의 차이는 능력과 기호, 인지 양식 등의 개인의 차이를 나타내며, 사용하는 뇌에 의한다. 자주 사용하는 뇌는 사용하는 손과 눈, 발, 귀 등으로 나타나며, 좌우 뇌(대외 반구)의 관계에 적용된다. 자주 사용하는 손은 좌우 손의 일반적인 사용 빈도와 관계가 있으며, 자주 사용하는 손이 된다.

<표 05>는 대학생을 대상으로 자주 사용하는 손의 데이터이며, 5가지의 행위에 대해 '오른손을 사용한다.' '왼손을 사용한다.' '어느 쪽이든 상관없다.' 중에서 고르게 한 결과이다. 각각의 행위에서 오른손을 사용하는 비율이 다르다. 이런 결과에서, 자주 사용하는 손을 판정할 때에는 일정한 기준을 내세울 필요가 있다. 이 조사에서는 '오른손'을 2점, '어느 쪽이든 상관없다.'를 1점, '왼손'을 0점으로 합계를 냈다. 9점 이상을 오른손잡이, 8점 이하를 비오른손잡이(왼손잡이, 양손잡이)로 분류한다.

〈표 05〉 오른손 사용 사람의 비율(伊田, 1991)

	글쓰기	그림 그리기	볼 던지기	가위 사용하기	칫솔 사용하기
여성 1,062명	98.8%	95.8%	92.3%	87.4%	–
남성 754명	98.3%	94.6%	90.5%	91.9%	83.7%

자주 오른손과 왼손을 사용하는 사람은 오른손잡이, 왼손잡이라고 부르지만 손 이외에 다리, 눈, 귀에 대해서도 오른쪽 잡이와 왼쪽 잡이를 구별할 수 있다. 또한 자주 사용하는 다리는 볼을 차는 발, 발가락으로 조그만 돌멩이를 잡을 때에 쓰는 발, 의자에 올라설 때 먼저 의자에 올리는 발 등에 의해 판정된다. 또한 자주 사용하는 눈은 데생을 할 때 사용하

는 눈, 측정할 때에 사용하는 눈, 현미경을 볼 때 사용하는 눈, 조준할 때 사용하는 눈이다. 그리고 자주 사용하는 귀는 방에서 들리는 소리를 듣거나 시계의 소리에 귀를 쫑긋 세우거나 이어폰을 끼워 사용하는 귀이다.

2) 자주 사용하는 쪽과 뇌(brain and frequently used left or right)

뇌를 측정하기 위해 고안된 특징적인 검사를 몇 가지 소개한다(Beaumont, J. G., 외, 1984; Harris, L. J., 외, 1988). 첫 번째, 능력을 조사한 방법에는 언어성의 과제와 비언어성의 과제를 실시하고, 어느 쪽이 성적이 좋은지에 따라 자주 사용하는 뇌로 판정한다. 두 번째로는 질문지를 이용한 것으로 '얼굴을 외우는 것이 어렵다?' '이름을 외우는 것이 어렵다?'라는 항목으로 판정을 한다. 그 밖에 안구 운동과 뇌파 등 생리적인 지표를 이용한 것도 있다. 그리고 이것을 구별하기 위해 만들어진 검사는 문자 그리고 숫자와 동식물의 겹친 그림을 순간적으로 제시하고, 어느 것이 강하게 왔는지를 물으며, 언어 재료와 비언어 재료에 대해 사용하는 뇌를 판정한 것도 있다(Ehrlich-man, H., 외, 1978).

대면할 때 시선을 모아 말을 하면 잘못을 했을 경우 시선을 놓칠 때가 종종 있는데, 시선을 놓칠 때(왼쪽 또는 오른쪽)에는 사용하는 뇌가 반영된다. 이와 같은 좌우 방향의 안구 운동을 LEM(측방 안구 운동 : lateral eye movement)이라 부르고, 눈이 좌측으로 잘 움직이는 사람은 좌시자, 우측으로 잘 움직이는 사람은 우시자로 분류된다. 좌시자는 우뇌, 우시자는 좌뇌를 자주 사용한다.

편측 반구의 활동은 반구내의 안구 운동에 관여하여 부위에 영향을 주고, 반구와는 반대 방향으로 눈의 움직임이 생긴다는 가정이다. 좌시자와 우시자를 비교한 연구에서는 좌시자(우뇌 사용자) 쪽이 최면의 감수성과 시공간 능력이 높고, 이미지가 선명하며, 예술 활동에 종사하므로 창조적이며, 설득당하기 쉽고, 감정에 좌우되지 않는 독단적이며, 표정에 싫고 좋음을 정확하게 전달한다. 이런 좌시자는 수학과 공학 등의 하드한 영역보다도 영어와 역사 등 소프트한 영역을 전공하는 등의 보고가 있다(Hiscock, M., 외, 1985).

뇌의 사용 방법에 근거한 예술적인 활동은 우반구의 상대적인 활발함이 우뇌 사용자와 연결되어진다. 이 연결은 2개의 방향에서 얻을 수가 있다. 첫 번째는 우뇌 사용자가 비언어적 · 시공간적인 능력과 선호라는 점에서 예술적인 활동에 대한 적성이 높게 나타난다. 두 번째는 예술적인 활동을 통해 우뇌의 움직임이 활발하게 되고, 자주 사용하는 경향이 있다.

이런 예술적인 활동의 훈련과 경험이 좌우 대뇌 반구의 관련과 그 활동에 있어서 손의 사용에 영향을 주는 것이다. 좌우 뇌와 손의 예술적인 활동 관계는 개인적인 레벨로서 보면 어떤 형태로 관계했는지에 따라 다양함과 상이함이 나타난다.

그러므로 예술적인 활동에 있어서 좌우 뇌와 손의 움직임은 좌우 뇌와 손의 차이에 따라 규정되는 것만이 아니라 훈련과 경험에 따라 예술적인 활동에 만들어지고 발달된다.

자주 사용하는 쪽을 비교하면(Coren, S., 1992) 오른손잡이의 비율에 차이가 있다. 오른손잡이는 자주 사용하는 손이 90%, 발은 80%, 눈은 70%, 귀는 60% 정도이다. 자주 사용하는 손, 발, 귀에서는 여자가 오른쪽을 많이 사용하지만 귀는 남자가 많이 사용한다.

자주 사용하는 뇌는 좌우의 대뇌 반구 움직임을 나타내며 능력과 기호, 인지양식 등에 관한 개인의 차이로 연결된다. 우뇌의 사용자는 비언어적·시공간적인 능력이 뛰어나는 반면에 좌뇌 사용자는 언어적인 능력이 뛰어나다. 그 밖의 2분법을 사용(표 02)하면 좌뇌 사용자는 단시적인 처리에 뛰어나고, 우뇌 사용자는 동시적 처리에 뛰어나다. 좌뇌 사용자는 사물을 분석적으로 파악하고, 논리적이며, 추상적인 생각을 갖는다. 우뇌 사용자는 합리적, 전체적으로 파악하고, 직관적이며 구체적인 생각을 갖는다. 이것은 인지 양식과 사고 양식을 사용하는 차이도 뇌의 현상으로 볼 수가 있다.

사용하는 뇌를 검사하기에는 아직 확실하지 않다는(Beaumont, J. G., 외, 1984) 것이 문제로 남아 있다.

〈그림 04〉 **자주 사용하는 뇌 검사의 도형의 예**(오오쿠라, 1983)

3) 좌우 뇌수(right and left brain)

올스타인(Orstein)은 그의 연구에서 좌우 뇌수 기능의 특성을 소상하게 언급했다. 왼쪽 뇌수는 시간의 데이터 처리에 능하고,[1] 오른쪽 뇌수는 공간의 데이터 처리에 능하다.[2]

:: **좌우 뇌수의 기능**

좌(left)	우(right)
합리적, 논리적, 이지적	직관적
수렴적 사고 과정	확산적, 창조적 사고
연역	상상
분석, 구별	종합, 관련, 전체
구분	계속
2차적 과정	1차적 과정
방향, 지시	자유
선, 순차	면, 순차 없는
역사, 시간	시간 없는, 공간
객관성	주관성
언어적	비언어적
일반성	개성
과학, 본 다음에 믿겠다.	종교, 믿으면 보게 된다.
서양의 문화	동양의 문화
읽기, 듣기, 말하기, 쓰기	꿈, 상징, 율동, 음악, 시
즉각적	영구적

4) 그림의 방향(direction of picture)

아메스(Ames)는 그의 논문("그림 방향의 발달")에서 "왼손잡이는 그림의 형태가 좌측보다 우측에서 시작되고, 꼭대기보다 밑에서 시작하는 경향이 더 많다."고 그림의 방향에 대해 다음과 같이 언급했다.

프리먼(Freeman)은 그의 논문("어린이들의 그림에서 생산과 진행")에서 동물의 다리 두 개를 위쪽에 그리고, 둘은 아래쪽에 그렸던 어린이를 실험했다. 어린이에게 마부가 이미 말

---

1) 시간의 뇌수(temporal brain)를 의미한다.
2) 시각, 공간의 뇌수(visual spatial brain)를 의미한다.

위쪽 공간을 차지하고 있는 말 그림을 제시했다. 그러자 이번에는 그 어린이가 네 개의 다리를 아래쪽 공간에 위치시켰다.

<그림 05> 그림의 방향

미국의 아동 심리학자, 게젤아동발달연구소(Gesell Institute of Child Development) 소장인 게젤(Gesell)은 그의 논문("그림 방향의 발달")에서 그림의 방향에 대해 다음과 같이 언급했다. "왼손잡이는 모양의 좌측보다는 우측에서, 꼭대기보다는 밑에서부터 시작하는 경향이 더 많다". 또한 그의 관찰에 따르면, 어린이의 발달 순서상 수직선 긋기가 수평선 긋기보다 앞서서 나타난다.

1952년 젠센(Jensen)은 그의 연구에서 묘화에 나타난 수향성(handedness) 결과를 제시했다. 묘화에 나타난 얼굴을 보고 왼쪽이냐 오른쪽이냐에 대해 분석했다. 오른손잡이는 좌향이고, 왼손잡이는 우향이며, 신체적인 조건 가운데 수향성을 의미한다. 어린이들은 자라면서 점점 좌향성이 줄어들지만 상당한 어린이들은 좌향성으로 굳어 버린다.

힐드리드(Hildreth, G.)는 그의 연구에서 왼손잡이와 오른손잡이에 대해 언급했다. 왼손으로 자주 그림을 그리는 것은 난화기(2세~4세나 5세)에 속하는 어린이들이 많다. 어린이가 점점 성장함에 따라 초등학교에 들어갈 때쯤이면 왼손잡이는 차츰 적어진다. 2세~5세의 어린이 44명을 대상으로 그들이 식사할 때와 운동장에서 노는 모습을 조사했는데, 그중 11% 조금 넘는 어린이가 왼손잡이였고, 또 여자 아이보다 남자 아이가 왼손잡이나 양손잡이가 많았다. 결론적으로 오른손잡이는 그가 식사할 때 모방한 학습된 행동으로 많이 나타난다.

<그림 06> 왼손잡이

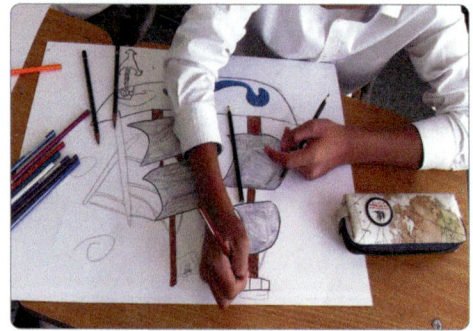

<그림 07> 오른손잡이

미술치료에 나타난
형태 심리

미술치료에 나타난 **형태 심리** —○

지각과 창조성
Creativity and Perception

Chapter
02

1 지각(perception)

2 창조성(creativity)

지각과 창조성
Creativity and Perception

1 지각(perception)

1) 지식과 지능(intellectual and knowledge)

스펜서(Spencer, 영국의 교육자, 철학자)는 그의 저서(교육론)에서 가장 가치 있는 것을 지식과 지육, 덕육, 체육의 네 개의 장으로 구성했다. 교육의 목적은 사람으로 하여금 완전한 생활을 준비시키는 데 있으며, 개인이나 사회생활의 발전에 가장 적합한 지식을 얻고, 이 지식을 이용하는 힘을 기르지 않으면 안 된다고 했다.

그는 또한 가장 가치 있는 지식을 다섯 가지 제시했다. 첫째는 직접적으로 자기 보존에 유용한 지식, 둘째는 간접적으로 자기 보존에 유용한 지식, 셋째는 자손의 양육에 필요한 지식, 넷째는 사회나 정치적 관계를 적당히 유지함에 유용한 지식, 다섯째는 취미나 감정의 만족에 유용한 지식과 중요성의 정도에 따라 판단이다.

〈그림 01〉 취미

〈그림 02〉 감정

<지능 검사> 창시자 중의 한 사람인 프랑스의 비네는 검사의 결과를 정신 연령[3])으로 나타내었는데, 이 방법은 피검사자의 생활 연령의 관계 여하에 따라 지능의 양부(良否)에

대한 평가가 달라진다. 그 후 독일의 슈테른과 미국의 터먼(Terman, L. M.)은 정신 연령의 생활 연령에 대한 비(比)를 구하는 IQ를 고안했다.[4] 이에 의하면, 평균 지능이 100점이 되어 지능의 우열을 따지는 데에 이해하기 쉽다는 이점이 있으나, 수리 통계학적으로 엄밀한 의미를 전제로 하는 숫자라고는 할 수 없기 때문에 현재는 지능 편차치(知能偏差値)를 사용하는 경우가 많다. 데이비스(Davis)는 지능이 현저하게 발달된 시기를 11세로 보았고, 이 나이에 성인의 50%가 이루어진다. 모든 인간의 80%가 어린이 시기에 발달된다. 또한 라이번(Liben)은 지식이 없을 경우 어린아이들의 그림은 변하지 않는다고 주장했다.

〈그림 03〉 초등 2년, 1985년 3월 생   〈그림 04〉 초등 3년, 1985년 1월 생

특히 피아제(Piaget, 스위스의 심리학자)는 그의 저서(*어린이 지식의 근원*)에서 어린이 초기의 지각 발달을 3단계로 제시했다. 지각은 학습되고, 헤브(Hebb, D.)나 세덴(Seden, M.)도 지각이나 지각 행동의 성장은 개념 형성에 영향이 크고, 이것이 어린이의 미술에 그대로 반영된다. 지력이 발달함에 따라 표현이 달라진다는[5] 연구가 대표적이다.

공간 개념의 연구는 어린이의 공간 개념 발달에 따라 표현이 달라진다. 4세~8세의 표현은 양식이나 윤곽을 상징적으로 표현하는데, 이 표현의 형태를 스키마(schema, 도식)라고 한다. 윤곽은 어린이가 지각한 외계의 경험이 하나의 '개념'으로 어린이 나름대로 형성된다. 윤곽은 어린이 각자에게 각각 다르게 표현되고, 어린이의 환상과 현실 사이에 다리의 역할을 하며, 최초로 사회에 참여하는 수단이 된다. 의사소통이나 탐색의 사회 참여, 자기 주장, 존재의 지위 확보, 기쁨과 자신감, 적극성, 주체성과 자율의 참여는 창조를 낳는다.

---

3) 지능의 발달 정도가 일반 생활 연령으로 몇 살, 몇 개월 되는 사람의 평균 지능에 상당하는가를 표시하는 것
4) IQ =(정신 연령＋생활 연령) 100이다.
5) 개념론으로 구드너프(Goodenough)의 연구가 여기에 속한다.

〈그림 05〉 5세 아이의 그림

〈그림 06〉 5세 아이의 그림

1단계는 생후 4개월~5개월까지이다. 이 단계는 지각이 막 열리는 단계로서 매우 혼란스럽고 질서가 없다. 공간 지식은 위상이다.[6] 위상은 멀어져 가는 분리감과 가까이 다가오는 접근감을 일련의 질서(serial order)로 볼 수 있고, 이런 능력이 생기면 선이나 면의 계속성(continuity)도 지각된다.

2단계, 지각 발달 단계는 5개월~1세까지 이르는 단계이며, 비전(vision)과 손 운동(파악)을 정합하기 시작하고, 손의 운동이 비전에 의해 통제받게 된다. 이 단계는 대상을 질서 있는 체제로 다루려는 의도가 생긴다. 이 단계의 어린이들은 손가락으로 만지며, 물건의 형태를 눈으로 파악하고, 눈동자를 움직인다. 형태의 크기와 항상성은 물론 평면의 항상성과 투시의 공간 관계를 볼 수 있다. 평면의 공간을 지각한다는 것은 직선과 각, 원, 비례, 기하학의 형상을 지각한다. 입체 공간을 본다는 것은 사물의 원근법을 자각할 수 있다는 것이다.

3단계의 지각 발달 단계는 1세~2세까지이다. 이 단계는 좀 더 발전되고 체계 있는 감각적 탐색이 나타나고, 단순한 사물의 형태와 차원[7]을 인식하며, 사물 사이의 관계가 파악된다. 2세에는 사물에 대한 지적 개념의 이미지가 그림으로 표현되기 시작한다. 7세~9세는 평면 공간이나 입체 공간 관계를 그리기 시작한다.

살로메(Salome)는 그의 논문에서, 지각 훈련(perception training)은 관찰 능력과 시각적 자극을 선택하고, 반응하는 능력을 개발하는 가르침이라고 보았다.

피아제(Piaget)는 그의 저서(*어린이 지식의 근원*)에서 지적 발달 변화의 원인을 네 가지 가정했다. 첫째는 생리적인 성역이다. 둘째는 물리적인 세계와 상호작용을 통해 얻어지는 경

---

6) 위치에 따라 각기 한 사물의 이미지가 독립적으로 존재한다. 항상성이 형성되어 있지 않은 것을 말한다.
7) 평면, 입체감을 의미한다.

험이다. 셋째는 다른 사람에게서 전해 듣는 지식이다. 넷째는 균형화이다.

이 네 가지의 가정은 다른 이론에도 없는 피아제 이론의 중심 개념이다. 그에게 있어서 지적 발달은 사물을 이해하는 새로운 인지 구조를 동화와 조절을 통해 점차로 만들어 가는 과정이다. 동화와 조절을 통해 변화하는 과정은 균형화에 의한다. 이 균형화로 인해 동화와 조절은 조화가 잡힌 통합적인 상태로 향하게 된다. 균형은 안전성을 나타내지만, 이것은 결코 정적 상태가 아니라 안정적이고 지속적이며, 환경에 적응하는 범위가 넓어진다.

2) 지능과 묘화 관계(relationship of portrayal and intellectual)

김정은 그의 연구에서 지능과 묘화 관계를 언급했다. 지능과 묘화의 관계는 국가나 지역, 가족 단위에 따라 약간씩 차이가 있다. 한국 어린이 6세~7세와 중동 지역 어린이 6세~7세의 표현 능력을 비교했을 때 중동 지역의 어린이들은 약 1년~2년 정도 낮게 나타났다.

구드너프(Goodenough, 미국의 여성 미술 교육학자)는 그의 저서(그림에 의한 지능측정)에서 지능과 어린이의 그림(child picture and intellectual)을 설명했다. 4세~8세 어린이는 보이는 대로 그리는 게 아니라 아는 것을 그린다. 표현은 정감에 의한 중요성을 나타내는 것이고, 크기나 화면의 위치에 이것을 반영하며, 화면 중앙에 가장 중요한 의미의 존재를 그린다. 특히 아이들은 사물의 중요성에 대해 크기를 크게 그린다.

어린이의 그림에 있어서 개념의 발달은 어린이의 미술 표현에 부인할 수 없는 중요한 영향을 주며, 그녀가 이 연구 결과를 가장 먼저 발표했다. 지능과 어린이 그림의 상관관계가 낮게 나왔던 초기의 연구는 전통적 심리 표현의 분석에 집중했기 때문이다. 그녀는 미적 반응을 통제하여 집, 나무, 사람을 그리게 하고, 그림의 자세한(detail) 표현과 전체적인 비례, 동세 표현들을 점수화하여 지능과 상관을 0.74라는 높은 관계를 객관화시켰다. 그녀는 이것을 <지능 검사> 결과와 비교하여 지능을 알아보는 도구를 만들었다. 개념론은 지력의 발전함에 따라 표현이 달라지며, 이것이 오늘날 피아제의 연구와 같이 대표적이다.

카네스(Karnes, 미국의 미술 교육자)는 그의 저서(지식을 통한 예술의 창조)에서 지식을 통한 예술(art through a knowledge)의 창조를 여섯 개의 장으로 제시했다.

첫째, 제1장은 감상하기(seeing & feeling)이다. 이 장에서는 질감의 차이 구경하기와 밝기의 차이 구경하기, 안팎의 질감 차이를 만져서 느껴 보기, 선이나 그림자 보기, 모든 물건의 모양새 차이점을 찾아보기가 있다.

둘째, 제2장은 표현하기(painting & drawing)이다. 이 장에서는 연필로 그리기와 크레파스로 그리기, 여러 가지 사인펜으로 그리기(drawing a picture with felt tip pens), 초크로 그리기, 붓으로 그리기, 색깔로 그리기, 흑백 그림에 명암 넣기, 그림 종이에 다른 재료로 그리기, 투명한 종이를 대고 그리기, 벽에 그리기가 있다.

〈그림 07〉 감상하기

〈그림 08〉 표현하기

셋째, 제3장은 찍어 표현하기(printmaking)이다. 이 장에서는 손가락으로 찍기와 고무 스템프로 찍기 열한 가지가 있으며, 주로 판화의 요소가 포함되었다.

넷째, 제4장은 조각이다. 이 장에서는 판자로 만들기와 스치로폴로 만들기, 나무로 조각하기, 철사 줄로 형상 만들기 열 가지를 소개했다.

다섯째, 제5장은 만들기(crafts & mixed media)이다. 이 장에서는 뜯어서 붙이기와 종이로 인형 만들기 아홉 가지가 있다.

여섯째, 제6장은 특별 활동이다. 이 장에서는 자화상 그리기와 동물원을 주제로 만들거나 그리기, 괴물을 만들거나 그리기가 있다.

〈그림 09〉 찍어 표현하기

〈그림 10〉 만들기

3) 지적 장애(mental retardation, MR)

지적 장애는 정신 발달 저지라고도 한다. 과거에는 정신박약 또는 정신지체 장애라는 용어가 쓰였으나, 2007년 10월 장애인복지법의 개정으로 지적 장애라는 명칭으로 바뀌었다. 과거에는 지적 장애의 분류를 IQ(지능 지수)의 점수에 따라 백치, 치우(痴愚), 경우(輕愚), 노둔(魯鈍)으로 불렀으나, 지금은 IQ가 50~70을 경증, 35~49를 중등도, 20~34를 심도(深度) 지적 장애인이라고 분류한다. 전체 지적 장애인 중에서 경한 자가 약 80%이고, 중등도가 12%, 심한 경우가 7%, 극심한 경우가 1% 정도이다. 외국에서는 전체 지적 장애인 중약 4%가 특수시설에 수용되어 있다. 1972년 한국에서는 6세~18세 중에서 IQ 60 이하의 발생 빈도가 0.55%라는 보고가 있다. 전 세계의 통계를 감안해 보면 일반 인구 중 지적 장애인은 적게 잡아 약 1%이다.

지적 장애는 지적 기능과 개념적, 사회적, 실제적 적응 기술로 표현되는 적응 행동에서 유의미한 제한을 가진 장애로 특징지어진다. 이 장애는 18세 이전에 나타난 경우로 한정한다.

이들 개체들은 여러 가지 다양성이 있지만, 크게 정신 능력의 손상과 학업 성취에 지체를 나타내는 것이 특징이다. 지적 장애인의 대부분은 정신 연령이 생활 연령보

〈그림 11〉 **지적 장애의 그림**(초등 5년 여자 아이)

다 상당히 낮아 지능이 평균보다 낮고, 적응 행동에 결함을 갖는다. 경도의 지적 장애는 6세~12세 사이 학교생활에 장애를 받고, 특히 또래 집단에 잘 어울리지 못하며, 교사의 지시에 따르지 못한다.

2 **창조성**(creativity)

1) **창조**(creation)

부버(Buber)는 그의 저서(*너와 나*)에서, 창조는 만남 속에서 그 형태를 나타낸다고 보았다. 창조는 기다리고 있는 감각에 대해 굳는 것이 아니라 붙잡는 자에게 드러내 놓는다. 창조는 완성된 인간 주위에서 늘 친숙해진 대상으로 유동하고 있으나, 그것을 하려면 수고의 손길이 끊이지 않고 구애해야 한다.

길포드(Guilford, 미국의 심리학자)는 그의 저서(*지성의 자연*)에서 창의력(creativity)을 지적 특성으로 보았으며, 일곱 가지 지적 능력의 요소를 제시했다. 첫째는 문제를 볼 줄 아는 능력, 둘째는 주어진 시간 안에 보다 많은 아이디어를 생각하는 능력, 셋째는 보다 융통성이 있는 사고 능력, 넷째는 정보를 분석하고 종합하는 능력, 다섯째는 창의적인 사고 능력, 여섯째는 주어진 의미를 다시 정의하는 능력, 일곱째는 조잡한 것을 정교하게 만드는 능력이라고 했다.

그는 또 다른 저서(*지성과 창조성 그리고 교육의 함축*)에서, 창의적 사고에 포함되는 그 어떤 기능에 몰두하는 연습은 능력의 발달을 가져온다. 지적 능력의 구조론은 입체와 3차원 모형의 입장에서 지능을 120개 요인으로 분석했다.

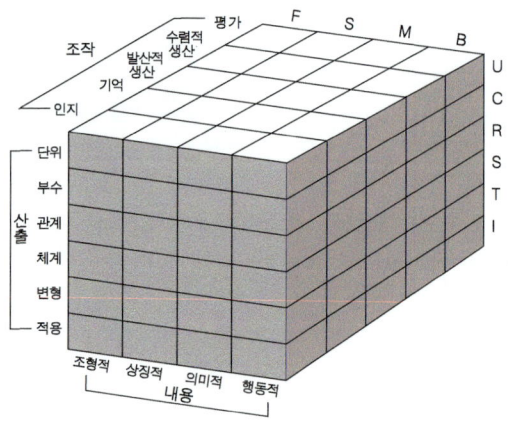

〈그림 12〉 **창의력**(길포드의 지적 능력 구조)

뷸러(Bühler, 독일의 여성 아동 청년 심리학자)는 그의 저서(*어린이기의 문제와 교사*)에서, 창의력은 선천적인 학습에 의해 획득된다고 보았다. 이 연구는 묘화를 통한 인간성 연구를 위한 방법이다. 그녀의 연구 방법은 어린이의 그림을 색채나 형이라고 하는 추상적 요소에서 분석하는 것이 아니라 그림 속에 그려진 내용이나 묘화의 대상을 분석했다.

묘화가 투사의 방법으로서 매우 가치가 있다는 점을 지적함과 동시에 다음과 같이 묘화의 진단 가치에 대해 제시했다. "어린이의 그림은 결정적인 해석을 제공해 준다. 교사가 밝은색채를 사용하는 어린이가 명랑한 어린이가 아닐까"라고 생각을 한다든가, 어떤 현상 속에서 어린이의 개성(personality)을 이해할 만한 실마리에 흥미를 갖는 것은 매우 귀중한 경험이다.

이와 같은 일은 임상적 훈련을 쌓은 사람에 의해 세심한 주의가 요구된다. 검사자는 투사적 자기표현으로 그림을 이해하고, 표현된 개인적인 독특한 모습은 그 개인의 사사로운 세계(private world) 속에서만 의미를 갖는다는 것을 충분히 이해하며, 이와 같은 개인의 독자적인 모습은 그 개인의 생육사에 관해 알고 있을 때에만 이해할 수 있다.

1950년대 말과 1960년 초 미국의 심리학자인 길포드(Guilford)는 그의 저서(*교육의 함축과 창조적인 지식*)에서, 경험적 창의성과 이론적 창의성을 연구했는데, 창의성(creativity) 요인에는 여덟 가지가 있다. 첫째는 문제의식에 대한 민감성(sensitivity to problems), 둘째는 사고의 융통성(flexibility), 셋째는 사고의 참신성(novelty of ideas), 넷째는 정신적 융통성(flexibility of mind), 다섯째는 종합 분석적 능력(synthesizing and analyzing ability), 여섯째는 재정의나 재구성력(a factor involving reorganization or redefinition), 일곱째는 개념 구조의 복잡성(the complexity of conceptional structure), 여덟째는 평가 능력(evaluation ability).

매슬로우(Maslow, 미국의 부란다이스대학교 심리학 교수)는 그의 저서(*존재의 심리학*)에서 창의성을 두 가지로 분류했다.

첫째, 개인에 있어서 새로운 가치 경험을 주고, 창조의 기쁨을 주는 자기실현의 '개인적 창의성'. 둘째, 개인뿐만 아니라 사회의 새로운 가치를 지닌 발명가와 과학자, 예술가들의 특수한 사람들에게 볼 수 있는 특수한 재능인의 '사회적 창의성'으로 구분된다.

그는 인간의 1차 욕구인 생리적 욕구가 충족이 되면, 점차 고차원적 욕구를 충족시키는 '욕구 수계 체제설'을 주장했다. 생리 욕구가 충족되면 안전의 욕구를, 이것이 충족되면 소속과 애정의 욕구를, 자존심의 욕구나 자아 현실의 욕구를 향해 점차로 수준 높은 욕구 충족을 원한다. 이러한 욕구기 충족되면 만족을 얻이 적응 행동을 하지만 요구가 충족되지 못하면 적응하지 못한 행동을 하게 된다.

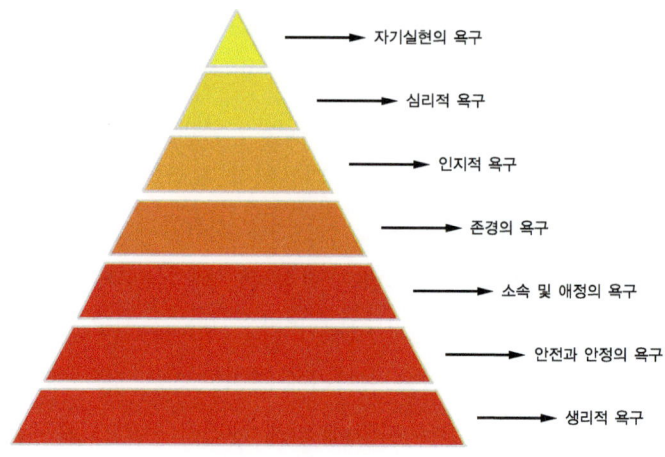

자기실현의 욕구

심리적 욕구

인지적 욕구

존경의 욕구

소속 및 애정의 욕구

안전과 안정의 욕구

생리적 욕구

〈그림 13〉 **창의성**(매슬로우의 인간 욕구 단계)

창의성 연구의 선구자, 심리학자인 토렌스(Torrance)는 그의 저서(*창조성*)에서, 창의성이 높은 몇몇의 어린이들이 기존의 지능 검사에서 자신들의 능력만큼 인정받지 못하는 이유를 설명했다. 창의성이 높은 어린이들의 사고는 검사의 응답을 평가하는 데 쓰이는 규격화된 차원이나 행동의 규범을 단순하게 따르지 않는다. 주의 깊은 관찰자는 종종 창의성이 있는 어린이를 알아볼 수 있다.

교사들이 학부모들에게 단서를 줄 수 있는 여러 가지 행태(行態)의 목록 여덟 가지를 제시했다. 첫째는 청취나 관찰, 행위 자체를 깊이 있게 몰두한다. 둘째는 경제가 곤란해도 생기발랄하다. 셋째는 권위 있는 의견에 의문을 제기하는 경향이다. 넷째는 사물에 대한 면밀한 관찰력이 있다. 다섯째는 거의 관련 없는 생각들 사이에서 관계를 제시한다. 여섯째는 발견에 대해 흥분을 한다. 일곱째는 통찰력이 있는 관찰과 질문을 한다. 여덟째는 스스로 지식을 깨우친다.

호킨스(Hawkins, D.)는 그의 논문에서 창의성에 대해 언급했다. 5세까지 어린아이들은 누구나 다 예술가이며, 이것은 교육적으로 어른이 다 됨에 따라 전체적인 예술성이 사라진다. 그래서 어른들에게 문제가 되는 것은 어른이 아직 못 되었기 때문이 아니라 어린이가 되지 못했기 때문이라고 강조했다.

홀만(Hallman)은 그의 연구에서, 창의성이란 모든 유아들이 잠재하고 있거나 실제로 가지고 있는 능력이며, 뛰어난 천재나 과학자만이 독특하게 지닌 특성이 아니라 모든 사람이 보편적으로 구비하고 있는 행동 특성이다. 또한 이러한 창의성은 주위 환경의 여러 요소에 따라 받는 능력이다.

신세호는 그의 논문에서, 창의성은 그 자체가 지적 능력이 아니라 문제에 임하는 개인적인 태도이며, 그것은 주어진 문제를 해결해 나가는 데 있어서 개인과 환경의 상호작용 속에서 보이는 자기표현의 과정이다.

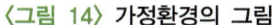

〈그림 14〉 가정환경의 그림

〈그림 15〉 개인의 상호작용하는 그림

엘레메이어(Ellermeyer)는 창의성에 대한 여러 학자들의 정의를 세 가지로 정리했다. 첫째는 창의적인 사람을 중심으로 창의적인 사람의 특징과 성격을 관련시킨다. 둘째는 창의적인 과정 그 자체이다. 이것은 과업을 달성시키는 방법인 창의성의 과정에서 다룬다. 셋째는 창의성의 결과나 산물에 초점을 두며, 독창성과 사회적 가치, 실천성을 포함해서 강조한다.

이상에서 학자들이 제시한 창의성 정의는 창의적 과정, 창의적 산물, 창의적 인성과 같은 세 가지 방법으로 접근했으나, 기본적으로 무엇이 인간을 창의적이게 하는가에 초점을 두고 설명했다.

2) 창의적 사고(creative thinking)

헨드릭슨(Hendrickson)은 그의 연구에서 창의적인 사고에 대한 저해 요인을 다섯 가지 제시했다. 첫째는 활동을 안전성에만 중점을 두는 태도, 둘째는 질문과 탐구의 제한이나 통제, 셋째는 남녀의 성적 차이에 따른 억압, 넷째는 전통 문화에 대한 귀속, 다섯째는 학습과 놀이 활동을 엄격하게 분리해야 한다고 했다.

라스키(Lasky)는 무커지(Mukerji)와 함께 쓴 논문("어린아이들을 위한 미술의 기본")에서 어린이의 창작 과정(creation process)을 네 가지 단계로 분석했다.

1단계, 탐구(exploring)는 창작 과정의 첫 단계로서 다양한 재료에 대한 가능성과 제한성을 발견한다.

2단계, 선택(focusing)은 탐구 기간에 느낀 많은 가능성 중에서 한 가지를 선택하고 추구한다.

3단계, 작업(producing)은 필요성의 알맞은 기법을 사용하여 일을 성취시킨다.

4단계, 완성(stopping)는 평가와 다시 하는 작업이 포함되며, 아이디어의 표현과 문제 해결에 만족할 때 작업을 멈춘다.

코헨(Cohen, 여성 조각가, 미술 교육자)은 게이너(Gainer, R. S.)와 함께 쓴 저서(*미술 : 학습을 위한 또 다른 언어*)에서 창작 과정에 대해 세 가지를 제시했다. 첫째는 개인의 의미 있는 대상을 선택한다. 둘째는 그 안에서 그것들 간의 관계를 조사한다. 셋째는 개인의 관점에 따라 논리적 진실을 갖는 시각적 형태 배열을 시도한다.

쾨스틀러(Koestler)는 그의 저서(*통찰력과 예측*)에서, 창조 과정(creative process)과 그 과정에 관한 분석은 발명에 대한 설명과 유사하다고 밝혔다. 이것은 일반적으로 분리된 것을 생각하는 두 분야, 새로운 생산 관계를 확립하기 위해 서로 밀접하게 연관시킬 수 있다는 것을 창조자가 발견하는 이중 연상(bi-association)의 과정이 창의성이다. 이 관계를 발견하는 능력은 욕구의 결과로 생기고, 동기로부터 발생하며, 이런 동기들은 재치와 익살로 제품에 반영된다.

그는 이중 연상을 다음과 같이 언급했다. 마치 중매하는 것과 같은 이중 연상의 창의적 통찰력은 매끄러운 삼단 논법의 도식으로 설명하기 쉽지 않다. 이 도식은 정신적 성취를 결론적으로 끌어내는 듯한 인상을 준다. 말하자면 성취는 한 지붕 아래서 두 개의 전체를 가져올 수 있다. 결론은 단지 틀(method)에 박힌 행동에 의해 도달된 밀접한 결과뿐이다. 다른 말로 하면 삼단 논법과 영역 추출은 창의적으로 사고하는 방법이 아니다. 그것들은 단지 행위 다음에 형식의 논거로서 작용한다.[8] 문제의 해결은 발명되거나 번역되는 것이 아니라, 그것은 발견되고 발생하는 것이다.

월러스(Wallas)는 그의 연구에서 창의성의 사고 과정(thinking process of creativity)을 네

---

8) 전제가 대표되는 것으로서, 두 분야의 최초 연상(original association) 다음에 유추에 의한 과정을 반복하기 위한 도식으로 작용한다.

가지 단계로 나누었다.

1단계, 준비는 문제를 지각하고 알아보는 단계이다.

2단계, 부화기는 문제의 의식이 없는 것에 방치하고 있는 단계이다.

3단계, 조명기는 갑자기 해결에 관건이 되는 생각(idea)이 떠오르는 단계이다.

4단계, 검증기는 조명기의 생각(idea)과 가설의 타당성을 검증하여 그 결과에 따라 생각(idea)을 완성하는 단계이다.

〈그림 16〉 생각하는 모습 　　　　　　〈그림 17〉 생각하는 모습

3) **창의적 표현**(creative expression)

제퍼슨(Jefferson)은 그의 저서(*어린이들의 미술 지도*)에서, 어린이의 창의적인 표현은 미술 작업을 위한 주제나 표현될 방법, 그것에 대한 구성을 어린이가 스스로 선택해야 한다고 밝혔다.

아이스너(Eisner, 교육 행정가, 미술가)는 그의 저서(*미술 교육의 전망*)에서 초등학교 6학년 어린이의 작품을 중심으로 창의적인 표현의 수준을 네 가지 제시했다.

첫째, 한계 떠밀기(boundary pushing)는 사상에 대한 기존의 관념을 다시 규명하고 확대하는 수준이다.

둘째, 발명하기(inventing)는 새로운 개념을 창작하기 위해 기존의 본질적 요소를 이용하는 수준이다.

셋째, 한계 깨뜨리기(boundary breaking)는 기존의 개념을 버리고 전혀 새로운 구조적 개념을 수용하는 수준이다.

넷째, 미적 구성(aesthetic organizing)은 작품을 새로운 질서에 의해 조화롭게 표현하는 수준이다.

원겔만(Wankelman)은 그의 저서(*고등학교 교사들을 위한 미술과 기술의 기본*)에서 창의적 지도 요령 열여덟 가지를 제시했다.

첫째, 표현에 있어서 어린이에게 느슨하게 한다. 미술 수업은 어린이들의 입장에 따라 여러 가지 다른 목표를 달성할 수 있기 때문이다.[9]

둘째, 미술을 일상생활의 한 부분으로서 활용하고, 사물과 현상에 대한 적극적인 관심을 보여 준다.

셋째, 어린이의 정서나 지식이 창조되고 있음을 이해한다. 어린이들의 작품은 어린이들의 깊은 감성 세계가 반영되고, 이를 대할 때 비판이 아니라 공감을 가지고 본다.

넷째, 어린이들에게 외계의 실제를 보여 주는 것보다 자신의 마음과 정서를 보여 주는 것이 더 흥미 있다.

다섯째, 어린이는 어느 정도 개인적인 비밀을 가지고 싶어 하며, 그들에게 자립적인 감정을 가지게 한다.

여섯째, 어린이는 예민하기 때문에 학급 어린이 모두에게 공정한 사랑과 관심을 기울여야 한다.

일곱째, 어린이들에게 여러 연령층의 작품을 볼 기회를 제공하며, 자신의 판단 기준에 따라 보게끔 지속적인 감상 경험을 시킨다.

여덟째, 어린이에게 자신의 작품을 다른 사람에게 보여 주고 설명을 하도록 권유한다.

아홉째, 우리 주변에서 볼 수 있는 미술 현상에 관심을 가지도록 한다.

열째, 초등학교의 미술 지도를 고무시키는 것이 그 본연의 임무이다. 따라서 담임교사는 어떤 미술가보다도 훌륭한 미술 교사임을 확신해야 한다.

열하나째, 미술 시간에 어떻게 해야 할지 모르는 어린이에게 사랑 어린 동정심으로 적절한 협조가 필요하다.

열둘째, 어린이들을 각기 다른 독특한 개성적 인격체로 생각한다.

열셋째, 자신의 힘으로 표현하고, 표현한 작품을 놓고 성취감을 마음껏 맛보게 하며, 긍

---

9) 재료를 다루는 데 대한 만족감, 자신이 처한 외계의 이해, 자신을 표현하는 수단, 우리들에게 잠재되어 있는 창의성을 표현하는 데 대한 만족감이 있다.

정적 자아의식을 가지게 한다.

열넷째, 수업시간 중에 비공식적인 사태가 발생할 것을 언제나 생각한다. 미적 표현 과정은 일상적 규율 속에서 얽매일 수만은 없고, 이러한 특성을 가지고 있는 것을 이해해야 한다.

열다섯째, 때때로 어려운 문제에 매달려 끝까지 노력하는 투지력을 길러야 한다. 새 시대를 여는 표현은 언제나 투지력, 개척 정신, 의지력이 강한 사람들에 의해 이루어진다.

열여섯째, 건전한 비판력을 고취시켜야 한다. '~은 나쁘다'가 아니라 '~하면 좋겠다'는 방식으로 생각한다.

열일곱째, 미술 수업 활동의 복잡한 조건에 따라 시간을 적절히 운영하는 융통성이 필요하다.

열여덟째, 주변의 이용 가능한 교육 자료를 최대한 활용한다.

듀이(Dewey, 미국의 교육 철학자, 실용주의 교육의 창시자)는 그의 저서(*민주주의와 교육*)에서, 창조적 표현(creative expression)이란 인간과 인간을 교통시키고, 완전하게 저지되지 않은 오직 하나의 길이며, 경험이 제한된 세계에서 장애를 모두 없애는 길이다. 그러므로 예술 교육에 있어서 표현적 의미는 조형 기술의 습득보다 표현과 인간의 내부적 생명에 중요한 의의를 두었다.

〈그림 18〉 미적 구성

〈그림 19〉 미적 구성

4) 창의성 수준(creativity level)

1972년 테일러(Taylor, E. B.)는 ㄱ의 연구에서 창의성 수준 다섯 가지를 제시했다.

첫째, 표출(expression)의 수준은 원초적인 표출의 수준이나 주위 환경에 대한 지각의 한계, 어린이의 미술, 원시인의 미술이 특징이다.

둘째, 숙달(proficiency)의 수준은 능숙한 기교와 기술이 중심이 되는 수준이고, 고정된 양식(pattern)이 미술가와 장인의 특징이며, 사물의 정확한 외형 묘사가 목표이다.

셋째, 발명(invention)의 수준은 기술에 있어서 기존의 개념을 여러 가지 수단과 과정, 재료, 기술들을 독창성으로 구사하여 새로운 수단으로 표현하며, 융통성과 지각력이 중요하다.

넷째, 혁신(innovation)의 수준은 기존의 원리와 기본적인 전체를 독창적으로 재해석하여 보다 높고 새로운 질서를 제시한다.

다섯째, 비범한 창조(emergentive type of creativity)의 수준은 미술에 있어서 새로운 원리를 창출하는 뛰어난 수준이고, 피카소와 세잔은 새로운 유파를 창조했다.

브리그스(Briggs, D.)는 그의 연구에서 창의적인 유아들의 특성(quality of creative infant)에 대해 설명했다. 유아들은 집단의 규칙이나 일상성에 예민하지 않고 독립적이며, 타인들이 자신에 대해 어떠한 생각을 갖고 있는지에 대해서 별로 신경 쓰지 않는다. 또한 그들은 일상적인 모든 일에 대해 호기심을 갖고 질문을 하며, 사물이 아닌 고정 관념에 얽매이지 않고, 사물의 이미지 자체를 신선하게 보며, 상상력이 풍부하고 유머스러운 면을 지닌다. 그들이 제시하는 여러 방법들은 무척 장난스럽고, 다양하며, 자신의 예민한 감각으로 보다 많은 것을 보고 느끼려고 한다. 유아들은 내(內)적 정신세계나 외(外)적 물질세계의 모든 경험이나 인식에 있어서 개방적이고, 직관적이며, 집단적 성격에 쉽게 물들지 않는다.

〈그림 20〉 창의적인 유아의 특성   〈그림 21〉 집단의 규칙

토렌스(Torrance, 창의성 연구의 선구자, 심리학자)는 그의 저서(*창조성*)에서 창의적인 사고에 대한 저해 요인(hindrance cause of creativity)을 다섯 가지 제시했다. 첫째는 활동을 안전

성에만 중점을 두는 태도, 둘째는 질문과 탐구의 제안과 통제, 셋째는 남녀 성적 차이에 따른 억압, 넷째는 전통 문화에 대한 귀속, 다섯째는 학습과 활동의 엄격한 분리를 말한다.

유아기의 창의적인 상상력은 4세부터 4세 반 사이에 결정이 이루어지는데, 5세경 학교에 들어가면서 점차 감퇴되는 현상이 일어난다. 이러한 현상은 자연의 현상으로 간주되었다. 그러나 새로운 학자들에 의하면, 5세경

〈그림 22〉 **상상력이 있는 그림**(초등 1년)

이러한 감퇴 현상은 자연적 신체적 현상이라기보다 오히려 인간에 의한 교육으로 만들어지는 후천적인 현상이다.

5) 창조성 검사(Creativity Test, CT)

1920년대부터 유희 재료나 잉크의 얼룩에 대한 어린이의 행동 반응을 관찰하여 창조성을 평가한 기록은 있으나, '창조성 검사(Creativity Test, CT)'로서 사용되는 측정법은 1960년대에 실용화가 되었다.

겟절스(Getzels)와 잭슨(Jackson)은 고교생의 단위의 의미, 물건의 용도, 도덕성의 문제, 묘화로 된 '창조성 검사'를 시행하여 지능 검사와 성적과의 관계를 조사했다. 그 결과 어느 정도 이 양자에 정 상관(正 相關)은 있으며, 지능이 높고 창조성이 낮은 군과 창조성은 높으나 지능이 낮은 군은 그 질에 차이가 있다. 다시 말해서 고지능군(高知能群)이 수렴적 사고(convergent thinking)를 가지고 있는 데 비해, 고창조군은 발산적 사고(divergent thinking)를 특징으로 하고 있다. 고지능군이 보존적 인지를 하는 데 비해 고창조군은 건설적 인지를 하고 있다.

미네소타대학교 교육연구소의 토렌스(Torrance, E. P.)는 불완전 도형을 완성하고, 제품 개량이나 보통이 아닌 사용법을 생각하며, 상상적 이야기의 언어적인 것과 비언어적인 것으로 된 조직력, 감수성, 독창성, 심리적 통찰(洞察), 풍부성, 다섯 가지를 기본으로 평정했다. 그 밖에 해리스(Harris, R.)에 의한 'AC 창조력 검사'가 있다.

쉐퍼(Schaefer)는 그의 저서(*어린이들의 창의적 발달*)에서, 창의적인 사람(creation person)은 다양한 영역에서 뛰어난 능력과 재능을 지닌 사람이며, 유아기에 나타나는 특성에 대하

여 열 가지를 제시했다.

첫째, 주위의 모든 일에 대해 언제나 의심을 품는다. 창의적인 사람들은 언제나 주위에서 일어나는 일들에 대해 어린이와 같은 호기심을 가지며 의심을 품는다. 그는 확실한 사실보다 애매모호한 일들에 관심을 기울이며, 자신의 모든 감각을 활용하여 이를 밝히려 한다.

둘째, 느낌이나 감정이 무척 개방적이고, 언제나 자발적이고 충동적이며, 타성이나 외부의 지시에 얽매이지 않고 자신의 생각들을 수시로 토로한다. 또한 창의적인 어린이의 그림에는 생동감 넘치는 감정의 흐름을 발견할 수 있다.

셋째, 호기심 많고 탐구적이며, 진취적인 정신을 지닌다. 그들은 자신의 주위 환경이나 장난감들, 주위의 여러 물건에 대해 강한 호기심을 가지며 탐색하기를 즐긴다.

넷째, 풍부한 상상력을 지닌다. 상상력이란 실제로 경험하지도 존재하지도 않는 사실을 가상적인 이미지로 떠올리거나, 과거에 경험한 사실과 서로 간에 연관성이 없는 이미지를 감수성 있게 연결시켜 새로운 생각(idea)을 창조하는 것을 뜻한다. 상상은 실제로 여러 가지 일들을 경험하는 데 있어서 생동감과 긴박감을 준다. 특히 어린이들은 추상적이거나 논리적인 사고에 익숙하지 않으나 실제적인 놀이를 경험하는 데 있어서 놀라운 상상력을 갖고 있다.

다섯째, 직관적 사고를 지닌다. 직관적 사고는 논리의 이해 없이 문제를 해결하는 능력을 뜻한다. 직관적 사고를 할 수 있는 사람은 예민한 육감을 지니며, 정확한 추측을 할 수 있다.

여섯째, 독립적 사고를 한다. 권위나 외부의 지시에 순종하기보다 스스로 한 판단의 기준에 확신을 갖고 행동한다.

일곱째, 공부나 연구, 작업들을 행함에 있어서 열성적인 태도를 지닌다. 창의적인 사람들은 놀이나 작업에 임할 때 일과 일체감을 느낄 정도로 전신을 다하여 일에 열중한다.

여덟째, 확산적 사고를 갖는다. 주어진 조건에 이미 결정된 하나의 바른 답을 추구하는 수렴적 사고와 반대되는 개념이다. 확산적 사고는 하나의 정확한 해답을 찾기보다 다양하고 독창성이 있는 여러 개의 가능성을 추구하며, 이미 정해진 해결 방안을 벗어나 여러 가지 다양한 방법을 추구한다.

아홉째, 창작하려는 기질을 지닌다. 이제까지 만들어진 것이나 널리 알려진 것에서 과감히 탈피하고, 보다 독창적이고 남다른 새로운 방법으로 대상을 창작하려는 기질을 지닌다.

열째, 환상적인 생각(idea)을 즐기려는 경향이 있다. 창의적인 사람은 새롭고 환상적이며, 실현 불가능한 아이디어가 제시되었을 때 생각의 가능성이나 새로움에 흥미를 느끼고, 그것이 실제 가능한 것인지를 밝히기 위해 즐거운 마음으로 작업에 임한다.

〈그림 23〉 환상적인 생각

〈그림 24〉 환상적인 생각

바런(Barron)은 벨흐(Welch)와 함께 쓴 논문("미적 지각에 있어서 인간성 양식의 가능한 요소")에서 창조적인 사람(creator)이 창조적이지 못한 사람보다 어려운 것에 대해 더 관용적인 것을 두 가지 지적했다.

첫째, 예술 양식의 선호(preference)에 교육이나 지성이 필요하지 않는다.

둘째, 익숙하지 않는 형태에 대해 자신을 개방하는 것은 그것을 받아들일 수 있는 능력이 있음을 의미한다.

바런(Barron)은 그의 또 다른 논문("상상력의 심리학")에서, 창의적인 예술가들과 창의적인 과학자들은 모두 창의성이 부족한 사람들보다 대단히 복잡하고, 대칭이 되지 않는 외관상 혼란스러운 디자인을 더 선호한다고 보았다.

〈그림 25〉 창의성 있는 놀이

〈그림 26〉 창의성 있는 놀이

미술치료에 나타난 **형태 심리** ─○

발달 단계
Development Stage

발달 단계
Development Stage

1 발달 단계설(development stage theory)

1) 외국 학자(foreign scholar)

구드너프(Goodenough)의 제자, 미국의 펜실베이니아(Pennsylvania) 주립대학교 교수, 여성 심리학자인 해리스(Harris)는 그의 저서(*성숙한 지적 측정 도구로서 어린이들의 그림*)에서 발달 단계를 언급했다. 어린이의 발달 단계는 최초로 연필 긁적거림이 아주 정교한 작품으로 이동하는 과정이다. 이 단계는 그리는 활동을 지각할 수 있게 차이가 나며, 일반적인 흐름을 설명하는 데 편리한 수단이다. 여러 연구자들이 유사한 단계를 설정했고, 이러한 단계들은 일정한 연령으로 묶을 수 있다. 많은 연구자들은 한 단계에서 다음 단계로 넘어가는 과정을 단지 2단계 사이의 중간으로 보거나 어린이들을 한꺼번에 묶어 몇 개의 가장 일반적인 것과 독특한 특징을 가진 인위적이고 이상화된 예를 구조화함으로써 그 단계를 인식할 수 있다. 또한 사춘기 이후의 그리기 능력은 특별한 가르침이나 자기 학습이 없을 경우 발달하지 않는다.

헐록(Hurlock, E. B.)은 그의 연구에서 발달 단계를 두 가지 단계로 구분했다. 또한 지능이 우수한 어린이가 낮은 어린이보다 훨씬 좋은 그림을 그리며, 놀이 형태도 단순하지 않다고 보았다.

1단계, 아동기(6세~12세)에는 일상적인 유희에서 필요한 신체적 기능이 습득되고, 성장하는 자기의 신체에 관한 건전한 태도가 형성된다. 이 시기의 어린이들은 같은 나이의 동무와 사귀는 방법을 습득하고, 적절한 성 역할을 배운다. 이 시기는 읽기, 쓰기, 셈하기의 기본적인 기술을 배우고, 일상생활에서 필요한 개념을 발달시키며, 양심과 도덕, 가치 척도, 사회나 제도, 집단에 대한 태도가 발달된다.

〈그림 01〉 6세 아이들   〈그림 02〉 6세 아이들의 그림

　2단계, 청년기(12세~18세)에는 자기 체격의 인정과 성적 역할을 인식하고, 남녀가 같은 연령의 동무와 새로운 관계, 부모나 다른 어른과의 정서적인 독립을 원한다. 또한 그들은 경제적 독립의 필요성을 절실히 느껴 직업의 선택과 준비에 몰두하며, 시민 생활에 필요한 지적 능력과 개념이 발달한다.

　코올(Cole, L.)은 그의 연구에서 신체 발달 단계를 다섯 가지 단계로 구분했다. 1단계는 유아기(0세~2세), 2단계는 어린이 초기(2세~6세), 3단계는 어린이기(6세~11세 여자, 6세~13세 남자), 4단계는 어린이기 후기(11세~13세 여자, 13세~15세 남자), 5단계는 청년기(13세~20세 여자, 15세~20세 남자)이다.

　크로오(Kroh)는 그의 연구에서 정신적 발달 기준의 발달 단계를 세 가지로 나누었다.

　1단계는 유아기(0세~3세나 4세), 2단계는 어린이기(4세나 5세~12세나 13세), 3단계는 성숙기.

　성숙기는 다시 세 가지로 나누어진다. 첫째, 유아기는 출생부터 제1 반항기까지. 둘째, 어린이기는 제1 반항기부터 제2 반항기까지이며, 이 기간이 도야기에 해당된다. 셋째, 그 후는 이른바 성숙기이며, 다시 각 단계를 세 가지로 세분화시켰다.

　톰린슨(Tomlinson, R. R., 미술 교육의 지도자)은 그의 연구에서 정신 발달에 따른 어린이의 그림 발달 단계를 네 가지 단계로 분류했다. 첫째, 아무렇게나 그리는 난화 단계는 1세~3세. 둘째, 어린이의 상징적 시대는 3세~8세. 셋째, 의사실적 시대는 8세~11세. 넷째, 사실화 시대는 11세~15세.

　미국의 아동 심리학자, 게젤아동발달연구소(Gesell Institute of Child Development) 소장인 게젤(Gesell)과 아메스(Ames)는 그들의 서서(그림 방향의 발달)에서 그림의 발달을 일곱 가지 단계로 제시했다. 그는 발달의 중요한 성격으로 체제화(patterning)를 들고 있으며, 연령의 증가와 함께 행동의 체제가 전체적으로 바뀌는 것을 인정했다.

발달에는 하나의 주기성이 있으며, 또한 수태와 더불어 발달이 이루어지는 것이 강화되었다. 1단계는 태아기(0주~8주), 2단계는 태아기(8주~40주), 3단계는 유아기(0세~2세), 4단계는 취학 전기(2세~5세), 5단계는 아동기(5세~12세), 6단계는 청년기(12세~24세), 7단계는 성인기이다.

더빈(Dubin)은 그의 논문("유치원 아이들의 노력과 훈련 발달 단계의 도표 설명")에서 유치원 아이들을 대상으로 그들의 특성과 아동 미술을 다섯 가지 단계로 제시했다. 1단계는 알 수가 없는 난화, 2단계는 알 수가 있는 난화, 3단계는 도식(schema), 4단계는 디자인, 5단계는 사실적인 표현과 같은 범주로 어린이의 미술을 분류했다.

렌디스(Landis, M.)는 그의 연구에서 어린이의 미술 표현 성장을 손 장난기, 형태 경험기, 표현 초기의 세 가지 단계로 나누었다. 따라서 그는 손재주나 눈으로 외면적이고 말초적이며, 감각적인 피상이 반영된 표현보다 어린이의 성장에 반영되는 의미 깊은 표현과 '생각하는 표현'을 하게끔 지도하자는 견해이다.

뤼켄스(Luekens)는 그의 연구에서 아동 미술의 발달 시기를 네 가지 단계로 제시했다. 1단계, 착화기(the scribble stage)에는 끍적거리는 낙서를 통해 최초로 그림이라는 수단이 나타난다. 2단계, 착감기(the period of artistic illusion)는 예술의 느낌을 조금 풍기는 시기이다. 3단계, 자각기(the self conscious period)는 자아의식이 어느 정도 싹트는 시기이다. 4단계, 예술적 재능 재생기(the period of rebirth of artistic ability)는 예술의 창작이 가능한 예술적 재능 시기이다.

리드(Read, 영국의 작가, 시인, 미술사가, 평론가, 예술 철학자)는 그의 연구에서 아동 미술의 발달을 여섯 가지 단계로 제시했다. 1단계는 끍적거리는 낙서기(2세~4세), 2단계는 선묘기(4세), 3단계는 묘사의 상징기(5세~6세), 4단계는 시각적 사실기(9세~10세), 5단계는 억압기(11세~14세), 6단계는 예술적 부활기(15세 이후)이다.

린드스트롬(Lindstrom, M., 미국의 여성 미술 교육가)은 남편인 린드스트롬(Lindstrome, C.)과 함께 쓴 그의 저서(*어린이의 미술*)에서 아동 미술을 네 가지 단계로 나누었다. 1단계는 낙서를 통한 그림을 그리는 시기(2세~5세), 2단계는 알고 있는 것을 주로 그리는 시기(4세~6세), 3단계는 사고의 그림이 가능한 시기(5세~8세), 4단계는 고정 관념[10]을 뛰어넘는

---

10) 도식화를 의미한다.

시기(7세~10세)이다.

독일의 뮌헨(München)대학교 교수, 윈대학교 교수, 아동 미술 학자인 뷸러(Bühler)는 그의 저서(*어린이의 정신 발달*)에서 어린이의 미적 표현 발달을 두 가지 단계로 제시했다.

1단계, 묘화의 예비 단계로 세 가지가 있다. 첫째, 난필(scribbles)은 모방과 충동적 유희 시행(2세~4세)으로 목적이 없이 연필 선을 긋는 데 흥미를 가진다. 둘째, 서술화는 대상의 상기, 분절적 반복적으로 형상이 유사하다. 셋째, 난필 장식은 흥미와 쾌락을 수반하여 공간을 보충한다.

〈그림 03〉 묘사의 상징기

〈그림 04〉 묘사의 상징기

2단계, 도식 단계로 두 가지가 있다. 첫째, 대상과 스타일은 평면적 단형으로 측면화가 대두(학령 기초)된다. 둘째, 묘화기는 그림에 의한 서술적인 공간, 질서에 의한 것이지 결코 손에 의한 것이 아니며, 머리로 그리려 한다. 이것은 본질적이고, 항정(航程)한 속성만이 나타난다.

스트라츠(Stratz, C. H.)는 그의 연구에서 신체적 발달 기준을 네 가지 단계로 나누었다. 이 연구는 사람의 몸집 변화로 분류했고, 성숙기까지 체중이 줄어드는 경우와 신장이 주로 느는 경우이다. 그것이 두 번 서로 엇갈려서 되풀이된다. 1단계는 제1 충실기(2세~4세), 2단계는 제1 신장기(5세~7세), 3단계는 제2 충실기(8세~10세), 4단계는 제2 신장기(11세~15세)라고 주장했다.

2) 한국 학자(Korea scholar)

김정은 그의 연구에서 미술의 발달을 일곱 가지 단계로 세분화시켰다.

첫째, 신생아기(the newborn baby stage, 0세~3세)는 무엇이든지 입에 갖다 대는 시늉을 많이 하지만, 연필이나 기타 물건을 가지게 되면 흔든다.

둘째, 난화기(the scribbling stage, 3세~5세)는 낙서와 같이 뒤죽박죽으로 섞인 형태의 그림을 그린다. 이 시기는 유아에게 대단히 중요하고, 그림을 그리는 시간이 차츰 늘어나면서 관심을 보이게 된다.

셋째, 전도식기(the pre schematic stage, 5세~7세)는 그림에 대한 흥미와 감정이 최고조에 도달할 정도로 묘화에 접근하고, 그림의 특징도 이 시기에 많이 나타난다. 이 시기의 아이들은 그림을 즐겁게 그리고 자주 그리려고 한다.

넷째, 도식기(the schematic stage, 7세~9세)는 사물의 형태를 자세히 관찰한다. 이 시기는 그림에 대한 객관적인 표현이 시작되고, 유치한 표현이 나오면서 청소년의 그림이 나타나기도 한다.

다섯째, 여명기(9세~11세)는 객관적인 표현이 점차 강하면서 사물을 사실적인 표현으로 접근하고, 시각적인 발달로 그림이 점차 어른스러워진다.

여섯째, 의사실기(the pseudo realism stage, 11세~13세)는 사실적인 표현을 숭배함으로써 그림이 완전히 모형과 같은가 같지 않은가를 스스로 평가하고, 지나치게 사실적이어서 자칫 만화풍에 젖게 되는 시기이다.

일곱째, 사춘기(the adolescence stage, 13세~16세)는 자신의 그림에 대해 비판적 인식을 갖게 된다. 이 시기는 그림의 표현에 관해 신경을 안 쓰며, 포기를 잘 하고, 그림을 유치하다고 생각하면서 점차 그림을 멀리하게 된다.

〈그림 05〉 전도식기의 그림

〈그림 06〉 전도식기의 그림

정순목(丁淳睦)은 그의 저서에서, 어린이의 성장 발달 단계를 감안하여 상호 역동적 관계에서 세 가지를 제시했다.

첫째, 유치원이나 초등학교 저학년(1학년~2학년)은 표현에 중점[11]을 둔다. 둘째, 갱(gang) 시대나 초등학교 중학년(3학년~4학년)은 표현의 인식에서 사실적 경향이 움트고, 안이한 모

방주의가 나타난다. 셋째, 초등학교 고학년(5학년~6학년)은 표현과 인식의 실천을 통일[12]
한다.

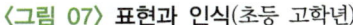

〈그림 07〉 **표현과 인식**(초등 고학년)   〈그림 08〉 **사실적인 경향**(초등 중학년)

3) 일본 학자(Japan scholar)

가와구찌 이사무(川口勇, 일본의 아동 미술 교육자)는 그의 연구에서 아동 미술의 발달 단계
를 일곱 가지로 나누었다. 1단계 묘화 이전의 시기는 0세, 2단계 난화(scribbling drawing)의
시기는 1세~4세, 3단계 전도식적인(pre schematic) 시기는 4세~7세, 4단계 도식적인
(schematic) 시기는 7세~9세, 5단계 사실적인 여명의 시기는 9세~11세, 6단계 외견상 사실
적인 시기는 11세~13세, 7단계 결정적인 시기(the decision adolescence)는 13세~17세까지
라고 규정했다.

또한 일본의 미술 교육학자인 마쓰모도(松本亦木郎)는 그의 연구에서 기능의 발달을 기준
으로 한 발달 단계를 세 가지로 나누었다. 1단계는 유아기(3세~6세), 2단계는 어린이기(7
세~11세), 3단계는 청년기(12세~20세)라고 했다.

우시무라(牛島義友, 일본의 교육학자)는 그의 연구에서 정신 발달 기준을 다섯 가지 단계로
나누었다. 1단계는 신변 생활 시대(0세~4세), 2단계는 상상 생활 시대(4세~8세), 3단계는 지
식 생활 시대(8세~14세), 4단계는 정신생활 시대(14세~25세), 5단계는 사회생활 시대(22세나
23세~30세 이후)라고 설명했다.

---

11) 직관적 세계를 가졌기 때문이다.
12) 문화유산으로써 미적 경험을 배우고, 개성적인 표현의 효과를 수립한다.

2 그림의 발달(development of the picture)

1) 올슨(Olson, W. C.)

올슨(Olson, W. C., 미국의 심리학자)은 그의 연구에서 어린이 그림의 성장 단계를 다음과 같이 제시했다.

:: 올슨의 아동 미술 발달 단계

연령	발달 단계	미술 표현의 특질	요약
1세~5세 6세~7세	어린이 초기	마구 선 긋기, 알아볼 수 없는 형태에 이름 붙이기, 표현 공식의 발견	상징 주관
8세~9세 10세~11세	어린이 중기	상징적이거나 개념적 표현을 사실적인 표현으로 시도	사실 객관 개성
12세~13세	어린이 후기	합리적이거나 구체적인 시각을 사실적으로 표현	
14세~15세	청소년기	실재와 자연을 시각적 사실로 표현	
16세~20세	청소년 후기	자기의 개성을 발견하고, 자기 나름대로 대상을 탐구	
21세	청년기	자기의 개성을 발견하고, 자기 나름대로 대상을 탐구	

〈그림 09〉 어린이 초기

〈그림 10〉 어린이 초기

〈그림 11〉 어린이 중기

〈그림 12〉 어린이 중기

〈그림 13〉 어린이 후기

〈그림 14〉 청소년기

〈그림 15〉 청소년 후기

〈그림 16〉 청소년 후기

〈그림 17〉 청년기

2) 밀라드(Millard)

미국의 심리학자인 밀라드(Millard)는 그의 저서(*초등학교 어린이의 성장과 발전*)에서 어린이의 그림 발달 단계를 일곱 가지로 나누었다.

1단계, 난화기(the manipulative stage) : 묘화 발전의 초기 양상은 3세~5세에 이르는 동안에 발전된다.

2단계, 전상징기 또는 전도식기(the pre symbolic stage) : 미술의 표현에서 전도식기의 상은 아직도 난화기의 영향 아래 있다. 유치원이나 초등학교 1학년 어린이는 거의 이 시기에 속한다.

3단계, 상징기 또는 도식기(the symbolic stage) : 전도식기에 이어 볼 수 있는 발달 과정이 도식기이다. 초등학교 2학년~3학년 어린이들은 이 시기에 속하고, 특성으로는 선의 발달이 한층 유연하다.

4단계, 유발적 사실기(the stage of inceptive realism) : 묘화에 있어서 어린이의 사실성이 구현되는 시기이다. 첫째, 육체적 성장을 현저하게 볼 수 있으며, 교사나 부모들로부터 독립하려는 의욕은 우월성을 갖고 어떤 행동[13])에 직면하게 되며, 또 인내력과 아울러 자기 동기(self motivation)의 신장을 볼 수 있다.

5단계는 분석적 사실기(the stage of analytical realism),

6단계는 의도적 사실기(the stage of projective realism),

7단계는 사춘기(the adolescence stage)이다.

---

13) 묘화나 공작의 표현을 의미한다.

:: 어린이의 미술 표현 발달

연령	미술 표현 단계 (Millard, de Francesco)	미술 표현 특징	요약
1세~5세 6세~7세	난화기 전 상징기	• 마구 선을 긋기 • 알아볼 수 없는 형태의 이름 붙이기 • 표현 공식의 발견	상징적, 주관적
8세~9세 10세~11세	상징기 유발적 사실기	• 상징이나 개념의 표현 • 사실적인 표현 시도	사실적, 객관적, 개성적
12세~13세	분석적 사실기	합리적이거나 구체적으로 시각적인 사실로 표현	
14세~15세	의도적 사실기	실제와 자연을 시각적인 사실로 표현	
16세~20세	르네상스기	자기의 개성을 발견하고, 자기 나름대로 대상을 탐구	

3) 버트(Burt, S. C.)

버트는 그의 저서에서는 어린이의 선화(drawing) 발달 단계를 일곱 가지로 나누었다. 첫 번째는 난화기(the scribbling stage, 2세~3세)이며, 이 단계를 다시 네 가지로 나누었다. 첫째는 맹목적인 난화로 어깨와 팔의 근육 운동으로써 좌우로 긋는다. 둘째는 목적의 난화로 그려진 흔적에 이름 붙이기를 시작한다. 셋째는 모방의 난화로 팔 운동에서 손목 운동으로 어른 글씨를 흉내 낸다. 넷째는 국부의 난화로 관심이 있는 대상을 특징적으로 표현한다.

두 번째는 선화기(the drawing stage, 3세~4세)이다. 이 시기에는 사람의 모습을 원(머리), 점(눈), 두 개의 선(다리)을 표시하는 것으로써 주관적 해석을 한다. 이따금 몸체가 나타나고, 두 번째의 원이 표현되기도 하며, 팔을 나타내는 두 개의 수평선이 표현된다.

세 번째는 기술적 상징기(the descriptive symbolism stage, 5세~6세)이다. 이 시기에는 사람의 모습이 세밀해지고, 상징적 윤곽(schema)과 도식으로 표현된다. 윤곽은 어린이들에게 있어서 각각 다르게 나타난다. 자기의 발명적(in venture) 형태로 나타나는 얼굴의 각 부분들은 제자리를 찾게 된다. 도식은 어린이 나름대로 각각 다르게 나타난다. 예를 들면 동그라미를 그려 놓고 눈이라고 하는 어린이, 점을 찍고 눈이라고 하는 어린이들이 있으나, 대체적으로 유사한 도식으로 표현된다.

네 번째는 기술적 사실기(the descriptive realism stage, 7세~8세)이다. 이 시기에는 개념으로 보았던 것이나 아는 것을 그린다. 윤곽은 좀 더 세밀해지고, 생각의 연상에 의해서 많이 제시되며, 얼굴의 측면을 묘사하거나 장식적인 부분에 신경을 쓴다. 어린이는 자기가 아는 것, 기억하는 것, 흥미로운 것을 주관대로 전달하고 표현하며, 나란히 늘어놓고자 한다. 도식은 좀 더 자세해지고, 그려지는 요소는 지각적 분석에 의해서가 아니라 생각(idea)의 연상에 의해서 좀 더 많이 제시되며, 얼굴의 측면 묘사가 시도된다. 원근법(perspective), 명암, 축도법(foreshortening) 따위는 전혀 나타나지 않고, 다만 장식적인 부분을 주어 모으는 데 불과하다.

〈그림 18〉 원근법

〈그림 19〉 명암

다섯 번째는 시각적 사실기(the visual realism stage, 9세~10세)이다. 이 시기에는 자연을 보고 그리는 단계로 중첩(overlap)과 원근법을 시도하고, 외곽선을 사용한 2차원과 입체 표현을 시도한 3차원의 그림이 나타난다. 2차원적인 면은 외곽선이 사용되고, 3차원적인 면은 입체 표현으로 시도된다. 중첩과 원근법이 시도되고 풍경화가 시작된다.

여섯 번째는 억제기(the repression stage, 11세~14세)이다. 이 시기에는 신체와 언어적 발달이 왕성하므로 미술의 표현이 침체되고, 사실적인 묘사의 능력 부족에 대한 불만이 나타내며, 지력과 관찰력이 발달하여 운동이나 언어 표현에 흥미가 전환된다. 또한 자기의 개성적 디자인이 나타나기 시작하며, 풍경이나 과학 기구의 표현으로 전환된다. 여자 아이는 색채의 풍요함, 형태의 우아한 표현, 기교와 호화스러운 장식적인 멋이 억제기에 머문다. 이 때 어린이는 신체와 언어 발달이 극도로 왕성하기 때문에 자기의 생각이나 감정을 구태여 그림으로 표현하지 않는다.

일곱 번째는 예술 부흥기(후기 청년기, 15세 이후)이고, 예술적 재능이 꽃피는 시기이다.

이 시기는 그림으로 이야기를 하며, 성별의 차이가 분명히 나타난다. 여자 아이는 색채의 풍요함이 두드러지고, 형태의 우아한 표현을 즐기며, 선이 곱다. 이때의 그림은 기교적이고, 장식(호화로운)적인 멋을 부린다. 그러나 사람들은 이 마지막 단계를 미처 도달하지 못하고 대부분 '억제기'에서 머물고 만다.

4) 로웬펠드(Lowenfeld, V.), 브리테인(Brittain, W. Lambert)

로웬펠드와 브리테인은 그들의 저서(*창조와 정신 성장*)에서 어린이의 그림 발달을 난화기(착화기), 전 도식기, 도식기, 여명기, 의사실기, 사춘기 6단계로 구분했다. 첫 번째, 난화기(the scribble stage, 2세~4세)는 자아 표현의 최초 단계이다. 이 시기에는 팔의 움직이는 대로 선을 그으며,[14] 색채는 손에 닿는 대로 집어서 칠한다.

두 번째, 전 도식기(the pre-schematic stage, 4세~7세)는 최초의 사실적 표현 단계이다. 이 시기에는 주관에 의해 윤곽(schema)이 나오고, 좋아 하는 색을 감정적으로 선택하며, 대상의 물체와 무관하게 주관적인 색채 사용이 나타난다.

〈그림 20〉 전 도식기

〈그림 21〉 전 도식기

세 번째, 도식기(the schematic stage, 7세~9세)는 사물의 습득 개념이다. 이 시기에는 개념이 도식적이거나 상징적 색채로 표현[15]되고, 공간의 개념이 형성되므로 바닥선이 등장하다가 사라지며, 디자인 감각이 조금씩 나타난다.

---

14) 멋대로 긋는다.
15) 사과는 빨갛다, 하늘은 푸르다는 식의 개념이다.

〈그림 22〉 도식기

〈그림 23〉 도식기

네 번째, 사실적으로 넘어가는 과도기(the gang age, 9세~11세)는 자각적 시기이다. 이 시기에는 점차 윤곽이 없어지고, 일방적이고 주관적 판단이 보류되어 도식적 표현과 사실적 표현이 동시에 나타나며, 끝으로 율동이나 장식적인 표현에 집착하게 된다.

〈그림 24〉 과도기

〈그림 25〉 과도기

다섯 번째, 의사실기(the pseudo-realism stage, 11세~13세)는 합리적인 묘사기이다. 이 시기에는 시각형(seeing type, visual)이나 촉각형(haptic)으로 분화되고, 관찰 묘사에 의존적이며, 3차원의 공간 표현이 나타나고,[16] 색채에 있어서 사물과 동일한 색으로 표현한다.

---

16) 입체와 원근의 표현이 나타난다.

<그림 26> 의사실기

<그림 27> 의사실기

여섯 번째, 결정기(the adolescence stage, 13세~14세)는 세 가지의 형으로 나눌 수 있다. 첫째는 시각형으로 눈에 보이는 데로 묘사[17]한다. 둘째는 촉각형으로 감각에 의존[18]한다. 셋째는 시각형과 촉각형 중간의 성격으로 표현된다. 그는 정신 건강과 자아 개념, 창의성의 관계를 강조하는 어린이 발달을 주장했다. 사춘기 이후의 그리기 능력은 특별한 가르침이나 자기 학습이 없을 경우 발달하지 않는다.

<그림 28> 결정기

<그림 29> 결정기

이 저서에서는 어린이의 미술 교육관을 대변해 주고 있으며, 시각형(seeing type, visual)과 촉각형(haptic)으로 유명하다. 어린이 미술 교육이란 어린이와 환경 사이에 의미 있는 관계를 형성하도록 자극을 주며, 모든 감각이 깨어 있을수록 학습의 기회가 더욱 많다. 그는

---

17) 객관적이거나 인식적인 표현이 나타난다.
18) 주관적이거나 감정적인 표현이 나타난다.

아이들을 두 가지로 규명하고, 또 다른 이론의 입장을 제공한다. 예를 들면 관찰자로서 세상을 바라보고 있는 아이들은 직접적인 방법으로 사물을 바라보는 반면, 상당히 정의로운 방법으로 경험에 대응하는 아이들은 보다 정서적인 차원으로 사물을 바라본다.

∷ 어린이의 사고와 미술 능력의 발달 7단계

발달 단계	특징
0세~2세	• 감각이 주변 환경과 처음으로 접촉하게 되고, 어린이가 이런 감각 경험에 반응하면서 그림이 시작된다. • 만지고, 느끼고, 보고, 조작하고, 맛보고, 듣는 것은 그림 그리기의 근본적인 바탕이 된다.
난화기 (2세~4세) the scribbling stage	• 상상력이 풍부한 표현은 마음을 통해 시작된다. • 맹목적인 난화 : 근육 운동의 경험만 만족스럽게 만든다. • 반복적인 동작 통제 : 팔 운동과 시각적인 행위의 협응(coordination)을 배가시킨다. • 그려진 형태에 이름 붙이기 : 근육 운동의 변화를 보인다. 어린이들은 그려진 형상과 외계 사이의 관계를 알게 된다. 눈앞에 없는 대상과 사건을 그릴 수 있다. • 결과 : 선화는 개념과 느낌의 기록이다. 선화는 눈앞에 없는 대상, 사건, 읽기 능력에 기초가 되는 상징적 체계에 대한 시각적인 기억력을 보여준다.
전 도식기 (4세~7세) the pre-schematic stage	• 자기중심 : 공간을 고려해서 자신이 중심이 된다. • 사람의 상징은 자신이 알고 있는 바에 근거한다. 보이는 것을 그리는 것이 아니라 아는 것을 그린다. 투명화나 엑스레이(X-ray)식 묘사로 논리는 보이지 않지만 존재한다는 것을 알고 있다. • 공간의 배열과 주위 환경의 관계에 대해 선화로 나타내기 시작한다. 어린이들은 기하학적인 선과 모양에 의존하기 시작한다.
도식기 (7세~9세) the schematic stage	• 상징적인 방식 : 개인적인 도식은 개념화와 일반화를 보여주기 위해 사용된다. • 중요하지 않은 것은 생략하고, 중요한 것은 과장하기 위해 사용했던 표준 도식에서 이탈하여 좀 더 일반화된 표현을 한다. • 바닥선, 태양, 하늘선[19]은 공간 구성에 대한 주의를 보여준다. • 같은 그림 속에 다른 일화들이 계획된다. 예를 들면 여러 가지 사건을 차례대로 보여주기 위해 바닥선이 높아진다.

---

19) 이 용어는 하늘과 공간의 경계선을 의미하고(sky strip), 박현일이 사용했으며, 다른 학자들은 천선(天線)이라고 부른다.

사실화기 또는
또래 집단기
(9세~12세)
the gang age
	• 한 점에서 조망하여 초점을 맞춘다. 감추어진 부분을 나타내지 않고, 형
	  태를 중첩시키는 능력을 얻게 된다.[20]
	• 선은 기하학적인 것보다 좀 더 사실적으로 묘사된다. 상투적인 도식과
	  바닥선이 사라진다.
	• 원근감이 나타난다.
	• 협동 제작에서 조별 노력에 흥미를 갖는다(또래 집단).

의사실기 (12세~14세) the pseudo- realism stage	• 상상력의 행위를 즐긴다.[21] • 원근감을 정확하게 표현한다.[22] • 사람의 모습 : 풍자화처럼 그리며, 개성을 발휘하는 경우가 드물다. • 자신의 초상화를 그리려 하지 않음 : '주체성의 위기[23]' • 색은 분위기와 감정을 표현하기 위해 사용된다. • 점차 자기비판을 한다.
사춘기 또는 결정기 (14세~17세) the adolescence stage	• 환경에 대해 비판적으로 인식한다. • 순간적인 인식에 대해 자연스럽게 묘사한다. • 가치 있는 관계를 강조한다. • 특성을 추출한다. • 미적 고찰을 한다. • 조형은 교육 중에서 가장 생명력을 지닌 학습이다.

5) 루카(Luka, M.), 켄트(Kent, R.)

루카와 켄트가 함께 쓴 저서(*미술 교육*)에서는 어린이의 표현 발달 단계를 난화기와 상징기, 사실기 세 가지로 나누었다. 그러나 그들은 상징기와 사실기를 강조했으며, 초기에 세부적인 묘사(detail)의 표현을 노력과 장식적인 표현으로 부족함을 보상받았다.

상징기(the symbolic stage, 4세~8세)에 속하는 어린이들은 근육이 세부적으로 분화하기 시작하여 협응(coordination)이 나타나며, 무엇을 보기 위해 몸 전체를 움직이던 것이 안구의 움직임만으로 바뀌고, 어깨와 팔의 운동에 의해 긁적거리던(scribbling) 것이 팔꿈치와 손목, 나중에는 손가락의 움직임으로 분화된다. 그는 지적 기능이 발달하여 자아를 강력히 주장하고, 쾌와 불쾌를 필요한 것으로 알고 요구하게 되며, 지능이 발달하기 때문에 개념 형성이 생기고, 자기가 알고 있는 세계를 원시적으로나 기술적으로 표현하는 단계까지 이르게 된다.

---

20) 예를 들면 하늘은 땅과 맞닿게 그린다든지, 뒤에 있는 대상의 물체를 부분적으로만 그린다.
21) 가능성을 탐구하여 표현한다.
22) 자기중심적 관점이 감소된다.
23) 자기의 실체에 대해 의문을 가진다.

여러 가지 크기의 원을 그려 놓고 달, 해, 머리, 동전이라고 스스로 각기 다른 것들을 구별 짓고 성격화한다. 머리의 둥근 원 안에는 눈, 코, 입들을 제시하고, 둥근 원에 실 같은 두 개의 선을 긋고 '다리'라고 하며, 머리(원)에서 두 개의 선을 왼쪽과 오른쪽으로 긋고 두 개의 팔을 의미한다. 이것의 다음 단계에는 동체(몸통)가 네모로 표현되고, 좀 더 발전하면 머리와 동체 사이에 목이 표현된다. 손바닥이 표현되고, 손가락과 발가락이 표현된다.

〈그림 30〉 상징기   〈그림 31〉 상징기

이 단계의 표현에는 크기, 운동의 속도, 질감, 공간의 개념이 나타나지만 성인이 알아볼 수가 없을 정도로 미미하다. 이 단계의 후기에는 공간 개념으로 하늘선과 바닥선이 나타난다. 이 단계에서는 양식이나 도식으로써 모든 것을 상징으로 표현하는 데, 이 표현을 피아제(J. Piaget)는 '세마(schma)'라고 한다. 세마는 어린이가 지각한 외계의 경험이 하나의 '경험'으로 형성하고 발명된다. 따라서 세마는 어린이들의 각기 다른 형태를 나타낸다. 세마는 사실상 어린이의 환상과 현실 사이를 연결하는 다리의 역할을 하며, 최초 사회적으로 참여하는 수단이 되기도 한다. 어린이는 세마를 표현하는 것으로써 부모나 동무들과 의사를 소통한다. 이것을 '탐색적 사회 참여'라고 해석하는데, 어린이는 바로 이 참여를 통해 자기를 주장하고 자기대로 존재적 지위를 확보한다. 이 자체가 어린이에게 '기쁨'과 '자신감'을 주고, 결국 자신감과 적극성을 주게 된다. 이러한 주체나 자율적 참여 욕구는 '창조'를 낳게 된다. 이 점이 미술 교육의 모든 것이 담겨있는 정수이다.

이 때 어린이는 그들이 '느끼는 감정대로' 만들고 칠한다. 그들이 그리는 것은 외계가 아니고 내계이며, 지적에 의한 인식이 아니고 정적인 것에 비치는 애정의 표현이고, 이것을 흔히 가치화(valuing)의 표현이라고 한다. '가치'는 어린이 주관에 주어진 의미적 중요성이다. 이 단계의 어린이는 '말초적' 표현을 한다. 말초란 어떤 대상을 보고 그 전체를 파악하는 것이 아니고, 관심이 쏠리는 부분을 감각적으로 표현한다. 이 시기에 나타난 어린이 지각의 특징은 부분, 정감, 주관에 있다.

공간 개념이 발달됨에 따라 지면에 아는 것, 본 것, 경험한 것들을 무질서하게 늘어놓은 표현(4세까지)은 지양되고, 화면 전체를 통일하는 공간 질서가 나타나서 모든 사물이 각기 제 위치를 찾아 통합(integration)이 이루어진다. 가령 놀이터를 그릴 때 위에 있는 하늘을 파란 띠(sky strip)로 표시하고, 건물이나 놀이 기구, 사람은 땅을 표시하는 바닥선 위에 세워지고, 뿌리는 바닥선 아래에 투명하게 그린다. 엑스레이(X-ray) 묘사는 '망원 묘사'와는 다르다. 망원 묘사란 먼 산의 나무에 앉은 매미나 그 밑에 기어가는 개미가 아주 크게 소상하게 그려지는 것과 같은 묘사를 말한다. 이런 특징은 이 시기의 어린이에게 아주 당연하다. 이 시기의 표현으로, 정감에 의한 중요성을 표현한다는 것은 어린이에게 가장 중요한 의미의 존재를 뜻하며, 사물의 중요성이 느껴지는 대로 크기를 과장해서 표현하고, 가령 '교통순경'의 팔을 길게 늘리거나 과장되게 표현한다. 이 시기는 중복적이거나 연속적인 표현의 특징이며, 시간의 연속성을 흔히 반복적으로 표현한다. 가령 아주 빨리 달리는 말은 늦게 달리는 말보다 다리가 많이 달린 것으로 표현한다. 이러한 표현은 주관적이거나

〈그림 32〉 X-ray

내적, 발명이나 상징이며, 현실성이 없는 환상적인 표현이 다음 표현 단계인 사실기로 접근하면서 어린이다운 신비와 매력이 점차 줄어들고 성인의 것으로 접근한다.

사실기(the realism stage, 9세~12세)는 사실 여명기라고 하며, 청소년 전기에 속하는 어린이의 표현 특징이다. 이 단계의 어린이는 성적 차이를 알기 시작하고, 외계의 사회관계 속에서 자기를 발견하는 시기이다. 내가 남과 다른 '차이'를 발견한다. 나의 힘보다 강력한 외계의 힘에 경탄하며, 발달된 지적 능력으로 외계의 세계에 관하여 호기심을 가지고 탐구한다. 그래서 이 시기의 어린이는 꼬치꼬치 캐묻기 좋아하며, 모든 것을 합리적으로나 분석적으로 사고하려고 하고, 망설일 줄 알게 되며, 자신의 미술 표현을 불신하기 시작한다. 그가 느끼는 것과 표현한 것, 그가 목전에 보는 것과 차이가 있고 간격이 있음을 의식하게

된다. 이러한 간격, 부족감을 보상받기 위해 초기에는 세부적인 묘사 표현에 노력하고, 장식적인 표현으로 그 차이를 메우려 한다. 그래서 아이들은 인물이나 의상, 풍경을 자세하고, 호화롭고, 다양하고, 정확하게 묘사하려고 애쓴다. 이러한 노력은 그림자를 발견하고, 명암을 표현하게 되며, 질감(texture)을 발견하게 되며, 동일한 면의 색도 다양하게 변조[24]

하기 시작한다. 고정적인 개념의 형태와 색에 대한 신념이 흔들리고, 눈에 보이는 대상의 변화를 면밀히 관찰하여 묘사한다. 다른 교과에서 배운 지식이 미술 표현에 직접적으로 영향을 주고, 원근 표현과 입체 표현이 시작된다. 특히 아이들은 먼 것이 작게 보이고, 가까운 것은 크게 보이며, 먼 것이 가까운 것에 가려져서 '중첩'된다는 것을 깨닫는다. 원근은 중첩 원근에서 선 원근으로 다시 대기 원

〈그림 33〉 그림자

근으로 발전되며, 색채 역시 좋아 하는 색과 주관적인 감정의 색채를 포기하고, 혼색을 탐구하기 시작한다. 그들은 사실적으로 부합되는 색을 혼색하여 사용하며, 먼 것의 색채가 가까운 것의 색채보다 흐리다는 것도 알게 된다.

이 단계에서 나타난 표현의 특징으로, 인식의 과정은 회화의 의사실성에 좀 더 큰 이해를 촉진시키며, 시각적 사실성에 보다 가까이 접근할 수 있고, 보다 새롭고 보다 적절하고, 창의적 관찰을 추구한다. 어린이는 선화와 채색화에서 사실적인 공간, 거리, 비례, 크기들을 합리적으로 표현하고자 하며, 명도와 명암, 색상, 양감, 재질감을 의미 있게 표현하기 시작하고, 때때로 부분에 관심이 쏠려 비례에 맞지 않는 표현이 나타난다. 그러나 이 경향은 곧 사라지고, 전체적인 형상을 비례로 파악한다. 남녀의 선호도에 따라 주제를 합리적으로 표현하려고 한다.

이 단계의 어린이는 결정적인 최후 단계를 통과하고 있는 것이다. 유희나 상징적인 정감은 넘치는 즐거움에서 떠나 눈이 심판하고 있는 객관적인 사실주의 세계로 향하고 있다. '눈(외적 객관)'과 '손(내적 주관)'의 불화를 스스로 의식하고, 그 불안과 불만을 메워 보려는 어린이의 부단한 노력은 어느 때보다 교사의 교육이나 창의성, 어머니의 사랑만큼 요구된다.

---

24) 빨간색 기와지붕의 색을 여러 가지 빨간색으로 채색한다.

6) 피아제(Piaget, J.)

인지 발달은 지적 발달 과정에서 사고 능력이나 구조의 질적 변화에 관심을 두고, 인지 발달을 분석한 학자는 피아제와 브루너(Bruner), 프라벨(Fravell)들이다. 이들은 고차원적인 인지 능력을 포함하는 반응일수록 고도의 구조화 된 내면의 기제를 가정하고, 이러한 기제의 질적 변화를 지적 능력 발달로 받아들였다.

감각 운동기(the sensory-motor stage, 0세~2세)는 다시 6단계로 나눌 수 있다. 1단계는 반사 단계로 출생부터 1개월까지이다. 신생아는 제한된 생득적 반사만을 나타내고, 이 반사 중에서 하나가 빠른 반사이다. 신생아는 젖꼭지가 입에 닿을 때마다 자동적이고, 반사적 빠른 움직임을 보인다. 이러한 경우 아기가 이미 갖고 있는 윤곽(schema)에 의해 환경에 반응하고 있기 때문에 그와 같은 빠른 행동은 동화이다. 첫 단계에서 아기는 동화와 조절을 통하여 기본 윤곽을 연합하여 새로운 윤곽을 발달시킨다.

2단계는 순환 반응 단계로 1개월부터 4개월까지이다. 1차 순환 반응 단계는 간단한 습관적인 형성의 단계이다. 1차 순환 반응 단계란 우연히 일어난 아기의 신체 반응이 유아의 흥미를 유발하고, 이것이 다시 동일한 행동을 낳게 한다. 신체적 반응[25]을 여러 번 되풀이할 때 그러한 행동은 하나의 습관이 된다. 이러한 습관을 진정한 의미적 지능이라 볼 수는 없으나 전 단계의 반사와 비교하면 단순한 반사이며, 자동적 반응이 아니고 공간과 시간에서 작용하는 행동의 폭이 반사보다 넓다. 이 단계에서는 여러 행동의 협응(coordination)[26]이 나타난다. 또한 순환 반응이 환경적 사물로 확대된다.

3단계는 2차 순환 반응 단계로 4개월부터 8개월까지이다. 이 단계에서 아기들은 반복되는 활동을 좋아한다.[27] 아기들은 대상의 영속성(object permanence)이 나타난다.[28] 곧 눈에 보이던 것이 눈에 보이지 않는다고 해도 완전히 없어진 것은 아니라는 생각을 한다.

4단계는 2차 윤곽이 협응 하는 단계로 8개월부터 12개월까지이다. 이 단계는 전 단계에서 획득한 윤곽을 기초로 새로운 윤곽을 형성하여 새로운 상황에 사용되며, 없어진 사물에 대한 기억을 형성하기 시작한다.

5단계는 정신적 표상이 시작한 단계로 12개월부터 18개월까지이다. 이 단계에서 흥미를

---

25) 손가락을 폈다 오므렸다 반복적으로 움직인다.
26) 빨거나, 보거나, 삼는다.
27) 움직이는 장난감을 좋아한다.
28) 장난감을 집어 던지고, 장난감을 집어 주면 또 다시 밖으로 던지는 것을 반복적으로 한다.

끄는 것은 신기하고 새로운 결과를 위하여 일련의 창의적이고 실험적인 행동을 되풀이하는 것이 특징이다. 흥미를 끄는 새로운 결과가 일어나면 이것을 반복한다.

6단계는 정신적 표상이 시작한 단계로 18개월부터 24개월까지이다. 이 단계에서 아기는 사물에 대한 정신적 심상(image)을 통해서 표상하기 시작하고, 현존하지 않은 사물을 안으로 표상한다. 문제를 푸는 대는 단순한 시행착오를 넘어서 의도적인 탐색을 행동으로 나타난다.

어린이가 태어나서 1세 반 혹은 2세까지 언어와 같은 상징적 기능이 작용하지 않고, 단지 감각이나 협응에 의해서 외부 세계에 나간다고 해서 이 시기를 감각 운동기라고 부른다. 18개월 이전에 외부 세계의 자극에 의해서 생기는 지각이 구상적이거나 정신적 표상이 아니라 점차 지각의 자극 없이 구상적 정신 표상이 생성될 수 있다. 생후 약 18개월 동안 행동 도식이 첫 번째로 나타나는 심리적 구조(psychological structure)이고, 감각 운동 도식이 점차로 내현적 수준으로 바꾸어간다. 약 18개월에서 24개월 사이의 표상 활동은 점차 구체적인 자극이 독립적으로 되고, 단순히 지각적인 경험 복사가 아니라 새로운 심상을 머릿속에서 만들어 낼 수 있다.

감각 운동기는 생후 2년간의 발달 과정을 탈 중심화(decentralization) 과정이라 한다. 환경적으로 자신을 분리시키지 못하거나 현실적으로 소망을 구별하지 못한다. 피아제가 제시한 가장 중요한 개념의 하나로, 아기는 환경에 영향만을 받는 수동적 존재가 아니라 활동을 할 수 있다. 곧 아기는 자신의 목표 방향을 설정하는 데 중요한 역할을 한다.

전 조작기(the pre-operational stage, 2세~4세)는 전 개념기와 직관적 사고기 두 가지로 나눈다. 이 시기는 감각 운동기의 사고 유형과는 달리 환경에서 사물에 대한 상징과 심상을 사용하는 능력이 증가된다. 전 조작기에서 심상은 비교의 상태로 재생되는 것 같다.[29] 어린이의 사고 특징은 가역으로 조작을 할 수 없고, 변환 과정을 이해할 수 없으며, 지각적 중심화가 나타나서 자기중심이라고 볼 수 있다.

전 개념기(the pre-conceptional stage, 2세~4세)의 어린이들은 주의 환경에서 현존하지 않은 사물을 표상할 수 있으며, 이 시기에는 상징적 기능이 발달되어 언어나 그림을 인지 과정에서 사용할 수 있다. 상징적 사고를 할 수 있는 능력은 어린이가 점차 복잡한 사고를 다룰 수 있게 되며, 환경에 더 효율적으로 상호작용할 수 있다.

---

29) 무엇이 떨어지는 경우 중간 단계는 상상하지 못한다.

〈그림 34〉 전 개념기

〈그림 35〉 전 개념기

전 개념기의 시기에는 표상의 형태를 자연 모방, 상징 놀이, 그림 그리기, 심상, 언어들로 나누었다. 영아는 자연의 모방을 생후 몇 개월이 지나면 성인의 동작을 모방하기 시작한다. 그러나 전 조작기에 들어오면, 모방할 대상이 눈앞에 없어도 동작을 모방할 수 있으며, 모방할 동작이 표상으로 파지(retention)[30]되어 있다가 재현된다. 상징 놀이는 유아가 놀이 속에서 자기 자신보다 또는 다른 물건을 현실과 틀린 것으로 간주해서 노는 경우가 있다.[31] 이러한 현상은 유아가 현실에 존재하는 대상이나 상태에서 벗어나 유아 내부의 표상을 갖고 있다는 것을 뜻한다.

심상은 감각 운동기에서, 유아가 들은 것이나 본 것을 머릿속에 떠올리지 못하다가 전 조작기에 들어오면 심상이 나타난다. 심상이란 시각적인 것이 그대로 저장되는 것이 아니라 오히려 내면화된 모방에 의해서 생긴다.

언어는 기호의 기능을 가장 고도로 발달시킨다. 다른 기호나 상징이 때때로 개인적인 것에 비해, 언어는 사회적인 것으로 이미 형성된 언어 체계이며 외부에 의해서 주어지는 것이 특징이다. 전 조작기의 초기 단계인 전 개념기의 시기에 언어가 주요한 상징적 기능의 하나로 시작한다. 4세가 되면 언어는 점차 문법적으로 구사하고, 상황을 다루는 능력이 증가됨에 따라 개념을 형성하는 능력도 증가된다. 언어에 의한 기호의 상징이 활동으로 내면화되어 표상으로 작용하는 것이 사고에 대한 근본적인 변화를 가져온다. 어린이의 언어가 어린이의 사고 과정을 반영하지만 언어가 사고의 유일한 근원은 아니고, 사고가 언어에 앞서는 어린이들은 자신들이 말할 수 있는 것 이상으로 알고 있다.

---

30) 경험의 강약은 차이가 없어도 흔적을 남기고, 그 효과가 뒤에까지 지속되는 것을 말한다.
31) 소꿉놀이에서 엄마 노릇을 하거나, 나무토막을 갖고 자동차나 비행기라고 생각하고 노는 경우를 말한다.

직관적 사고기(the intuitive thought stage, 4세~7세)에 직관이라고 말한 것은 앞 논리의 표상 능력을 갖기 때문이다. 이 시기는 논리의 유추와 판단을 하기 시작하는데, 실제에 있어서 전 개념기에 있었던 외형의 지각에 근거를 둔 유추가 반복되며, 다만 객관성 추구가 반영되는 점이 다르다. 여기서는 보존의 개념, 분류, 서열화, 관계의 인지, 사회의 인지, 자기중심을 검토함으로써 직관적 사고의 특성을 밝히려 한다. 보존의 개념에서 전 조작기의 사고가 조작기의 사고와 다른 것은 보존의 개념이 없다는 것이다.[32] 중심화란 다른 요소들을 무시한 채 한 요소에만 주의를 집중하는 경향을 말한다.[33] 직관적 사고기 후반에 가면 이러한 중심화 현상이 어느 한 가지 측면에만 기울어지는 것이 아니라 왔다갔다 한다. 일단 변화가 일어나면 이것은 원 상태로 되돌릴 수 없는 비가열성 때문이다. 분류의 개념에서 분류는 논리적 사고에 대한 불가결한 것인데, 전 조작기 수준에서는 분류화가 충분하지 않다.

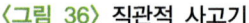

〈그림 36〉 직관적 사고기

〈그림 37〉 직관적 사고기

1단계의 2.5세~5세까지 어린이는 분류 기준의 계획이 없고, 기준이 항상 변화한다. 이때 어린이들의 분류는 논리적 분류라고 볼 수가 없다. 2단계의 5세~8세까지 어린이들은 분류할 대상의 속성에 따라 분류하고, 이것은 하위 집단으로 분류할 수도 있기 때문에 분류화가 되는 것 같이 보인다. 그러나 깊이 살펴보면, 분류의 외연 속에 포함되는 관계를 진정으로 이해하지 못한다. 3단계는 8세 이후 논리적 관계 또는 내포 관계가 잘 이해되고 있어서 조작의 분류화가 가능하다.

---

32) 유아에게 같은 크기와 같은 모양의 컵 두 개에 같은 양의 물을 넣어서 그 양이 같다는 것을 확인시킨 후, 밑면적이 넓은 것과 좁은 컵에 각각 물을 담아서 물어보면 물의 높이가 높은 것이 많다고 한다.
33) 물의 양은 밑면적과 물의 높이에 의해서 결정되는데, 유아들은 이 중에서 지각으로 두드러져 보인 한 가지 측면만 보기 때문이다.

서열화는 어린이에게 길이가 조금씩 틀린 나무 막대기를 주고 길이가 짧은 것부터 차례대로 배열하라고 하면, 처음에는 전혀 서열화를 하지 못하지만, 다음 단계에서는 몇 개의 서열을 만드나 전체적으로 하나의 서열밖에 조작하지 못한다. 다음 단계는 시행착오의 배열을 반복하고, 결과적으로 서열이 완성된다. 전체 막대기 중에서 가장 작은 것을 끄집어내고, 다음에는 조직 방법[34]에 의해 서열을 구성하는 이른바 연역적 합성이 가능하다.[35]

피아제는 관계의 인지를 형제나 좌우 상태에 대해 어떻게 이해하고 있느냐를 검토했다. 이 단계의 어린이들은 어린이 자신에게 형제가 있다는 것을 알고 있어도 그 형제들에게 있어서 자기가 형제가 된다는 것을 알지 못했다. 자기의 왼쪽과 오른쪽은 잘 알고 있어도 다른 사람의 왼쪽과 오른쪽은 지적하지 못한다. 이와 같이 어린이들은 상대의 사물을 이해하지 못하고 절대적으로만 판단하는 경향이 있다. 피아제의 인과 관계 파악에 있어서 전 조작기의 어린이들은 두 사건이 시간적으로 밀접해 있으면 인과 관계가 있다고 믿는다. 피아제는 이와 같은 것을 병렬(juxtaposition)이라고 불렀다.

어린이에게 어떤 현상이 일어나는 것은 그 물건만이 그렇게 되기를 바라기 때문이고, 물건의 내부적 의미를 안정된 동기로 설명한다. 어린이의 인과성 인식은 어린이의 독특한 자연관과 밀접한 관계가 있으며, 피아제는 이 시기의 어린이들에게 실제론(realism), 물화론(animism), 인공론(artificialism)의 경향이 강하다고 지적했다. 실제론은 마음에 생각한 것이 객관적으로 실제하고 있다고 생각하고, 어떤 물체의 이름을 물건의 물질이라는 성질로 보는 데에서 나타난다. 물화론은 모든 물건에 생명이 있고 의식이 있는 존재라고 생각한다.[36] 이러한 생각은 주관과 객관적 미분화[37]라고 본다. 인공론은 모든 물건이 사람에 의해서 만들어졌다고 생각하고, 호수나 개울은 사람이 파서 물을 넣은 것으로 보며, 태양은 사람이 만들어 놓은 것으로 본다.

사회적 인지는 이 시기의 사고적 특징으로 인간관계나 사회관계의 이해에서 나타난다. 어린이가 놀 때에 놀이의 규칙이 있다는 것을 잘 모르는 단계이고, 다음 단계에서는 규칙을 지켜야 되며, 아무도 변경할 수 없는 절대적인 것으로 생각하는 단계가 있다.[38]

---

34) 주위에서 가장 작은 것을 골라내는 방법이다.
35) 'ㄱ'이 'ㄴ'보다 크고 'ㄴ'이 'ㄷ'보다 크면, 'ㄱ'은 'ㄷ'보다 크다는 추리를 할 수 있게 된다.
36) 바람은 자기가 불고 싶어서 불고, 태양은 사기 스스로 움직이고 있다는 것을 일고 있다.
37) 어린이 마음속의 내면과 외계의 구분이 충분하지 않기 때문에 자기중심성의 한 측면이 나타난다.
38) 규칙은 밖에서부터 주어진 것으로 또는 절대적인 것으로 생각한다.

자기중심성은 피아제의 초기 이론 중에서 가장 중요한 개념이다. 그러나 후에는 자기중심성이 오해되는 경우가 많으므로 중심화의 개념으로 대치되었다.[39] 피아제에 의하면, 어린이들의 세계에 대한 이해는 어린이들의 자기중심적 사고에 의해 제한된다. 자기중심성이란 어린이가 자신의 입장에서만 사물을 보고, 다른 사람 입장도 있다는 것을 충분히 이해하지 못하는 의미이다.

구체적 조작기(the concrete operational stage, 7세~11세)는 전 조작기보다 성숙한 인지 구조가 형성된다. 전 조작기에 뚜렷이 나타났던 자기중심성은 사회적 경험이 증가함에 따라 감소된다. 자신의 생각과 가족 구성원이나 다른 사람의 생각과 비교하고 견주어 볼 수 있다. 사회적 경험과 상호작용은 어린이의 지적 자기중심성을 감소시켜 어린이의 사고 과정에 자유를 부여한다.

〈그림 38〉 구체적 조작기

〈그림 39〉 구체적 조작기

6세부터 11세에 이르면, 사물의 분류와 같은 논리적인 조작이 구체적인 실제 세계에서 주로 나타난다. 구체적인 조작을 하는 사고에 내포되어 있는 논리적 관계를 군집(grouping)이라 한다. 운동 변환의 심상은 7세~8세가 되어서 구체적인 조작을 할 수 있을 때 비로소 가능하다. 사고의 균형된 규칙은 집단 성원의 합의에 의해서 만들어졌고 변경할 수 있다. 탈 중심화(decentralization)는 다른 중요한 요소를 무시한 채 한 요소에만 주의를 집중하는 경향이 감소된다.

논리적인 조작은 내면화된 행위로 정의하고, 환경과 상호작용을 통해 생성되며, 동화와

---

39) 자기 자신이나 자기 자신의 활동에 중심화 되는 경향이 어린이에게 있다고 보고, 이 개념 속에 자기중심성도 포함시켰다.

조절 적용 과정의 결과를 생각한다. 논리 조작의 예는 가역성과 서열, 분류들이다.

　가역성은 수의 보존 개념에서, 전 조작기 단계의 어린이 수는 같으나 놓여진 간격을 넓게 할 경우 간격을 좁게 한 것보다 더 많다. 이 단계의 어린이들은 길이와 밀도간의 관계를 인식하며, 길이가 길어질수록 밀도는 감소된다는 것을 이해한다. 이와 같은 이해가 가역성의 형태이다. 가역성은 머릿속에서 본래의 상태로 전환시키는 것인데, 길이의 증가와 공간의 밀도 증가에 반대로 작용하여 같은 수요라는 것을 지각되는 조작이다. 따라서 구체적 조작기의 어린이들은 어떠한 사상의 역을 상상할 수 있으며, 머릿속의 상황을 본래의 상황으로 변화시킬 수 있다.

　보존 개념은 7세~8세 이후 구체적 조작기에 이르러서야 전체와 부분의 관계, 상위 유목과 하위 유목의 관계를 완전히 이해하게 된다. 이 단계에서 유목을 첨가하여 더하거나 분류 과정을 가역으로 수행할 수 있다. 구체적 조작기의 어린이들은 눈에 보이는 지각적 특성에 의해서가 아니라 논리적 근거에 의해서 보존 문제를 쉽게 풀 수 있다. 어린이들은 모양이 변화하더라도 질량의 량이 변화하지 않거나[40], 머릿속에서 조작을 거꾸로 수행할 수 있어 량의 변화가 없다는 것[41]을 발견할 수 있거나, 한 차원 높아서 잃어버린 것을 다른 차원에서 보상받을 수 있다는 것[42]을 인식하게 된다.

　구체적 조작기의 어린이들은 모든 영역에서 동시적으로 보존 개념이 나타나지 않는다. 수에 대한 보존 개념은 6세~7세, 무게에 대한 보존 개념은 9세~10세, 부피에 대한 보존 개념은 10세~15세에 나타난다. 이와 같이 피아제는 영역에 따라 보존 개념의 차이가 생기는 것을 수평적 뒤짐(horizontal decrease)이라 부른다. 발달 특징의 단계에서 수평적 뒤짐은 한 유형의 문제에서 다른 영역의 문제로 전이가 되지 않는 것을 가리킨다. 수직적 뒤짐(vertical decrease)은 발달이 한 단계에서 다른 단계로 전이(transfer)[43]가 어려운 것을 가리킨다.

　서열화는 구체적 조작기에 획득되는 또 하나의 논리적 조작이고, 사물을 증가하거나 또는 감소하는 순서로 배열하는 능력을 말한다. 연역적 합성에 의한 서열을 구성할 수 있는 능력은 구체적인 조작 단계에 이르러 도달한다. 서열에서도 수평적 뒤짐이 나타난다. 서열

---

40) 동일성
41) 가역성
42) 보상
43) 한 번 학습한 결과가 다른 학습이나 반응에 영향을 주는 일을 말한다.

개념에서 길이는 가장 빨리 7세~8세에 나타나고, 무게에 대한 서열 개념은 9세, 부피에 대한 서열 개념은 11세~12세에 나타난다.

인과 관계는 구체적인 조작 단계의 후기에 가서야 개념을 이해하게 된다. 구체적인 조작기 초기 단계는 전 조작기에 보였던 병렬에 의한 인과 관계의 이해가 나타난다. 두 사건이 두 시간 간격으로 일어나면 병렬로 될 수 있고, 관련된 것을 인과적으로 이해하며, 9세~10세가 되어야 병렬 이상의 간단한 인과 관계를 이해할 수 있다. 점차 어떤 사물이 일어난 물리적, 기계적 연관성을 찾고 사물을 합리적인 인과 관계 속에서 분석하고 구성하려고 한다. 구체적인 조작기에는 전 조작기에 비해 훨씬 논리적이고, 일관성 있는 사고가 가능하다. 그러나 한계는 조작을 구체적인 사상에만 적응시킨다.[44] 따라서 구체적인 조작기는 구체적인 사상 하나하나에 영역별로 조작이 통합되고, 전체적으로 체계화되는 것을 형식적 조작기에만 가능하다.

관계 연구[45]는 전 조작기와 구체적인 조작기에서 인지 구조의 질 차이가 어린이의 환경에 영향을 미친다. 일련의 연구에서 죽음에 대한 어린이의 이해가 피아제의 접근 방법으로 연구되었다. 이들 연구에서 어린이가 인지 발달과 죽음에 대해 어린이 스스로 이해하는 것을 발견했다. 죽음에 대하여 다시 부를 수 없는 것이 보존 개념에서 가역성의 이해와 직접적으로 관련된 유사점으로 보인다.

형식적 조작기(the formal operational stage, 11세~15세)는 구체적인 사물뿐만 아니라 도덕적 원리, 이상, 가설의 개념과 같은 추상적인 것에도 논리적 구조를 적용할 수 있는 능력이 생긴다는 점에서 구체적인 조작기와 구별된다. 인지적 성숙은 이 시기에 이르러서야 도달한다. 어린이의 인지 구도가 질적 변화를 하는 마지막 단계이고, 구체적인 지칭의 대상 없이도 추상적으로 생각할 수 있는 능력이 있는 시기이다. 이러한 현상을 로프트(Looft, W. R.)는 사고에 대한 사고 능력, 베르존스키(Borzonsky, M. D.)는 현실과 가능성의 관계, 브레인어드(Brannerd, C. J.)는 사려의 추론이라고 부른다.

---

44) 현재 눈앞에 있는 구체적인 사상에 너무 밀접하게 관련되어 있어서 구체적인 내용과 분리된 형식적 추상 사고를 전개할 수 없다는 것이다.
45) 전 조작기와 구체적인 조작기를 의미한다.

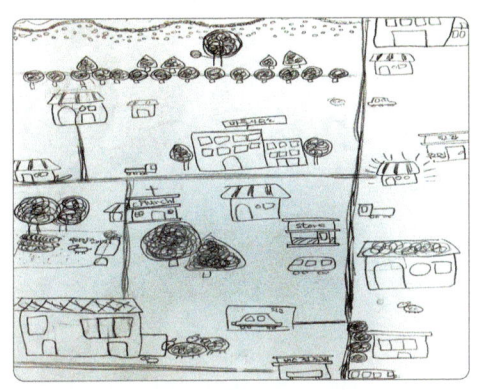

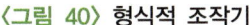

〈그림 40〉 형식적 조작기 〈그림 41〉 형식적 조작기

이 시기에 이르러 뚜렷하게 나타나는 것은 가설과 연역적 논리를 사용하여 사고를 할 수 있는 능력이다. 가설과 연역적 논리는 실증적으로 입증된 사실이 아니라 가설인 전제 (premise)로부터 결론을 유도해 낼 수 있는 추리이다. 따라서 가설과 연역적 추리는 언어에 의존하는 정도가 크다. 인헬드(Inhelder)와 피아제는 형식적 조작기에 와서야 청년들이 구체적인 사상 없이도 문제에 대한 추리를 할 수 있다고 보았다. 로프트(Looft)는 형식적 조작기의 어린이 사고는 가능성에 대한 상상 능력을 특성이라고 지적했다.

조합적 사고(combinational thinking)에서 명제 또는 조합적 추리 능력은 피아제의 무색 용액 실험 문제에서 잘 나타난다. 무색 용액이 담긴 다섯 개의 병을 어린이 앞에 놓고 1번 병에는 유황색, 2번병에는 물, 3번병에는 산화된 물, 4번병에는 티오황산, 5번병에는 옥화 칼슘을 제시했다. 병의 용액들을 마음대로 섞어 노란색의 용액을 만들어 보도록 어린이에게 요구했다. 5번병과 1번병을 섞어보다가 1번과 2번, 3번과 4번을 섞어 보기도 했다. 세 개가 아무런 변화가 나타나지 않자, 네 개의 병의 용액에다 5번 용액을 섞었다. 그러나 형식적 조작기의 어린이는 이 문제를 풀기 위하여 좀 더 체계적인 시도를 한다. 한 번에 한 용액, 다음에 둘, 다음에 셋의 식으로 조합적 방법에 의해 접근한다. 빠진 순열이나 조합이 없는가를 면밀히 검토하면서 이 문제에 가능한 모든 조합을 적용한다. 이와 같이 한 문제의 가능한 모든 조합이나 순열을 검토할 수 있는 능력이 형식적 조작기에 도달되었다는 증거이다.

비율(proportion)에서, 구체적 조작기의 어린이들이 저울에서 가벼운 무게는 무거운 무게보다 지렛대 받침부터 밀리 떨어지면 평형 하는 것을 이해한다. 그러나 구체적 조작기의 어린이들은 무게나 길이를 비율로 이해하는 것은 어렵기 때문에 형식적 조작기가 시작되면서 비율의 개념을 일반적인 원리로 이해할 수 있다. 형식적 조작기의 어린이들은 무게와 길이 관계를 이해할 수 있고, 저울 문제를 추상적 방법으로 해결할 수 있다. 비율 문제를 다루는 데 있어서 형식적 조작기의 어린이들은 무게가 두 배 되는 물체를 가벼운 물체가 지렛대 받침에서 떨어진 길이보다 절반만큼 떨어지게 하여 평형시킬 수 있다. 이와 같은 일반적인 원리는 형식적 조작기에 획득되며, 구체적인 조작기에서 볼 수 있었던 시행착오 없이 어떤 문제도 성공적으로 적용할 수 있다.

진자 문제(pendulum problem)는 형식적 조작기의 사고 특성에서 두드러지게 나타난다. 진자 과제에서는 진자 움직임의 빈도와 속도의 결정적 요인을 찾는다. 진자의 흔들리는 속도는 진자가 달려 있는 줄의 길이와 관련된다.[46) 진자의 움직이는 속도는 줄의 길이 이외에 줄에 달린 물체의 무게, 진자가 처음 움직이기 시작한 높이나 물체가 밀려진 힘에 의존한다.

형식적 조작기에 어린이들이 이 과제를 좀 더 체계적이고 과학적인 방법으로 해결할 수 있다. 관련된 요인들은 한 번에 하나씩 변화시키고, 일정한 점에서 일정한 주기로 진동을 계속하는 물체, 빈도에 미치는 영향을 결정하여 평가한다. 귀납적 방법을 성공적으로 적용하면서 조심스럽게 과학자의 접근을 시도한다. 형식적 조작기의 인지 구조는 어린이의 사고가 변화하는 근본은 무엇인가? 피아제에 의하면, 새로운 지적 구조의 동일성(I, identity), 부정(N, negation), 상호성(R, reciprocity), 상관성(C, correlativity)이 획득된다. 수학에서 나온 이 네 가지 조작은 특정한 형태의 가역성이 이루어지는 과정을 기술한다. I. N. R. C. 조작이 어린이로 하여금 자신의 상징 사고를 역으로 할 수 있고, 가설과 새로운 생각을 완전히 추상적 수준에서 창출할 수 있으며, 변형할 수도 있게 한다. 따라서 I. N. R. C. 조작은 어린이들 자신의 사고를 조작하고, 가설의 전제 위에 적용하며, 직접적으로나 구체적인 상황으로 자유롭게 한다.

어린이들은 명제의 논리를 사용할 수 있는 능력을 발달시킨다. 이 시기에 어린이가 사용하는 명제 논리의 가장 간단한 논리 형태는 이원(binary)이라 부른다. 명제 1 : 개는 고양이보다 크다. 명제 2 : 개는 고양이보다 털이 짧다. 이들 두 명제의 진위는 네 가지 방법으로 검토될 수 있다. 첫 번째는 둘 다 맞다. 두 번째는 둘 다 틀리다. 세 번째는 '1'은 맞고 '2'은 틀리다. 네 번째는 '2'는 맞고 '1'은 틀린다. 이들 명제가 검토될 수 있는 가능한 총수는

---

46) 줄이 짧으면 짧을수록 움직이는 속도는 더 빨라지고, 끈이 길면 길수록 운동은 느려진다.

열여섯 가지이다.

이원적 명제 논리의 결과를 열여섯 가지 가능성으로 유도해 낼 수 있는 능력은 특별한 의미를 갖는다. 피아제는 열여섯 가지 정신적 조작에 해당하는 것으로 생각했다. 이들 열여섯 가지 명제의 조작이 어린이로 하여금 행동을 내면화하도록 허용하며, 역으로 조작을 가능케 한다. 열여섯 가지 명제의 조작과 I. N. R. C. 조작이 형식적 조작기의 사고의 기초를 이루며, 피아제의 형식적 조작기의 어린이 사고 구조를 설명했다. 따라서 명제의 사고는 피아제가 주장하듯이 형식적 조작기 어린이에게만 국한되어 있지 않다.

스위스의 심리학자인 피아제(Piaget)는 그의 저서(아동 심리학)에서 어린이의 사고와 미술 능력의 발달을 다섯 가지 단계로 제시했다. 또한 양식이나 윤곽으로써 모든 것을 성장으로 표현했는데, 이 표현의 형태가 '스키마(schema, 윤곽)'이다.

:: 피아제의 인지 발달 단계

인지 발달 단계	나이	발달 내용
감각 운동기 (the sensory- motor stage)	0세~ 2세	• 유아의 행위는 발산에 의존하는 습관이 형성되고, 대상 없이 관심을 일깨울 수 없다. • 이 시기는 쥐기, 조작하기, 그 밖의 다른 촉각과 근육 운동의 감각을 통해 사고가 시작된다.
상징적 기능기	2세~ 4세	눈앞에 없는 대상과 사건의 재현은 다음과 같은 것을 통해 시작된다. • 지연된 모방 : 모형(model)이 사라진 뒤의 모방 • 상징놀이 : 가장하기, 겉꾸미기 • 선화 : 놀이를 통한 재미있는 모습, 맹목적 난화 속에서 형태를 인식(우연적인 사실성) • 기억의 모형(model)을 이끌어 내는 시도 : 전체 속의 부분은 가끔 성인의 기준에 의해 왜곡(부족한 사실성) • 상상, 대화
직관적 사고기 (the intuitive thought stage)	4세~ 7세	• 자기중심 : 다른 관점을 생각하지 못한다. • 보는 것을 그리는 것이 아니라 알고 있는 것을 그린다(지적 사실성). • 시각적으로 지각되지 않았다 할지라도 개념의 속성을 그린다(땅 속에서 자라는 당근, 말을 탄 사람의 양다리가 드러난 측면도). • 어린이들이 자유롭게 그린 기하학적 무늬와 선화를 관찰하며, 한 가지로 수렴된다(피아제의 어린이 공간 개념 참고). • 근접, 분리, 포함의 관계와 또 다른 위상적 고려가 표현되기 시작한다.

구체적 조작기 (the concrete operational stage)	7세~ 11세	• 유복화 분류(대상을 관련지어 분류하기)와 일반화(원리와 체계를 추론하기)에 대한 관심을 통하여 상징적인 재현 체계가 잡힌다. • 결합과 분류와 같은 가역 작용에 대한 이해는 변형 과정의 시각을 통해 발생한다. • 지적 사실성은 지속된다. • 시간의 경과에 따라 발생된 일련의 사건들이 하나의 그림 속에 나타날 수도 있다. • 9세에서 나타나는 그림의 시각적 사실성은 다음과 같은 주의를 요구한다. • 첫 번째는 특별히 관찰한 것 : 감추어진 부분을 생략한가, 윤곽선이 정확한가, 뒤의 사물은 작게 그리는가, 비례에 대한 이해를 갖고 이를 나타내려 하는가. 두 번째는 전체적인 계획을 갖고 전체에 대한 부분적인 관계를 강조한다. • 유클리드 기하학적 미터법에 대한 감각이 생긴다. • 탈 자기중심이 됨 : 다른 사람의 관점을 이해할 수 있다. • 대인 관계에 협조적인 측면이 보인다. • 사회화의 인지, 정서, 도덕적인 측면이 포함된다.
형식적 조작기 (the formal operational stage)	11세~ 15세	• 사실적인 것에서 교체 가능한 변화에 대해 이해하고, 미래를 위한 계획을 세우기 시작하며, 미래 지향적인 것에 흥미를 갖는다. • 가치와 이상을 중요시한다. • 가설에 대해 합리화할 수 있고, 가능성에 대해 결론으로 도출할 수 있다. • 추론적인 사고를 시작한다. • 언어적 추상을 다룰 수 있고, 추론적 능력을 통해 예견할 수 있다. • 동료의 영향이 크며, '최종적이고 궁극적인 분화'를 시도한다.

미술치료에 나타난
형태 심리

미술치료에 나타난 **형태 심리** ─○

아동의 표현 조형
Expression Modeling of the Child

04

아동의 조형(modeling of the child)

그림의 형태(form of a picture)

Chapter 04

아동의 표현 조형
Expression Modeling of the Child

1 아동의 조형(modeling of the child)

1) 아동의 조형

베르본(Verworn, M.)은 그의 논문에서 어린이의 조형을 두 가지 제시했다. 하나는 관념적(ideoplastic) 조형이고, 또 다른 하나는 물리적(physioplastic) 조형이다. 재현적 조형 예술은 자연 그대로 재현하는 것과 연상의 관념을 객관화하고 대립시킨다. 이 두 가지 유형적 예술은 물체적 조형(physioplastisch)과 관념적 조형(ideoplastisch)이다. 예술의 사실주의와 자연주의에 대한 특색과 관념은 도식적인 묘화 태도에 의해 두 가지로 분류했다. 또한 사실적인 회화를 남긴 구석기 시대의 수렵인은 영혼이나 관념 또는 형이상학적인 것은 없었다.

또한 불프(Wulff, O.)의 연구에서, 어린이의 표현(expression of child)에는 시각형(visual)과 촉각형(haptic) 두 가지가 있다. 시각형은 시각적 형태와 개념의 표현이고, 촉각형은 촉각(tactual)적 형태와 개념의 표현이다.

〈그림 01〉 시각형

〈그림 02〉 촉각형

독일의 심리학자인 쿤(Kuhn, H.)은 그의 연구에서 어린이의 표현을 두 가지로 보았다. 하나는 감각형이고, 다른 하나는 상상형이다. 감각형은 자기 주변에서 일어나는 경험적 감각을 통해 얻는 사실을 복사처럼 표현하고자 한다. 이것은 자연적 모방이며, 대상의 재현이다. 상상형은 생활 경험과 동떨어진 것, 영구적인 것, 보편적인 것, 대상에 내재하는 것을 표현한다.

〈그림 03〉 감각형　　　　　　　　　　〈그림 04〉 상상형

2) 표현의 위치와 크기(size and position expression)

미국의 여성 심리학자인 알슐러(Alschuler)는 해트윅(Hattwick)과 함께 쓴 저서(*회화와 개성*)에서 표현의 위치와 크기에 관한 특징을 제시했다. 이 저서에서는 색채 외에도 선과 형태, 그림의 화면상 위치나 크기에 따라 어린이의 심리나 정서적 상태를 분석했다. 어린이가 크게 그릴 때는 자신감이 있고, 진취적이며, 적극적이다. 또한 그들이 작게 그릴 때는 열등감이나 불안, 자기 통제 따위를 나타낸다. 어린이가 적절한 크기로 그릴 때는 원만하고, 이지적이며, 조직적이고, 주체성이 강하다. 위치에서 중앙은 주체이고, 긍정적인 성격이 나타난다. 왼쪽 아래는 강박적인 행동이나 자기의 욕구와 충동에 의한 정서적 만족을 찾는다. 오른쪽 아래는 안정된 통제의 행동이고, 욕구와 충동을 서슴지 않고 뒤로 미룬다. 또한 지적 만족을 구하는 내향적인 성격의 소유자이다. 위 부분은 노력형과 공상형, 초연, 지적이다. 아랫부분은 우울과 침착, 열등감을 의미한다.

드 프란시스코(de Francesco, 미국의 미술 교육가)는 그의 저서(*예술 교육*)에서 발달 단계(development stage)와 표현의 특징(characteristic of expression), 어린이들에게 어떤 미술 경험을 갖게 할 것인가 하는 내용에 대해 다음과 같이 여섯 가지로 분석했다. 첫째, 구안된 활동은 어린이의 경험 수준에 드는 것인가?[47) 둘째, 구안된 활동은 어린이의 각자 내(內)적 안목(vision)을 만족시킬 수 있을 만큼 충분한 다양성을 허용하고 있는가?[48) 셋째, 표현 도구와 재료는 어린이의 조작 능력과 지적 수준에 맞는 것인가?[49) 넷째, 구안된 활동은 어린이로 하여금 한 걸음 더 나아가게 하는 자기 발전의 활동으로 이

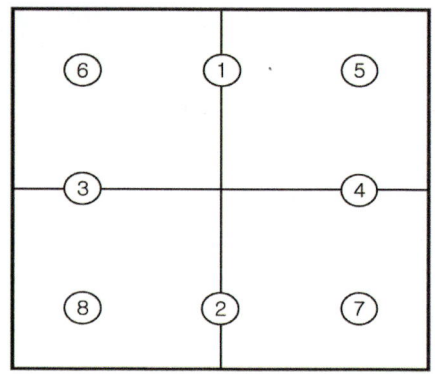

〈그림 05〉 인물화의 위치 판단 기준

끄는 것인가?[50) 다섯째, 구안된 활동의 목적은 어린이의 정신 건강에 유익한가?[51) 여섯째, 어떤 시사적 자극을 주어서 어린이의 표현 의욕을 가장 잘 환기시킬 것인가?[52)

---

47) 어린이의 발달 단계에 맞는 적절한 내용을 의미한다.
48) 어린이가 각기 자기 입장에서 자유롭게 해설할 수 있는 융통성의 내용을 의미한다.
49) 표현 재료와 연모 사용의 적절성을 의미한다.
50) 혼자서 계속할 수 있는 발전의 제재를 의미한다.
51) 제재의 건전성 곧, 기발한 창의적 제재를 구안했다고 하더라도 이것이 어린이로 하여금 습관적인 백일몽이나 정신 이상의 상황으로 자꾸만 빠져들게 된다면 이는 어린이의 정신 건강에 유해한 것이다.
52) 제재 제시 방법을 창의적으로 구안하는 일을 의미한다.

2 그림의 형태(form of a picture)

1) 선호하는 그림(preference picture)

니담(Needham)과 리틀존(Little-John)은 그들의 연구에서 어린이들에게 세 가지 종류의 그림[53]을 보여 주는 실험을 했다. 이 실험의 핵심은 어린이들이 좋아하거나 싫어하는 것은 무엇이며, 왜 그런가하는 이유를 묻는 실험이다.

대부분의 어린이들은 그림을 선택할 때 두 가지의 기준이 있다. 첫째, '주제'이고, 둘째, 밝고 명랑한 '색'이다. 반면에 나이가 좀 든 어린이들은 '명암'만을 생각한다. 대상물의 미적 배치는 반응이 아주 적게 나타났다.

린드스트롬(Lindstrom, M., 미국의 여성 미술 교육가)은 남편인 린드스트롬(Lindstrome, C.)과 함께 쓴 그들의 저서(*어린이의 미술*)에서 어린이의 그림 시간(picture time of child)에 대해서 언급했다. 유아가 종이를 받고 무엇을 그릴까 생각하는 소제의 선택 시간은 2분~3

〈그림 06〉 **방위의 동존화**

분이고, 그 짧은 시간이 대단히 중요하며, 낙서와 우발적인 표현과 최초의 도식적 그림으로 어른이 하는 행동을 흉내 낸다. 만 4세가 되기까지 낙서를 그림의 한 형태로 계속 그려 나가는데, 그중 한두 가지 형태는 어린이가 일생에 걸쳐 계속 표현한다. 최초의 선은 한쪽 방향으로 휘젓다가 차츰 끝 부분이 둥글게 되는 게 보통이다. 4세 어린이의 그림은 중간 형태가 많고 사람인지, 동물인지, 음식인지 모르게 적당히 그려 놓은 듯한 표현이 나타난다.[54]

그녀는 방위의 동존화(同存化) 특징을 유아의 독창성이라고 한다. 그 이유는 전체를 그리다가 어려움 때문에 한쪽을 그리고 난 다음 다른 한쪽을 돌려서 그린다. 그들은 이런 창의적인 작업을 위해 그림 종이를 세 가지 시각으로 분류한다.[55] 지각하는 능력은 순전히 관심에 좌우되며, 한 번에 한 가지 초점을 맞추어야 한다. 어린이는 중요하다고 생각하는 부분만 주관적으로나 감정적으로 강조하지만, 선택에 따라 발달이 제한되기도 한다. 도식기는 텔레비전

---

53) 풍경화, 실내화, 인물화를 의미한다.
54) 무엇을 그렸느냐고 물어보면 본인도 확실히 모르는 경우가 많다.
55) 정면과 측면, 하늘에서 내려다보는 방향을 말한다.

이나 영화, 만화를 즐겨 봄으로써 일어나는 주위의 영향이라고 못 박고, 상업적 만화풍의 코믹한 내용이 그림에 자주 등장하는 것도 그 때문이다. 삽화를 즐겨 그리는 횟수가 늘어난다.

2) 그림의 주제(theme of picture)

1936년 영국의 계몽 철학자인 흄(Hume, D.)은 그의 연구에서 그림의 주제에 대해 언급했다. 그는 다양한 주제가 포함된 서로 다른 열다섯 장의 그림을 보여 주고, 5세 전후의 어린이들에게 제일 좋아하는 그림을 선택하게 했다. 그 결과 어린이들은 동물이 그려져 있는 그림을 우선적으로 선택했다.

라크 호로비츠(Lark-Horovitz)는 그의 저서(*미술보다도 지도에 더 이해를 하는 어린이*)에서 어린이들의 관심이 어디에 쏠리는가를 관찰했다. 주제의 선호(preference of theme)에 대한 어린이의 반응은 <그림 07>과 같다.

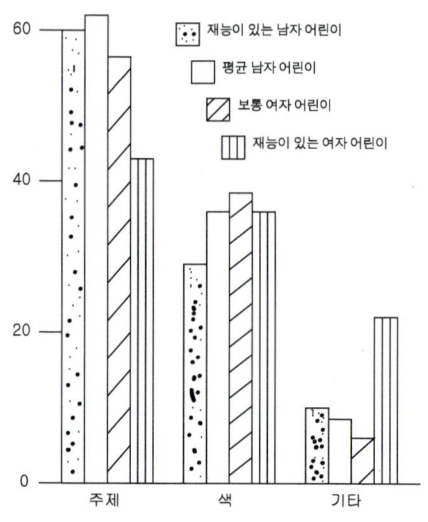

〈그림 07〉 **주제의 선호**(작품의 선호도 조사)

김재은의 그림의 형태(form of picture) 연구에 의하면, 5세 어린이의 그림에는 눈, 코, 입, 머리카락, 팔, 다리, 동체가 나타난다. 동그라미에 두 개의 선[56])이 첨부될 때 그것은 어린이의 도식상으로 "엄마(업어 줘요 뜻)"에 새로운 언어가 첨가되어 "엄마, 어부바"가 된다.

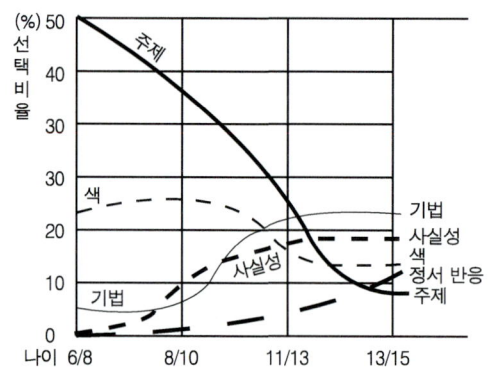

〈그림 08〉 **주제의 선호**(주제 · 색 · 기법의 선호도 조사)

〈그림 09〉 **그림의 형태**

---

56) 동체를 표시한다.

3) 그림의 수준(level of picture)

레비스(Lewis)는 그의 논문("기본적으로 선호하는 그림과 공간적인 그림 표현의 발달 관계")에서 초등학교 남자 어린이와 여자 어린이 그림의 수준이 거의 같다고 주장했다. 비록 남자 어린이와 여자 어린이가 사용한 그림의 주제는 어느 정도 차이를 보이지만 그 주제를 다루는 기능에서는 비슷하다.

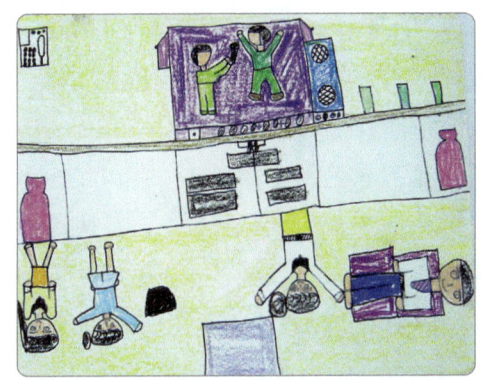

〈그림 10〉 그림의 수준

〈그림 11〉 그림의 수준

영국의 묘화 요법 전문가인 힐(Hill, A.)은 그의 연구에서 어린이의 그림 평가(estimation of picture)에 대해서 언급했다. 그는 이 평가에서 어린이의 그림 진보를 위해 잘되었다고 생각되는 부분(점)만 지적해 주는 것이 좋다고 했다.

구드나우〔Goodnow, 호주의 맥큐어리(Macquarie) 대학교 교수, 미국의 조지워싱턴대학교 교환 교수〕는 그의 저서(어린이들의 그림)에서, 팔다리 순서(order of arm and leg)가 어떻게 나타나는지를 미국과 호주에서 수집된 어린이의 그림을 통해 분석했다.

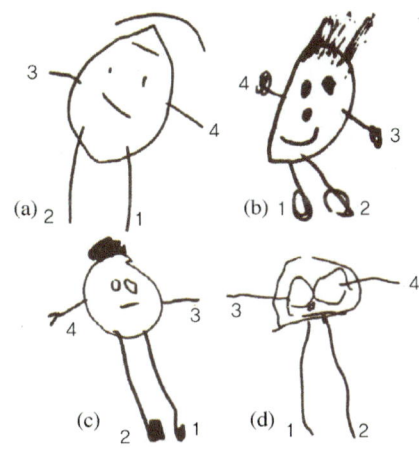

〈그림 12〉 팔다리 순서(손발을 그리는 순서)

이 분석에서 각기 특색 있는 버릇이 나타났으며, 동그란 원형에서 외곽으로 뻗어 나오는 선들의 형태는 모두 같았다. 낙화기에 원형으로 빙글빙글 휘저으며 긋는 선은 오른쪽이나 왼쪽으로 여러 번 반복하는 기간이 필요하며, 이때 왼손으로 하느냐 오른손으로 하느냐에 따라 왼손잡이가 될 수 있는 가능성의 시기이다.

한 번에 끊기지 않고 연달아 그리는 묘선은 기능과 연령, 작품의 특징에 비추어 연관되어 있다. 한 번의 선으로 사람을 그리려고 하는 것은 이미 신체의 각 부분을 알고 있음을 의미하고, 하나씩 그려 덧붙여 가는 그림보다 훨씬 발달된 것이다. 7세의 어린이는 대부분 이어지는 선으로 그림을 그린다.

미국의 여성 아동 미술 학자인 켈록(Kellogg)은 오델(O'dell)과 함께 쓴 그들의 저서(*어린이 예술의 심리학*)에서, 2세~6세까지 어린이의 그림은 긁적거리기(scribbling)와 모양(shape), 윤곽(outline), 도안(design)의 순서에 따라 변화된다. 이와 함께 그림의 내용은 태양과 빗줄기(suns & radials), 사람(people), 회화적(pictorial) 형태와 같은 특징이 순서에 따라 그림으로 발달된다. 또한 2세 어린이는 손으로 종이나 울타리, 콘크리트 바닥에 긁적거리고, 모래 위를 발로 긁적거리기(scribbling) 시작한다.

이 시기의 어린이 선묘 형태(line drawing form)는 기본적으로 이십 가지가 있다. 첫째는 점, 둘째는 수직선, 셋째는 수평선, 넷째는 빗선, 다섯째는 곡선, 여섯째는 수직 복선, 일곱째는 수평 복선, 여덟째는 빗금 복선, 아홉째는 포물 복선, 열째는 꼬부랑 개선, 열하나째는 꼬부랑 폐선, 열둘째는 지그재그선, 열셋째는 고리선, 열넷째는 겹 고리선, 열다섯째는 와선, 열여섯째는 중복선, 열일곱째는 겹선의 원, 열여덟째는 둥글게 퍼지는 선, 열아홉째는 원, 스무째는 불안전한 원으로 어린이의 그림에 일련의 다양성과 연계성이 있다.

3세 어린이는 여섯 가지 기초적인 선묘 형태의 도식을 만들 수 있으며, 이 도식을 여러 가지 방식으로 구성할 경우 무한정한 도식적 집합의 형태를 만들 수 있다. 긁적거림은 운동의 흥미뿐만 아니라 자기가 그려 놓은 것, 종이 위에 표현해 놓은 어떤 흔적에 대해서도 흥미를 갖는다.

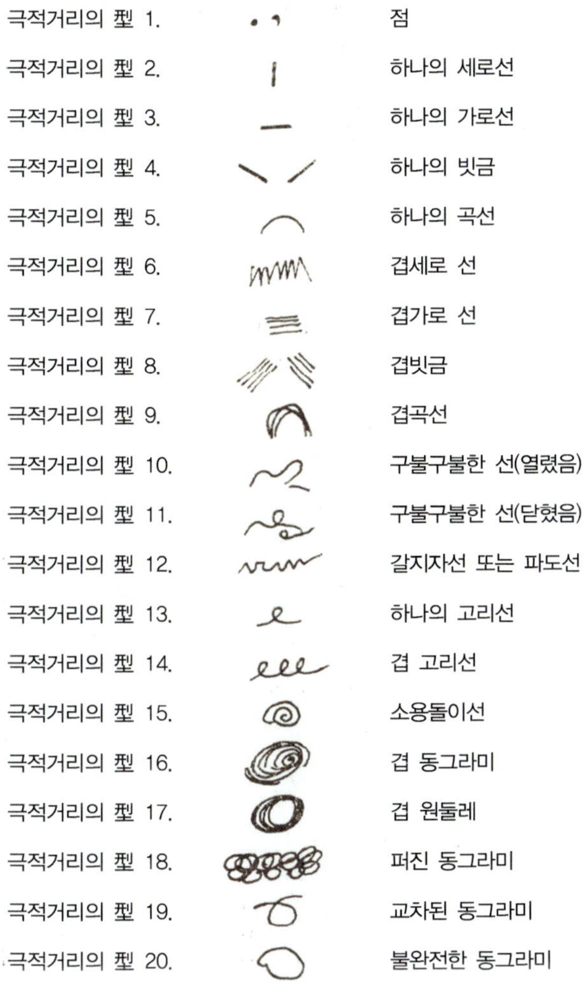

극적거리의 型 1.	∙ '	점
극적거리의 型 2.	┃	하나의 세로선
극적거리의 型 3.	──	하나의 가로선
극적거리의 型 4.	＼／	하나의 빗금
극적거리의 型 5.	⌒	하나의 곡선
극적거리의 型 6.	∿∿∿	겹세로 선
극적거리의 型 7.	≡	겹가로 선
극적거리의 型 8.	⫽⫽	겹빗금
극적거리의 型 9.	⌒⌒	겹곡선
극적거리의 型 10.	∿	구불구불한 선(열렸음)
극적거리의 型 11.	∿	구불구불한 선(닫혔음)
극적거리의 型 12.	∿∿∿	갈지자선 또는 파도선
극적거리의 型 13.	ℓ	하나의 고리선
극적거리의 型 14.	ℓℓℓ	겹 고리선
극적거리의 型 15.	◉	소용돌이선
극적거리의 型 16.	◉	겹 동그라미
극적거리의 型 17.	◉	겹 원둘레
극적거리의 型 18.	∿∿∿	퍼진 동그라미
극적거리의 型 19.	⌒	교차된 동그라미
극적거리의 型 20.	◯	불완전한 동그라미

〈그림 13〉 **선묘 형태**(20가지 선묘)

2세~3세 어린이의 긁적거림은 손 운동과 그것에 의한 조형적 표현, 양면의 흥미에 의해 이루어지는 것은 하나의 예술 발달 기초이다. 조형 활동에 대하여 어린이의 미술은 정서와 심미, 교육, 사회, 인류학의 차원에서 매우 중대한 의미를 갖는다. 그녀는 사회성 활동에 많은 비중을 두고 있는데, 그것은 인물과 꽃, 자동차, 집과 같은 그림이 나를 둘러싸고 있는 사회적 관계를 강조한다. 난화기에 속하는 어린이들이 인물을 그린다는 것은 바로 해님을 그리는 것이고, 또한 얼굴에서 옆으로 솟아 나온 긴 양팔은 밑으로 축 처져 있기도 하고, 수평으로 있기도 하며, 위로 올라 있기도 한다.

a=2년 6개월

b=3년 4개월

g=6년 3개월

l=12세

c=3년 7개월

h=7년 5개월

m=13세

d=4년 2개월

i=9년

n=14세

e=5년 10개월

j=10년 10개월

o=16세

f=4년

k=11세

성인의 그림

〈그림 14〉 **선묘 형태**(어린이의 형태 순서)

그녀는 팔이 없는 사람을 그리는 것은 성숙하지 못했고, 잊어버렸다기보다 그런 사람이 어린이에게 더 좋게 보이며, 어떤 비율에 의해 머리나 다리를 만들어 내기도 한다. 어린이들이 발과 머리카락을 그리는 것은 어린이의 심미안으로 볼 때 사실적인 묘사로 넘어가는 것을 뜻한다. 어른의 관점에서 볼 때 방사선 형태의 사람은 팔을 내리면 피로해 보이거나, 슬프게 보일지 모르나, 어린이는 전반적인 심리적 견지에서 그린다.

3세~4세 어린이의 그림은 동그란 원형에서 선이 몇 개 밖으로 나오는 이른바 만다라 (mandala)[57]형 그림이 엿보이기 시작하고, 이것을 스스로 터득하며, 그림 그리는 중요한 과정이다. 그녀는 학교 들어가기 이전의 어린이의 그림에 나타난 형태가 나이와 관련이 있다고 했다. 예를 들면 원은 사각형보다 먼저 나타나고, 사각형은 마름모보다 먼저 나타난다.

4) 묘화 분석법(portrayal analysis method)

영국의 작가, 시인, 미술사가, 평론가, 예술 철학자인 리드(Read)는 그의 연구에서 묘화 분석 방법을 제시했다.

:: 리드의 묘화 분석

구조	특징	성격
열거	사물의 지배를 받아 그려진 것	사색형
유기	직접적인 시각에 충실하며, 그려진 사물들 사이에 유기적 관련성을 찾을 수 있는 것	
장식	선, 색, 형을 사용해서 문양처럼 표현하는 것	감정형
상상	공상을 곁들여서 보충한 것	
감정이입	주로 자기의 느낌을 전달하는 것	감각형
표현	촉각적 또는 감각적으로 왜곡하거나 과장하는 것	
율동	크기, 형, 색채에 부드러움이 반복적으로 나타나는 것	시각형
고조	서로 다른 선이나 형의 관계가 주로 나타나는 것	

---

57) 만다라란 산스크리어트로 '원'이라는 뜻을 나타낸다. 동양의 종교에서는 원 같은 형태를 주로 기하학적 여러 가지 선으로 나타낸다. 만다라는 어린이가 원을 그리는 십자가와 대각선 십자가로 4등분과 8등분한 것을 말한다.
켈록은 만다라 형태가 도식기(the schematic stage)의 추상적 형태로 이끄는 중요한 연속적인 부분이 있다고 보았다.

불프(Wolff)는 그의 저서에서 취학 전 유아를 대상으로 한 추상적 분석 방법을 연구했다. 묘화 분석 방법에는 운필법, 형태의 성격, 운필의 질, 운필의 방향, 형의 제시 다섯 가지가 있다.

⠶ 운필법(stroke)

상태	심리적·임상적 의미
강한 압력	정력
약한 압력	취약함
직선	신속, 결단
자국이 끊어진 선	우유부단
가늘고 좁은 느낌을 주는 선	억제
정돈된 선	리듬
돌발적인 선	충동
너절하고 단조로운 선	수동, 명확하지 못한 성격
방향이 잡히지 않은 선	충동
둥그런 곡선	리듬, 가벼운 기분
크고 폭이 넓은 곡선	확대성, 고양성
좁은 선(가는 선)	속박성

〈그림 15〉 강한 압력

〈그림 16〉 약한 압력

〈그림 17〉 직선

〈그림 18〉 자국이 끊어진 선

〈그림 19〉 돌발적인 곡선

〈그림 20〉 둥그런 곡선

:: 형태의 성격

상태	심리적·임상적 의미
유아기의 그림인데, 형태가 나타나고 있다.	고도의 발육
상투적인 틀에 박힌 형이 아닌 고안된 형태[58]	창의성이 풍부
형의 일치성	결의, 결단
형의 원리가 결여된 것	관찰력이나 상상력이 결여됨

---

58) 우연히 그려진 것도 아니고, 모사도 아니다.

〈그림 21〉 형의 일치성

〈그림 22〉 형의 원리가 결여된 것

상태	심리적 · 임상적 의미
초기 유아기로서 좋은 배치	창작적 재능
후기 유아기로서 나쁜 배치	율동적인 면의 장애
형의 구별이 있다.	정리 능력
형의 구별이 없다.	질서나 청결 상태가 없음

〈그림 23〉 형의 구별이 있다

〈그림 24〉 형의 구별이 없다

상태	심리적 · 임상적 의미
큰 형태를 좋아하는 것	발전, 증대의 방향
작은 형태를 좋아하는 것	의기소침, 퇴행의 경향
크기가 나타난 대조	갈등
선에 의한 형태	관계를 보는 능력
매우 작은 재료의 선택	통합적인 능력
형의 자유로운 운용	목적에 자유롭게 접근
정밀성	현실을 관찰하는 능력
공상이 풍부한 형태	사사로움이 우세
둘러싼 선	구별
선과 선이 반드시 각에서 연결되지 않음	끊고 맺는 결의 부족

〈그림 25〉 큰 형태

〈그림 26〉 작은 형태

:: 운필의 질

상태	심리적 · 임상적 의미
약하고 흐릿한 선	막연한 것, 활동이 없음(저항이 없는)
그늘지게 한 것	촉지(觸知)한 감수성(감도)
모호하게 표시한 것	명확성이 없음, 질서가 없음
모호하고 거북한 모습	억제, 공포
불안정한 선	안정감이 없음
중단	고집, 거절증[59], 부정주의
윤곽이 매우 분명한 선	결정적인 성격, 명확성
대칭을 좋아함	결정적인 성격, 명확성
작은 선을 사용하여 제한을 둠	몽상석인 공허성
충동적으로 만들어진 큰 선	활동

〈그림 27〉 윤곽이 분명한 선

〈그림 28〉 대칭을 좋아함

:: 운필의 방향

상태	심리적 · 임상적 의미
결정된 분명한 방향	안전을 결정하는 결단력
정해지지 않는 방향	결단력의 부족, 안정이 없음
중단된 방향	주의, 계획성, 숙고
방향도 없고, 중단도 없음	막연한, 안정성이 없음, 통제력이 결여
각이 있는 선을 좋아함	건강, 반사 작용(반성), 비난, 의혹, 구속

〈그림 29〉 각이 있는 선

---

59) 거절증(negativism)이란 정신 분열증 환자에게 명령을 해도 실행하지 않고 저항하며, 음식을 안 먹고,
배뇨 따위를 거부하는 증상이다. 반대의 태도나 몸짓을 하는 병의 행동이다.

상태	심리적·임상적 의미
위쪽에서 아래쪽으로	내향성, 걱정, 자기 생각에 잠기는 몽상
아래쪽에서 위쪽으로	외향, 지배, 침략, 호기심
오른쪽에서 왼쪽으로	내향성, 자기중심의 판단, 고집, 낙담(의기소침)
왼쪽에서 오른쪽으로	외향성, 지도자의 소질, 지지해 줄 것을 요구
원형의 움직임이 있는 것	균형, 기분 전환, 도피
수평적 움직임을 좋아함	정, 취약함, 여성, 부드럽고 약함
수직선을 좋아함	동, 힘찬 것, 남성, 강력한 경향

〈그림 30〉 수평적 움직임

〈그림 31〉 수평적 움직임

〈그림 32〉 수직적 움직임

〈그림 33〉 수직적 움직임

:: 형태의 제시

상태	심리적 · 임상적 의미
(사실적인 형) 사실적인 표현 방법	회귀성 기질60)이 많음
정확성	관찰력이 날카로움
윤곽 그리기를 좋아함	시각형
곡선을 좋아함	청각형
대칭을 좋아함	감정형

〈그림 34〉 윤곽 그리기

〈그림 35〉 윤곽 그리기

〈그림 36〉 곡선

〈그림 37〉 곡선

---

60) 회귀성 기질(cyclothymia)을 조울질이라고 한다. 이 병은 기분이 상쾌한 경우와 우울한 경우가 자주 교차하는 기질을 말한다.

〈그림 38〉 대칭

〈그림 39〉 대칭

상태	심리적·임상적 의미
안심할 수 있음	운동형
넓은 압력	침략적 성질
움직임이 두드러진 변화	조울적인 기분61)
높은 정확도	순종, 복종
괴기한 모습	자연적 반응이나 방해
형태의 분리	안정이 없고, 의미가 없음
추악한 기분	추악한 심리 상태
상세한 부분을 강조함	통합 능력의 결여

〈그림 40〉 상세한 부분

〈그림 41〉 상세한 부분

---

61) 조울적인 기분은 회귀성 기질과 같은 기분이다.

상태	심리적 · 임상적 의미
(추상의 형) 추상적인 표현 방법	상당한 분열 기질[62)
정확성의 결여	매우 몽상
극히 상세한 부분을 좋아함	자의식
각을 좋아함	긴장된 사사로운 세계
명암을 좋아함	감촉의 형태, 몽상
안정감이 없는 움직임	안정이 없음, 마음이 변하기 쉬움
날카로운 움직임	사디즘의 경향[63)
움직임의 원형화	멋이 없다.

〈그림 42〉 추상적인 표현

〈그림 43〉 명암

---

62) 분열 기질(schizothymia)이란 사교적인 성향이 없는 내향적이고 소극적인 기질을 말한다.

63) 사디즘(sadism)이란 상대방에게 고통을 줌으로써 성적 만족을 느끼는 이상한 성욕이나 대체로 잔혹한 경향을 말한다.

미술치료에 나타난

형태 심리

미술치료에 나타난 **형태 심리** ─○

조 형
Modeling

Chapter
05

조 형
Modeling

1 조형의 개념 요소(표현 요소, concept element of modeling)

점, 선, 면, 입체로 구분된다.

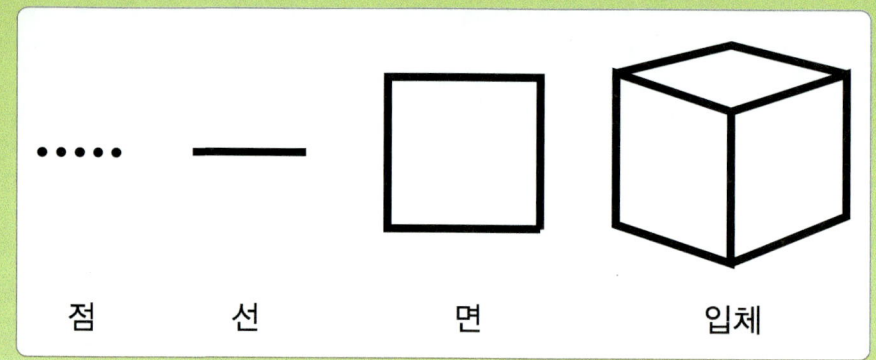

〈그림 01〉 점, 선, 면, 입체

※ 명암은 물체의 원근감이나 중량감, 실제감을 강하게 느끼게 하는 표현요소이다.

:: 개념 요소의 형태 분류

형태	동적인 형태	정적인 형태
점	위치만 있고, 크기는 없다.	선의 한계, 교차
선	점의 이동	면의 한계, 교차
면	선의 이동	입체의 한계, 교차
입체	면의 이동	

1) 점(dot)

① 점은 기하학으로 보면 눈에 보이지 않고, 위치만 있다.

② 점은 비물질적 존재이고, 본질적인 측면에서 보면 0과 같다.

③ 점은 합목적으로 사용되고 있는 기호이다.

④ 점의 기능은 위치, 강조, 구분, 계획, 수량을 나타낸다.

⑤ 상징적인 면에서 점은 모든 조형예술의 최초의 요소로 규정지을 수 있다.

(1) 점의 크기(size of dot)

크기가 작을수록 점처럼 보이고, 크기가 클수록 면처럼 보인다.

〈그림 02〉 점의 크기

(2) 점의 형태(form of dot)

형태에는 원형, 삼각형, 사각형, 다각형이 있다.

(3) 지각할 수 없는 점

① 점의 시작과 끝, 선이 교차하는 점, 다각형에서 생기는 점이다.

② 점의 기능 : 기능은 위치, 강조, 구분, 계획, 수량을 나타낸다.

◎ 점은 기초적인 평면 속에서 사기를 주장하고, 수학에서는 선과 선이 만나는 교점에 점의 위치가 표시된다.

2) 선(line)

① 기하학에서 많은 점들이 집합하여 하나의 선이 된다.

② 점은 움직이는 궤적이다(선의 다이내믹dynamic한 특성).

③ 운동에 의하여 생기고, 정적인 것에서 동적인 것으로 변화된다.

④ 조형작업에서 가장 먼저 역할을 한다.

⑤ 인간에게 가장 유용한 상징이고, 요소 중에 기본이다.

⑥ 자연 속에서 존재하는 것이 아니라 인간에 의해서 사용된다.

⑦ 공간적 환상과 무한한 다양성을 가지고 있다.

⑧ 직선(直線), 곡선(曲線), 절선(折線, 각이 있는 선)이 3대 기본선이다.

⑨ 점이 이동하여 생기는 선을 1차원의 세계라고 한다.

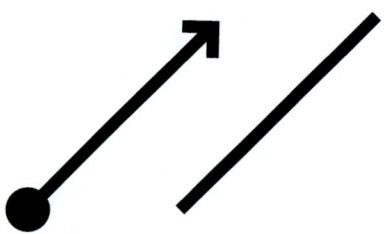

〈그림 03〉 점이 이동하면 선이 된다

● 선은 하나의 점이 이동하면서 자취이루고, 길이가 있으나 폭이 없으며, 선의 성격은 길이이다.

(1) 선의 종류(kind of line)

① 이동방향의 분류 : 직선과 곡선

② 표현방법의 분류 : 기하학적인 선과 프리핸드(freehand) 선

③ 선 크기의 분류 : 긴 선, 짧은 선, 너무 짧은 선은 점으로 보인다.

④ 선 성격의 분류

　　㉠ 소극적인 선 : 면의 한계나 교차의 선

　　㉡ 적극적인 선 : 연필로 형태의 윤곽을 스케치한 선

⑤ 선의 기능 : 사물의 경계, 강조, 외곽 표시, 그래프, 두 점의 연결, 점선이나 윤곽선이
　　있다.

〈그림 04〉 Chris Hesch, 선으로 얼굴의 표정 표현

(2) 선의 느낌(feeling of line)

① 직선 : 강한 느낌(남성적), 경직, 명료함, 확실, 정적인 표정

  ㉠ 수평선 : 평온과 정적인 느낌, 안정감을 나타낸다.

  ㉡ 수직선 : 숭고한 느낌, 희망, 상승감과 긴장감을 나타낸다.

  ㉢ 수직선에 대한 느낌 : 엄숙함, 강직함, 긴장감, 준엄한 느낌을 준다.

  ㉣ 사선 : 동적이고, 불안정한 느낌을 주지만 사용에 따라 강한 표현을 타나낼 수 있
      는 선이다.

  ㉤ 예 : 건축과 가구의 직선 사용은 직선의 경쾌한 표정과 생산성이 높기 때문이다.

  ㉥ 사선이 주는 느낌 : 운동감을 준다.

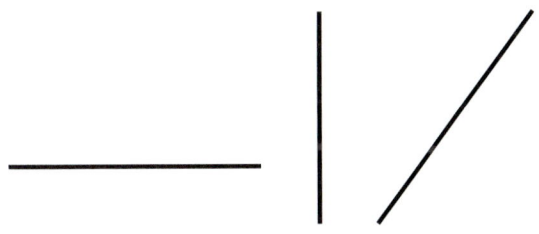

〈그림 05〉 수평선, 수직선, 사선

② 곡선 : 우아, 매력, 모호, 유연, 복잡함의 상징, 여성적·동적인 표정을 나타낸다.

  ㉠ 자유곡선 : 아름답고 매력적이나 무질서한 느낌(분방함)을 준다.

  ㉡ 자유 곡선형 : 아름답고 매력적이나 불명료하고 무질서한 느낌을 준다.

  ㉢ 기하 곡선 : 이지적 이미지를 상징한다.

  ㉣ 포물선 : 속도감

  ㉤ 호 : 유연한 표정, 충실한 느낌

　　ⓑ 쌍곡선 : 균형의 미

　　ⓢ 아르키메데스의 나사선 : 곡선 중에서 가장 동적이다.

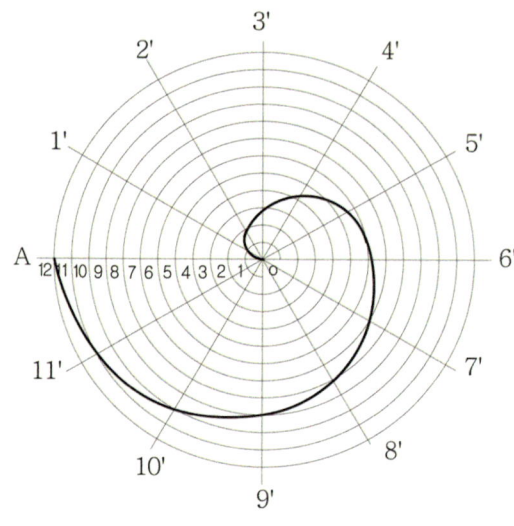

〈그림 06〉 아르키메데스의 나사선

③ 절선 : 2개의 점이 번갈아 작용할 때 생긴다.

　　㉠ 45도 : 냉정하고, 전진의 긴장감을 느낀다.

　　㉡ 90도 : 노련하고 첨예, 능동적인 모습을 보여준다.

　　㉢ 135도 : 우유부단하고 수동적, 귀찮고 난처한 느낌을 준다.

④ 가는 선 : 우아한 느낌, 폭이 좁은 선이다.

⑤ 굵은 선 : 힘이 있는 느낌, 폭이 넓은 선이다.

⑥ 나선 : 자연물의 형태에서 볼 수 있고, 무한함을 암시한다.

⑦ 기하학적인 선 : 기계적인 느낌, 긴장되고 정확하다.

⑧ 유기적인 선 : 자유스럽고 부드러운 느낌을 준다.

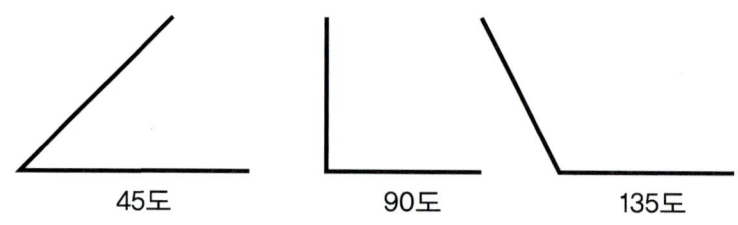

45도　　　　　90도　　　　　135도

〈그림 07〉 절선의 각도(45도, 90도, 135도)

◉ •**선의 성격** : 자연물의 형태에서 볼 수 있는 나선의 계속적인 진행은 무한함을 암시한다.
   •**포물선** : 우아, 매력, 복잡의 상징으로 여성적인 섬세함과 동적인 표정을 나타내는 디자인 요소이다.

(3) 선의 성질

운동의 속도, 운동의 강약, 운동의 방향이 있다.

◉ 수평 방향. 수직 방향은 인간생활에 있어서 자연법칙에 순응하는 방향으로 자연현상에서 출발된 방향이다.

3) 면(surface)

① 공간을 구성하는 기본적인 단위이다.

② 공간효과를 나타내는 중요한 요소이다.

③ 눈에 잘 보이는 기본적인 형상의 하나이다.

④ 최소한으로 축소되거나 최소한의 선으로 이루어질 때 점으로 환원된다.

⑤ 선의 길이에 절대적인 지배를 받는다.

⑥ 선의 성격에 따라 영향을 받게 된다.

⑦ 점의 밀집과 선의 집합, 선으로 둘러싸여 성립된다.

⑧ 공간에 있어서 입체화된 점이나 선에 의해서 성립된다.

⑨ 선이 이동하여 생기는 면은 2차원 세계라고 한다.

⑩ 평면

　　㉠ 곧고 평활한 표정을 가지며, 간결성을 나타낸다.

　　㉡ 일반적으로 평면은 2개의 수평선과 2개의 수직선이 이루는 사각형을 의미한다.

　　㉢ 입체 물을 단순화시키는 방법은 평면화 하는 것이다.

◉ •**면** : 작품의 내용을 수용하는 물질적인 평면을 뜻한다.
   •곡면은 온화하고 유연한 동적인 표정을 가지며, 단곡면(單曲面)과 복곡면(複曲面)으로 구별된다.

(1) 면의 종류

① 기하학적인 면 : 안정감, 신뢰감, 명료함, 간결하고 강한 느낌을 준다.

② 기하 직선형 평면 : 질서가 있는 간결함, 확실, 명료, 강함, 신뢰, 안정 등을 나타낸다.

③ 기하학적 형태 : 수학적 법칙과 함께 생기며, 가장 뚜렷한 질서를 가지는 형태이다.

④ 직선적인 면 : 남성적, 대담, 명쾌함, 직접적인 느낌을 준다.

⑤ 유기적인 면 : 자유로움과 활발한 느낌을 준다.

⑥ 불규칙한 면 : 무질서, 불확실함, 방심, 신경질적인 느낌을 준다.

⑦ 곡면 : 온화함, 유연함, 동적인 표정이다.

◉ •기하학적 도형의 3가지 기본형은 삼각형, 정원, 정사각형이다.
  •**구형** : 가장 동적이고, 연속적인 변화를 준다.
  •**기하학적 형태** : 수학적 법칙, 뚜렷한 질서를 나타낸다.
  •**기하곡면** : 선직면

(2) 면의 분류

① 적극적인 면 : 선의 이동, 폭의 확대, 점의 확대, 입체화 된 면이다.

② 소극적인 면 : 점의 밀집, 선의 집합, 입체화 된 점이나 선에 성립된다.

◉ •적극적인 면을 만들기 위한 가장 확실한 방법은 점을 확대시킨다.
  •적극적인 면의 성립 조건으로는 선의 이동이나 폭의 확대 등에 의해서 성립된다.

4) 입체(cube)

① 입체는 점, 선, 면보다 뚜렷하고 많은 특징을 갖는다.

② 원, 삼각형, 사각형은 입체로 전개될 때 입체의 기본적인 형식이 된다.

③ 면이 이동하여 생기는 입체는 3차원의 세계이다.

④ 세잔(Sezanne, P.) : 자연 속에 있는 모든 것들은 구, 원추형, 원기둥의 모형이다.
   예 입체는 이동과 회전에 의해서 만들어진다.

〈그림 08〉 입체

◉ 입체의 형은 면의 이동에서 생기고, 평면의 형은 선의 이동에서 생긴다.

2 조형의 시각 요소(조형 요소, visual perception element of modeling)

형(형태), 질감(재질감), 색(색채)으로 구분된다.

1) 형(shape)

(1) 형 : 단순히 눈에 비치는 모양이다.

① 현실적인 형 : 지각하여 얻는 것, 시각의 요소, 점은 크기가 있으며, 선은 폭이 없다.

② 이념적인 형 : 기하학(점, 선, 면), 개념의 요소, 점과 선은 크기와 폭이 존재하지 않는다.

(2) 형 태

① 점, 선, 면이 연장 또는 확장, 발전, 변화되어 나타난다.

② 크기, 색채, 질감을 가진 모양이다.

〈그림 09〉 루빈의 컵

✽ 설명 : 도지 반전, 도형과 바탕의 반전, 반전 착시라고 한다.

◉ 형태 : 조형적인 요소 중에서 점, 선, 면 등이 연장되거나 확장, 발전, 변화되어 서로 간에 밀접한 관계를 유지하며 이루어진다.

2) 재질감(texture)

① 질감은 물체가 갖고 있거나 인위적으로 만들어 낸 표면의 특징을 말한다.

② 형태나 색채와 더불어 디자인의 필수적인 요소로써 물체의 성질을 나타낸다.

③ 질감의 표현 : 부드럽다, 거칠다, 매끄럽다.

　　예 명암은 물체의 원근감, 중량감, 실제감을 강하게 느끼게 한다.

(1) 시각적 질감(visual texture, 눈의 느낌)

① 장식적 질감 : 표면의 장식과 형태, 규칙적이거나 불규칙적인, 의도적인 표현이다.

② 자연적 질감 : 시각적 표현의 일부분, 우연적인 표현이다.

③ 기계적 질감 : 컴퓨터나 TV 주사선, 사진의 망점을 말한다.

(2) 촉각적 질감(tactile texture, 눈과 손의 느낌)

① 2차원의 표면과 3차원의 양각으로 나눈다.

② 자연재료를 그대로 사용하거나 찢거나, 수정한다.

◉ **촉각적 질감**(texture) : 매끄럽다, 거칠다, 부드럽다.

3) 색채(color)

① 색채는 빛을 받아서 반사되는 물체의 색을 말한다.

② 색채는 물리적 현상으로써 감각기관인 눈을 통해 지각되었거나 지각현상과 같은 경험이다.

③ 색채는 심리적 현상이다.

　　예 똑같은 크기와 형태의 물체가 색상에 따라 다르게 느껴진다.

④ 우리가 일상생활 속에서 늘 보는 색을 색채라고 한다.

　　예 광고지에 인쇄된 색, 옷에 염색된 색, 자동차에 도색된 색

⑤ 색상, 명도 채도의 3가지 속성이 있고, 이것을 색의 3요소라고 한다.

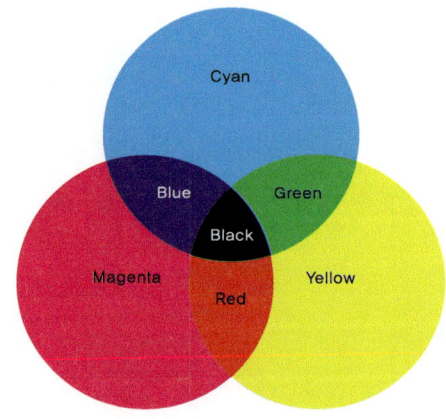

〈그림 10〉 색의 3요소

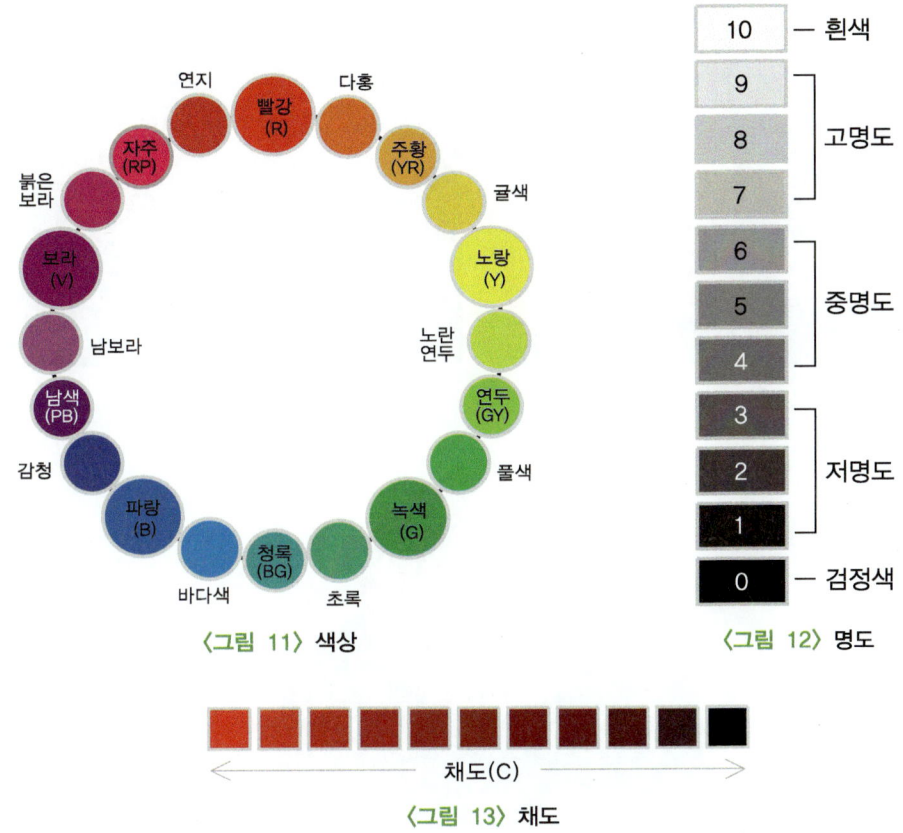

〈그림 11〉 색상

〈그림 12〉 명도

〈그림 13〉 채도

채도(C)

4) 빛(light, 색)

① 시각기관에 영향을 미치는 다양한 길이의 파장으로 우리에게 전달된다.

② 가시광선만 볼 수 있고, 자외선이나 감마선, 적외선을 볼 수가 없다.

③ 빛의 종류에는 여러 가지가 있으나 크게 자연광과 인공광으로 나눈다.

　　예 태양광이나 TV, 모니터, 네온사인, 형광등, 무대에서 사용되는 베이비 조명이나
　　　사이키(psychic) 조명, 촛불이나 성냥불)

④ 색은 스펙트럼(spectrum)의 단색광이나 백광, 백광에 셀로판지나 색유리를 끼워 나
　　오는 빛을 색이라고 한다.

⑤ 빛은 시지각을 일으키는 데 있어서 필수적인 요건이다.

⑥ 빛의 성질을 확실하게 알 수가 없고, 색은 물리적인 현상이다.

〈그림 14〉 빛

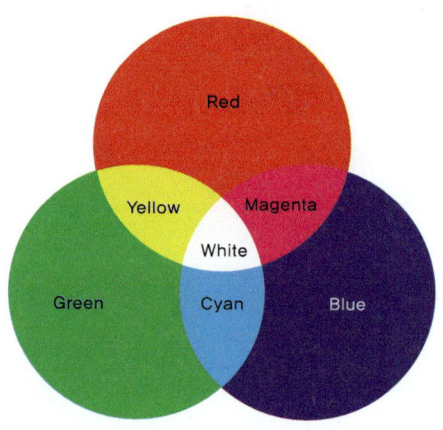

〈그림 15〉 빛

〈그림 16〉 색광의 3요소

◉ **디자인의 요소로써 빛에 대한 설명**
- 빛은 입체의 표면을 드러나게 한다.
- 빛의 밝음과 어두움은 조형 대비나 색채 대비 못지않게 중요한 요소이다.
- 움직이는 네온사인, 영화, 텔레비전, 멀티스크린은 빛이 만들어 낸다.

3 조형의 원리(principle of modeling)

• 조형의 원리
  - 통일감은 다양한 조형의 요소들을 하나로 묶어준다.
  - 대상의 의미나 내용을 강조하는 수단으로 반복하여 사용된다.
  - 회화의 구도를 결정하는데 황금비가 많이 쓰인다.
  - 여러 요소들이 가진 다양성이 질적, 양적으로 자연스럽게 어울려 아름다운 상태를 만드는 것이 '조화'이다.

1) 조화(harmony)

① 조화란 2가지 이상의 요소나 부분들의 상호관계를 잃지 않은 상태를 말한다.
② 합리적인 조화는 요소 상호간에 공통성이 있고, 동시에 차이점이 있을 때 생긴다.
③ 적절한 통일과 변화가 이루어질 때 조화를 이룬다.
④ 통일감은 주제, 모양, 크기가 반복되는 것은 물론 색채, 질감, 재료에서 조화를 이룬다.
⑤ 유사, 대비, 균일, 감각이 포함되어 있다.

〈그림 17〉 피사 대성당

2) 균형(balance)

① 안정감을 창조하는 질, 좌우 무게는 시각적인 무게로 균형을 말한다.
② 의도적인 불균형 구성, 시각적인 안정감을 준다.
③ 균형은 안정감을 창조하는 질(quality)로서 정의된다.
④ 의도적으로 불균형을 구성할 때도 있다.

〈그림 18〉 피사의 사탑
(bonanno da pisa, 1176년)

(1) 대칭(symmetry)

• 대칭은 균형의 가장 일반적인 구성형식이고, 균형이 잡힌 상태이다.
• 대칭에는 좌우 대칭, 방사 대칭, 역 대칭 3가지가 있다.

〈그림 19〉 대칭

① 좌우 대칭(선 대칭)
  ㉠ 중앙을 중심으로 상하좌우 축으로 일치하는 것이다.
  ㉡ 좌우대칭은 좌우 또는 상하로 1개의 직선을 축으로 대칭 하는 것이다.

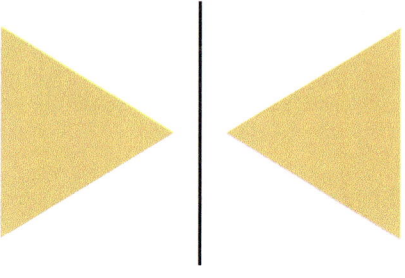

〈그림 20〉 좌우 대칭

② 방사 대칭
  ㉠ 1개의 중심점을 기준으로 한 방사형 모양이다.
  ㉡ 우아하고 여성적, 상징적, 화려한 표현이다.
③ 역 대칭 : 180도 회전하며, 대칭의 변화가 크고, 착시현상이 나타난다.

◉ 대칭에 대한 설명
대칭은 균형의 가장 정형적인 구성형식이다.

(2) 비대칭(asymmetry)

① 비대칭은 형태적으로 불균형하지만 시각적으로는 균형이 잡히는 것이다.
② 보는 사람에게 안정감을 주며, 개성적인 감정을 느끼게 한다.

〈그림 21〉 방사 대칭

〈그림 22〉 비대칭

(3) 비례(proportion)

- 비례는 모든 사물의 가로와 세로의 상대적인 크기를 말한다.
- 물건의 크기나 길이에 대한 관계를 가리킨다.
- 조화의 기본이 되는 균형을 말한다.
- 부분과 부분, 부분과 전체의 수량적 관계를 말한다.
- 르 코르뷔지에(Le Corbusier) '모듈러(moduler)' – 비례 중에서 가장 완벽한 비례는 음계이다.

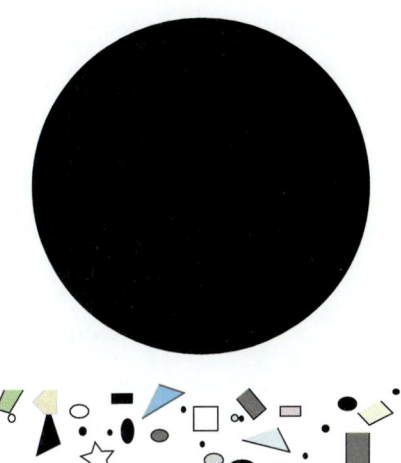

〈그림 23〉 **규모와 비례**

＊ 커다란 원은 다른 요소들을 압도한다.

① 황금분할 – 1 : 1.618
  - ㉠ 고대 그리스인은 비례를 여러 조형물의 디자인에 체계적으로 적용하였다.
  - ㉡ 그리스인들은 그들의 신전과 예술품에서 아름다움과 시각적 질서를 얻기 위한 수단으로 사용한 비례법이다.
  - ㉢ 르네상스 시대에 건축가와 화가들이 즐겨 사용하였다.
  - ㉣ 근대에는 르 코르뷔제가 예술의 형태나 건축 구조물, 조각에 적용하였다.
  - ㉤ 오늘날까지 기본적인 조형원리의 하나로 쓰이고 있는 비례이다.

② 인체 비례 : 머리는 신체 길이의 1/7이다.

③ 루트 비례 : 사각형 의한 변을 1로 할 때 긴 변의 길이가 $\sqrt{2}$, $\sqrt{3}$, $\sqrt{4}$의 무리수로 되는 것을 말한다.

④ 우리나라의 금강 비례 – 1 : 1.4

⑤ 정수비(整數比) – 1 : 2 : 3, 1 : 2, 2 : 3의 정수에 의한 비율이다.

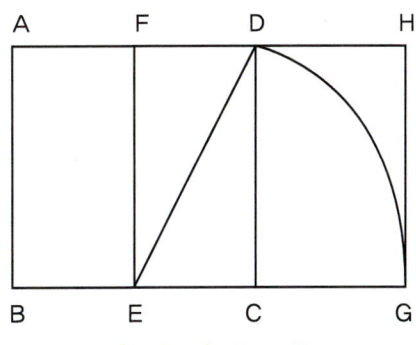

〈그림 24〉 **황금분할**

＊ 정사각형 ABCD 4개의 점.
정사각형의 밑변 B와 C점 사이에 E를 두고 E와 D를 반경으로 정원을 그릴 때 B, C의 연장 점과 교차되는 점을 G 점이라 한다.
AB : BG는 황금비가 된다.

⑥ 피보나치수열(상가 수열)

  ㉠ 12세기 말 이탈리아 천재 수학자 피보나치가 제안하였다.

  ㉡ 한 쌍의 토끼가 계속 새끼를 낳을 경우 몇 마리로 불어나는가를 숫자로 나타낸 것이다.

   예 1 1 2 3 5 8 13 21이 된다. 1+1=2, 2+3=5가 된다. 모든 숫자는 앞선 두 숫자의 합이다.

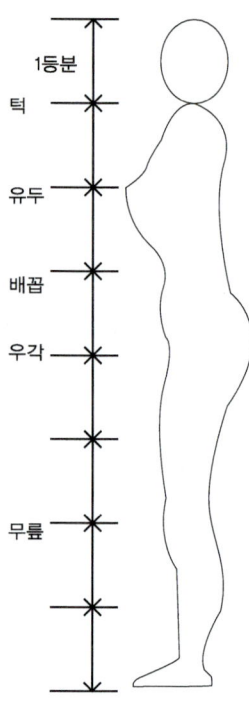

〈그림 25〉 **인체 비례**

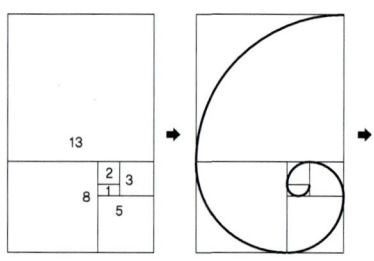

〈그림 26〉 **피보나치수열**

* 고동도 한 변의 길이가 피보나치수열인 정사각형들이 만들어낸 나선 모양을 하고 있다.

〈그림 27〉 **피보나치수열**

* 나무가 자라면서 가지의 수도 피보나치수열에 따라 늘어난다.

⑦ 등차수열(等差數列) : 두 숫자의 차이가 일정하다.

   예 1 : 4 : 7 : 10 : 13

⑧ 등비수열 : 두 숫자의 비가 일정하다.

　　예 1 : 2 : 4 : 8 : 16

◉ **비례에 대한 설명** : 길이나 면적에 있어서 부분과 부분 또는 전체의 수량적 관계를 나타내는 미적 형식의 원리이다.

(4) 대비(contrast)

① 서로 다른 부분의 조합에서 생긴다.

② 시각적인 힘의 강약에 의한 형의 감정효과이다.

3) 율동(rhythm)

① 유사하거나 동일한 요소들이 규칙적으로 나타날 때 느끼는 감정이다.

② 음악, 시, 무용, 영화의 시각적 형식을 갖는 것과 청각, 시각을 통해서 나타난다.

③ 생명감과 존재감이 가장 강하게 나타나고, 동적인 표정을 가진다.

④ 점증과 반복, 어둡거나 밝은 명암단계에서 느낄 수 있다.

⑤ 색의 표현에 있어서 점점 어둡거나 밝은 명암단계에서 느낄 수 있는 미적 형식의 원리이다.

⑥ 반복, 점이, 방사 등에 의해 동적인 활기를 느낄 수 있는 디자인의 원리이다.

⑦ 디자인의 원리 중 점증과 반복에서 느낄 수 있다.

〈그림 28〉 율동　　　　〈그림 29〉 율동　　　　〈그림 30〉 율동

◉ •**율동을 구성하는 형식** : 반복, 방사, 점이
　•**리듬** : 그리스 어인 '흐르다(rheo)'에서 나온 말이며, 유사한 요소가 반복, 배열됨으로써 시각적 인상이 강화되는 미적 형식의 원리이다.

(1) **반복**(repetition)

① 2개 이상의 동일한 요소나 대상을 배열시켜 이동한다.

② 동적인 느낌을 줌으로써 율동을 느끼게 한다.

③ 대상의 의미를 강조하는 수단으로 사용되기도 한다.

④ 동적인 느낌을 주어 표현하는 방법으로 포장지, 벽지, 직물 등의 무늬와 같이 한 번 이상 사용한다.

PHI PHI PHI
PHI PHI PHI
PHI PHI PHI
PHI PHI PHI
PHI PHI PHI

〈그림 31〉 반복

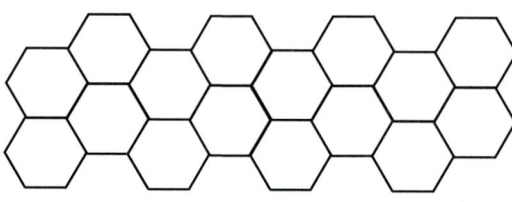

〈그림 32〉 반복

(2) **점이**(gradation : 점층)

① 점이는 보편적인 자연 질서의 기본적인 형태를 말한다.

② 각 부분의 단계적인 변화나 일정한 비례를 준다.

③ 간격이 일정하면 단조롭고, 간격이 불규칙하면 리듬감이 생긴다.

④ 점이는 점차적인 변화와 질서의 방법을 요구한다.

⑤ 때때로 착시현상도 일으키고, 연속과 유도로 진보를 나타낸다.

⑥ 디자인의 원리 중 시각적으로 경쾌한 율동감을 준다.

⑦ 색채, 질감, 형태, 무늬 등이 어떤 체계를 가지고 점점 커지거나 강해져 동적인 리듬감이 생겨난다.

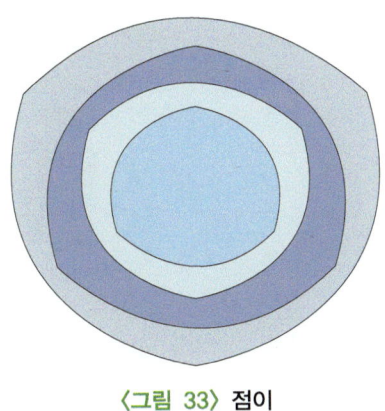

〈그림 33〉 점이

〈그림 34〉 점층

◉ **점층**(gradation) : 색이나 명암이 점점 밝아지거나 어두워질 때 생기는 조형요소이다

(3) 강조(emphasis)

① 각 요소들 사이에 강과 약을 주는 것을 말한다.

② 주의집중이나 규칙을 깨트릴 때 사용한다.

　　예 우리가 늘 듣는 음악의 멜로디도 강약이 있다.

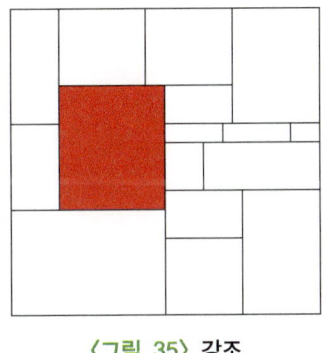

〈그림 35〉 강조

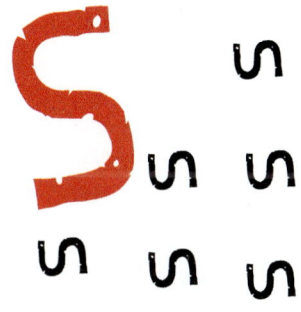

〈그림 36〉 강조

◉ **강조** : 무성한 나뭇잎들 사이에서 핀 꽃, 별이 총총한 밤하늘에 뜬 달, 고층 건물 사이의 옛 건축
　　물 등에 관련된 조형적 원리이다.

4 형태의 분류 및 특징(character and classification of shape)

1) 형태의 정의(definition of shape)

① 형태는 시각과 촉각에 의해 지각된다.
② 색과 함께 대상의 감각적 경험을 형성하는 요소이다.
③ 형태는 면적, 모양, 덩어리, 윤곽들로 언급된다.
④ 2차원 평면은 면적과 모양, 3차원 입체는 덩어리의 모양을 말한다.

2) 형태의 분류와 기본 요소(basic element and classification of shape)

① 모든 형태는 크기와 면적이 다양하다.
② 디자인이나 구성은 형의 배치이다.
③ 형태는 이념적 형태와 현실적 형태 2가지가 있다.
　　㉠ 이념적 형태 ┌ 순수한 형태(추상적 형태)
　　　　　　　　　└ 기하학적 형태
　　㉡ 현실적 형태 ┌ 자연적 형태(유기적 형태)
　　　　　　　　　└ 인위적 형태(기능적 형태)

◉ **디자인의 있어서 형태의 특성**
•이념적 형태는 순수한 형태 또는 추상적 형태이다.
•점, 선, 면, 입체는 이념적 형태이다.
•현실적 형태는 자연적 형태와 인위적 형태로 나뉜다.

(1) 이념적 형태(ideological shape)

자체적으로는 조형이 될 수 없어서 지각(설명)하여 얻을 수 있도록 점, 선, 면, 입체로 나타낸 순수한 형태이다.

① 순수한 형태 : 지각해서 얻을 수 없고, 순수한 형태나 추상적 형태이다.
② 기하학적 형태
　　㉠ 점, 선, 면, 입체 형식으로 이루어졌다.
　　㉡ 가장 뚜렷한 질서와 수학적 법칙에 의해서 나타난다.
　　㉢ 세잔(Sezanne, P.) : 모든 사물은 구, 원기둥, 원뿔로 구성되어 있다.

(2) 현실적 형태(realistic shape)

- 현실적 형 : 입체를 적극적 입체와 소극적 입체로 분류하는데 있어서 적극적인 입체에 해당된다.

① 자연적 형태(유기적 형태)

　㉠ 인간과 상관없이 자연물과 함께 생성된 형태이다.

　㉡ 자연물은 변화하고 운동하며, 항상 변화하는 성질이 있다.

　㉢ 모홀리 나기(Moholy-Nagy, L.)의 *Vision in Motion*에서 해안의 조약돌은 자연의 힘에 의해서 만들어졌다고 했다.

◉ **조형의 순수 형태**
- 점이 확대되면 면으로 이동되고, 원형이나 정다각형이 축소되면 점이 된다.
- 면은 길이와 폭을 가지며, 넓이는 있으나 두께는 없다.
- 입체는 길이, 폭, 깊이, 형태와 공간, 표면, 방위, 위치 등을 가지며, 평면의 확장이다.

② 인위적 형태(기능적 형태)

　㉠ 모든 사람의 의사에 따라 형성된다.

　㉡ 자연적 형태와 인위적 형태는 그 성립에 있어서 근본적으로 차이가 있다.

③ 형태(figure)와 배경(ground)

　㉠ 형태와 배경에 관한 설명

　　ⓐ 형태는 보는 사람에게 가까이 느껴지고, 배경은 멀리 느껴진다.

　　ⓑ 형태와 배경은 동시에 보이는 것이 아니라 차례대로, 연속적으로 보인다.

　　ⓒ 형태는 형상을 가지고 있으나 배경은 그렇지 않다.

　㉡ 배경 : 공간의 환영을 얻을 수 있는 방법의 하나인 그림에서 자신과 가장 가까운 부분이다.

◉ **형태의 지각 심리(gestalt) 4대 법칙** : 유사성, 접근성, 연속성, 폐쇄성
- **일반적인 감각적 자극의 순서(큰 것부터)** : 색채 → 형태 → 질감

5 형태의 생리와 심리(psychology and physiology of shape)

1) 형태의 생리(physiology of shape)

(1) 형태의 기본 요소(basic element of shape)

① 형태란 크든 작든 측정할 수 있는 넓이를 갖는다.

② 명암과 색, 선의 영역을 말한다.

③ 형태는 구상적인 형과 추상적인 형 2가지로 나눌 수 있다.

④ 평면적인 형(shape)과 입체적인 형(form)이 있다.

⑤ 평면적인 형은 물건의 면적이나 실루엣으로 무게나 부피가 없는 도형이다.

⑥ 형태의 심리적 특징은 인위적인 형태의 느낌과 자연적인 형태의 느낌이 다르다.

2) 형태의 심리(psychology of shape)

(1) 시지각의 원리

① 근접(proximity)의 원리 : 가까이에 있는 것은 그룹으로 보인다.

② 유사(similarity)의 원리

㉠ 색채, 형태, 질감이 서로 비슷한 것은 같게 보인다.

㉡ 비슷한 성질을 가진 요소들은 비록 떨어져 있다 하더라도 덩어리로 보이는 경향이 있다.

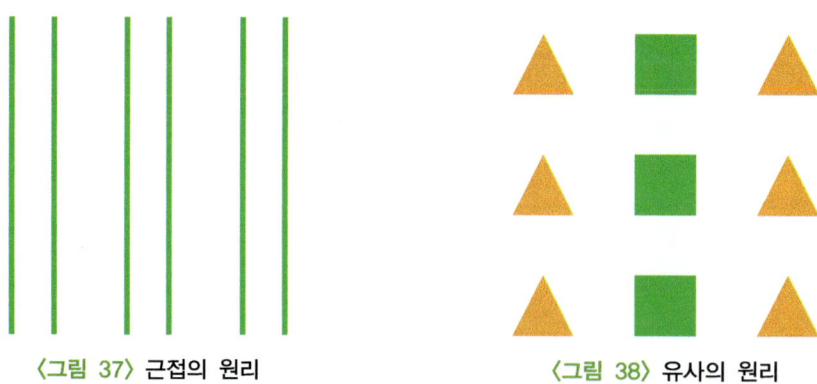

〈그림 37〉 근접의 원리   〈그림 38〉 유사의 원리

③ 연속(continuity)의 원리

ㄱ 공동운명의 법칙이라고 한다.

ㄴ 유사한 배열은 하나의 덩어리로 보인다.

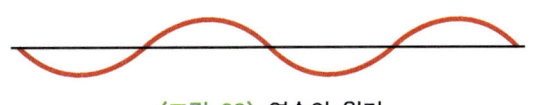

〈그림 39〉 연속의 원리

ㄷ 활동사진과 관계가 있다.

④ 대칭의 원리 : 대칭이 되는 것은 균형과 안정감을 준다.

⑤ 폐쇄(closure)의 원리

ㄱ 닫힌 공간은 도형으로 보인다.

ㄴ 근접의 원리보다 더 강하다.

ㄷ 불완전한 형이나 그룹들을 완전한 형이나 그룹으로 완성시키려는 경향이 있다.

〈그림 40〉 대칭의 원리

ㄹ 익숙한 선과 형태는 불완전한 것보다 완전한 것으로 보이기 쉬운 법칙이다.

⑥ 도형과 바탕의 원리 : 도형과 바탕이 나누어져 보인다.

〈그림 41〉 폐쇄의 원리

〈그림 42〉 도형과 바탕의 원리

● **고대 그리스 인들의 연상 법칙 3가지**
- 연속성의 원리는 아기 신발을 보고 그 아기를 상기하는 연상이다.
- 유사성의 원리는 고양이의 그림을 보고 호랑이를 연상하는 것과 같은 경우이다.
- 대비의 원리는 난쟁이를 보고 키다리를 연상시키는 경우이다.

(2) 항상성

① 크기의 항상성 : 거리에 상관없이 알고 있는 것이 크게 보인다.

② 형태의 항상성 : 각도와 상관없이 본래의 형태로 보인다.

③ 밝음의 항상성 : 밝고 어두움과 상관없이 본래의 밝기로 보인다.

(3) 착시(optical illusion)

① 눈의 생리적 작용에 의해 일어나는 시각적인 착각을 말한다.

② 정신 상태에 따라 사물을 보는 법이나 받아들이는 법이 영향을 받는다.

③ 지각된 부분들 사이에 상호작용의 결과로 생기는 현상이다.

④ 일반적인 착시에는 길이, 크기, 면적, 방향이 있다.

⑤ 면적과 크기의 착시 : 착시 현상 중 주위 도형의 조건에 따라 특정한 도형의 크기나 면적이 더욱 커 보이거나 작아 보이는 현상이다.

〈그림 43〉 명도 착시

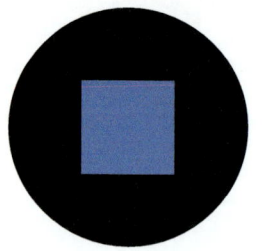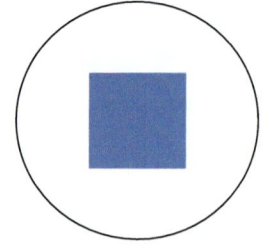

〈그림 44〉 면적 착시

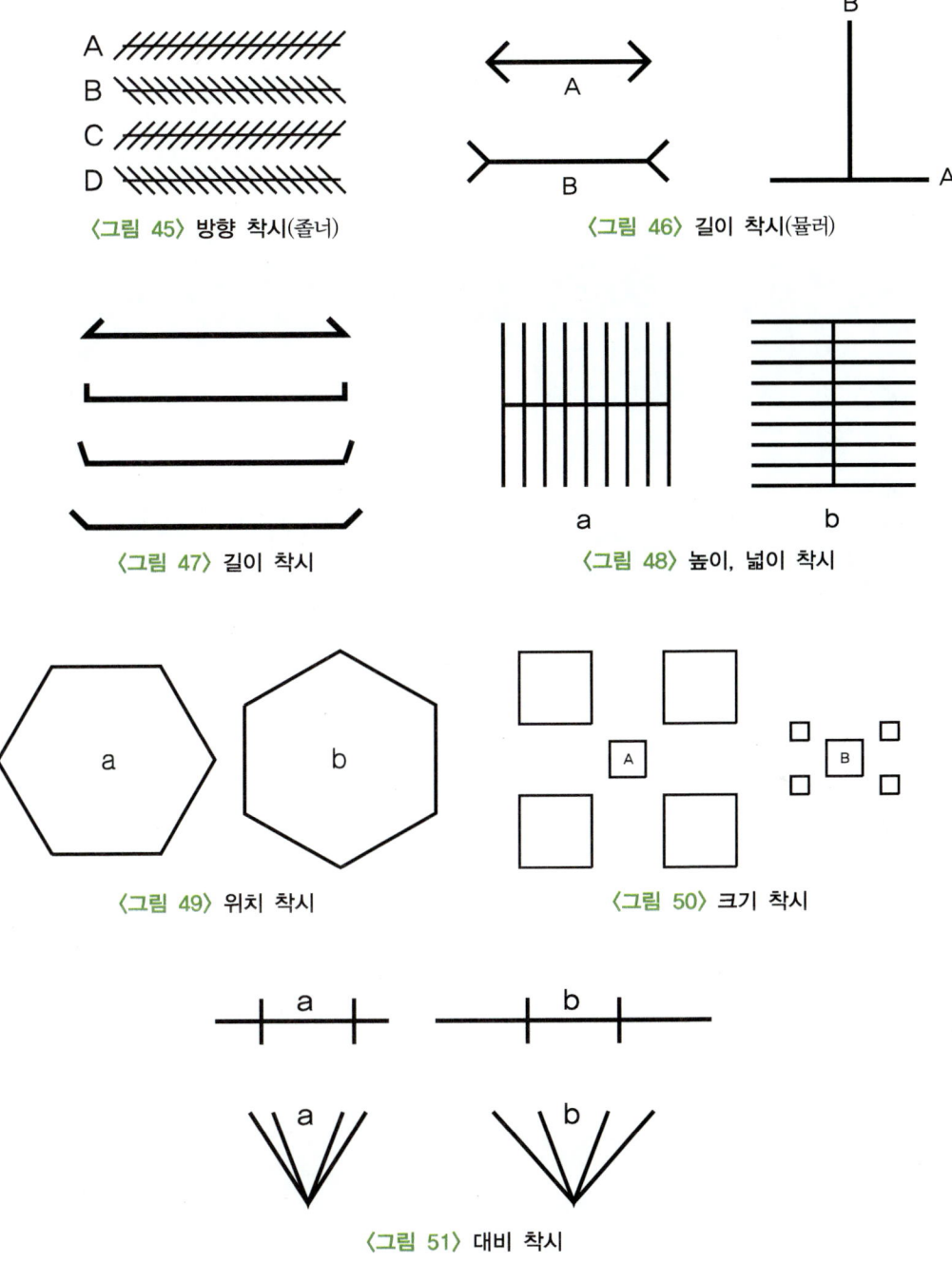

〈그림 45〉 방향 착시(졸너)

〈그림 46〉 길이 착시(뮬러)

〈그림 47〉 길이 착시

〈그림 48〉 높이, 넓이 착시

〈그림 49〉 위치 착시

〈그림 50〉 크기 착시

〈그림 51〉 대비 착시

미술치료에 나타난 **형태 심리** ─○

표현의 상징성
Symbolism of Expression

Chapter 06 표현의 상징성
Symbolism of Expression

1 상징(symbol)

1) 상징(symbol)

흔히 상징은 심벌이라고도 하는데, 심벌은 그리스어의 symbolon(符信)이 그 어원이며, 나중에 기호(記號)라는 뜻이 되었다. 거리의 네온사인은 어둠 속에서 휘황찬란하게 빛나는 빛으로서 존재할 뿐만 아니라 일정한 사물이나 의미를 전달하는 역할을 한다. 또한 서재의 책상은 일정한 형상이나 빛깔과 크기를 갖추고 있고, 방 안에 놓여 있는 것이 아니라 인간이 그 앞에 앉아 일을 하게 하는 것으로서 존재한다. 이런 의미에서 어떤 것이 그 성질을 직접 나타내는 기호(sign)와는 달리, 상징은 그것을 매개로 다른 것을 알게 되는 작용으로서 인간에게만 부여된 고도의 정신 작용의 하나이다.

〈그림 01〉 네온사인   〈그림 02〉 네온사인

피아제(Piaget)는 그의 저서(*어린이 시대 놀이와 꿈, 그리고 모방*)에서 상징은 본질적으로 어린이의 현존하는 실제적 표현이다. 그리고 개념(말)은 일반적이고 전달 가능한 것이며, 이미지는 개별적이고 자기중심인 것이다. 그림을 그리는 어린이들은 시각적 상징들을 만들어 낸다. 일반적으로 어린이들은 물리적으로 존재하지 않는 대상과 사건들을 묘사하고, 정신적인 본 자세는 믿음이다. 의심이나 가설은 7세~11세 어린이들이 형태를 조작하는 단계에 도달하기까지 복합적이고 파생적인 행위들이다. 이 단계는 사고하는 힘과 의식이 없는 것을 받아들이고, 진정한 구별이 나타난다.

　미국의 교육 철학자, 실용주의 교육의 창시자인 듀이(Dewey)는 그의 저서(*경험의 예술*)에서, "상징이란 추상적 사고의 표현이다. 어린이가 표현한 상징의 기호(sign of symbol)는 어린이 자신도 의식하지 못한 발언이다."라고 했다.

　그는 상징의 기호에 대해 열한 가지를 제시했다. 첫째, 집은 강한 보호 욕구를 바라는 상징이다. 둘째, 담은 잠재된 공격적 충동의 상징 또는 미워하고 싫은 사람에 대한 감시의 상징이다. 셋째, 사람은 지적 반응보다 정적 반응을 한다. 넷째, 자화상은 자기 전시와 인정의 욕구이다. 다섯째, 빈번한 자화상은 고독의 상징이다. 여섯째, 말은 공격적이고 외향적이다. 일곱째, 손의 연결은 하늘 선의 상징이다. 여덟째, 귀신은 싫은 교사를 나타낸다. 아홉째, 꽃과 정원, 태양은 평화로운 마음을 상징한다. 열째, 배는 현상적 탈출을 상징한다. 열한째, 여자 아이가 그림을 그리는데 남자 생식기를 표시하는 것은 거세감과 열등감의 상징이다.

〈그림 03〉 집

〈그림 04〉 담

〈그림 05〉 사람

〈그림 06〉 자화상

〈그림 07〉 꽃과 정원

〈그림 08〉 배

여성 교육학자인 랭거(Ranger)는 그의 저서 (표현)에서 상징화에 대해 설명했다. 상징화 (symbol picture)란 정신적인 본질의 행위이며, 정신이란 통칭 사고라고 하는 것 이상의 것을 포괄한다. 상징을 만들어 내는 두뇌는 평범한 추론적 규준에 따라 이용될 수 있다. 지각함 으로써 생겨나는 모든 자료들은 끊임없이 상 징으로 만들어지는데, 이것이 우리의 기본적 인 관념이다. 이런 관념 중에 어떤 것들은 우

〈그림 09〉 여자의 그림(남자 생식기 표현)

리가 추론이라고 부르는 방식에 의해 합성되고 조작된다. 나머지 다른 것들은 그렇게 사용 되지 않고, 자연스럽게 꿈속으로 압축되거나 의식의 공상 속에서 발산된다. 어린이는 잠재

해 있는 음64) 속에서 자기가 들은 것들을 점차 배우며, 익혀 가는 온갖 종류의 소리를 연습하는 것과 같이 어린이는 어떤 생각이나 어떤 느낌을 종이 위에 상징으로 나타내며, 어떤 표시(mark)를 만들어 내고자 하는 충동을 느끼게 된다.

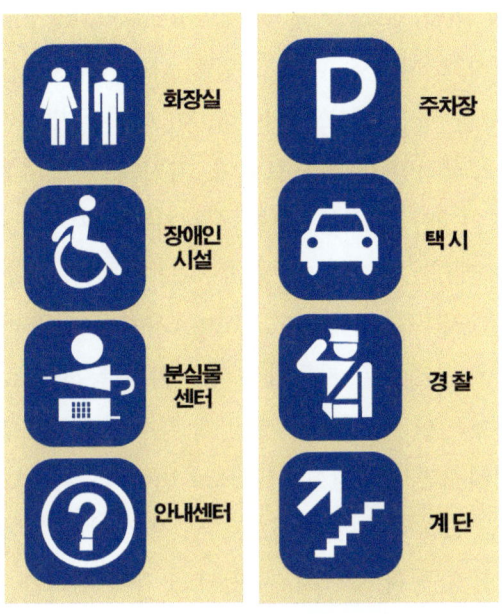

〈그림 10〉 한국의 픽토그램

슐리(Sully, 영국의 학자)는 그의 저서(*예술가다운 아이들*)에서, 유아는 자연 묘사보다 상징파의 그림을 그린다. 유아가 최초로 얼굴을 그리는 것은 인간의 가장 숭고한 왕관을 쓰는 부분이 머리라고 생각하기 때문에 얼굴을 느낀다. 또한 얼굴이 그려질 때 흥미를 느낀 나머지 코, 입, 귀들이 나타난다. 너무 흥분한 나머지 코가 있는 반면에 입이 빠져 버리는 일이 많다.

〈그림 11〉 입이 없는 그림

---

64) 언어(vocabulary)를 의미한다.

2 태양(sun)

1) 태양(sun)

1949년 프랑스의 여성 미술 교육학자인 랑베르(Rambert, M. L.)의 연구에서, 태양은 아버지의 상징이라고 주장하고, 태양에 대한 그림을 다음과 같이 분석했다.

"7세 루이는 거세 공포를 가진 남자 아이이다. 이 아이는 말수가 적고, 웃는 일도 별로 없으며, 성격이 차갑고, 소극적인 태도를 보이며, 자진해서 어머니에게 키스한 적도 없다. 그는 반에서 공부가 꼴찌이지만, 교사는 이 아이를 지능이 지체된 아이라고 추측한다. <그림 12>에 대한 해석으로 태양은 아버지를 상징하고, 에펠탑은 어린이 자신의 성기를 의미한다. 이 그림에서 태양은 자기를 거세하려고 하며, 자기의 힘을 빼앗아 갈 무서운 아버지로 표현되고 있다. 언덕을 올라가는 자동차는 자기의 활동적인 소원을 표현한다. 그러나 그것도 태양의 무서움에는 당할 수가 없다. 그런데 분석이 진행되면서 아이의 기분이 변하고, 거세 공포 증상이 사라지면서 명랑한 성격으로 변하기 시작했으며, 그 후에 그린 그림이 <그림 12>이다. <그림 13>에 대한 해석으로 두 작은 남자 아이가 텐트를 가지고 있고, 따뜻하고 부드럽고 친밀한 눈동자 밑에서, 어떤 호숫가에 캠프를 쳤다. 탔다가 버린 비행기는 아직도 연기를 뿜고 있고, 그 앞에는 새가 놀고 있으며, 따뜻하고 부드러운 정경의 모습이다."

〈그림 12〉 **태양**(거세공포가 있는 때)

〈그림 13〉 **태양**(거세공포가 사라질 때)

:: 태양

전체적인 면	심리적 · 임상적 의미
2개 이상인 해	• 태양은 아버지 상징(아사리 淺利, 우찌와다 扇田, Rambert, 김재은) • 아버지에 대한 의혹과 불만(우찌와다 扇田)
구름이 낀 해	가정에 문제가 있다(우찌와다 扇田).
얼굴이 그려진 해	범심적(汎心的) 사고가 강하다(우찌와다 扇田).

〈그림 14〉 얼굴이 그려진 해

〈그림 15〉 얼굴이 그려진 해

〈그림 16〉 얼굴이 그려진 해

〈그림 17〉 얼굴이 그려진 해

〈그림 18〉 얼굴이 그려진 해

〈그림 19〉 얼굴이 그려진 해

전체적인 면	심리적·임상적 의미
위치가 낮고 거의 진 상태	아버지와 정신적 거리감(우찌와다 扇田)
크기 정도	욕구가 큰 정도 표시(우찌와다 扇田)

〈그림 20〉 크기 정도

〈그림 21〉 크기 정도

가가와(香川勇, 일본의 아동 미술 연구가)의 저서에서, 아버지는 태양의 상태(condition of sun)에 따라 여러 가지로 추측된다. 일몰(日沒)은 양친의 정신적인 긴장이나 아버지와의 거리, 사망이나 병으로, 화면에서 잘려진 태양은 사망으로, 물에 비치는 태양은 병이나 사망으로, 구름에 걸려 있는 태양은 아버지의 어떤 사건으로 진단할 수 있으며, 이 외의 태양은 각각의 상황에 따라 진단할 수 있다.

:: **태양의 상태**

상태	심리적 · 임상적 의미
일몰(日沒)	양친의 정신적 긴장, 아버지와 거리, 사망, 병(가가와 香川勇)
화면에서 태양이 잘려진 형태	사망(가가와 香川勇)
물에 비친 형태	병, 사망, 구름에 걸려있는 형태는 아버지의 어떤 사건(가가와 香川勇)
기타의 형태	각각의 상황에 따라 진단(가가와 香川勇)

〈그림 22〉 일몰

〈그림 23〉 일몰

〈그림 24〉 잘려진 해

〈그림 25〉 잘려진 해

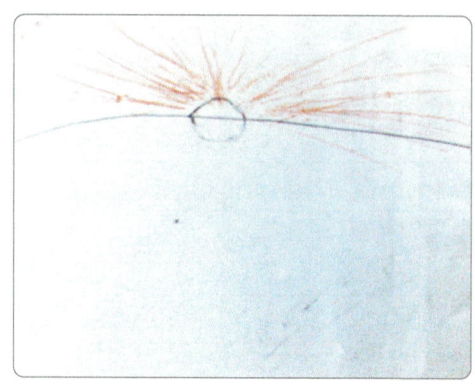

〈그림 26〉 물에 비친 해

가가와(香川勇)의 저서에서, 아버지는 태양의 수(number of sun)에 따라 여러 가지로 추측된다. 태양의 수가 여러 개로 나타나면 다면적, 불가해한 성격이나 행동에 대한 불만, 비난, 걱정을 의미한다.

:: 태양의 수

상태	심리적·임상적 의미
복수	다면적, 불가해한 성격이나 행동에 대한 불만, 비난, 걱정(가가와 香川勇)

가가와(香川勇)의 저서에서, 아버지는 태양의 위치(position of sun)에 따라 여러 가지로 추측된다. 왼쪽 위나 오른쪽 위는 둘 다 문제가 없으며, 왼쪽 아래나 오른쪽 아래에 관계없이 낮아질수록 불행한 상태를 의미한다.

:: 태양의 위치

상태	심리적·임상적 의미
위의 왼쪽과 오른쪽	다 함께 문제없음(가가와 香川勇)
아래의 왼쪽과 오른쪽	관계없이 낮아질수록 불행한 상태를 의미한다(가가와 香川勇).

〈그림 27〉 왼쪽　　　　　　　　　　　　〈그림 28〉 오른쪽

　가가와(香川勇)의 저서에서, 아버지는 태양의 크기(size of sun)에 따라 여러 가지로 추측된다. 이상스럽게도 아주 작은 태양은 아버지가 사망하거나 부재중이고, 이상스럽게도 아주 큰 태양은 권위가 강한 아버지를 의미한다. 1/4 정도는 애정이 적은 아버지, 1/2 정도는 사망하거나 부재중인 아버지, 그리고 정신적으로 거리가 있음을 의미한다.

∷ 태양의 크기

상태	심리적·임상적 의미
이상하게 작은 형태	사망이나 부재의 아버지(가가와 香川勇)
이상하게 큰 형태	권위가 강한 아버지(가가와 香川勇)
1/4 정도의 크기	애정이 적은 아버지(가가와 香川勇)
1/2 정도의 크기	사망, 부재, 정신적인 거리를 나타냄(가가와 香川勇)

〈그림 29〉 작은 형태　　　　　　　　　　〈그림 30〉 큰 형태

가가와(香川勇)의 저서에서, 아버지는 태양의 후광(halo of sun)에 따라 여러 가지로 추측된다. 정상적인 후광은 정상적인 아버지를 의미한다. 후광이 없는 상태는 대체로 아버지 부재나 사망, 약한 후광은 애정이 적은 아버지, 부재중이거나 사망한 아버지, 강한 후광은 권위가 있는 아버지, 끊어진 후광은 아버지의 애정 부족, 흐트러진 후광은 성미가 급하고 화를 잘 내는 아버지, 긴 후광은 성가신 아버지, 분광(spectrum)으로 분열된 후광은 사망한 아버지, 느슨하게 일그러진 후광은 아버지의 애정 부족, 손과 발이 자유스럽지 못한 아버지, 보라의 후광은 아버지의 손과 발이 질병 상해(疾病傷害), 특수한 후광은 사망이나 부재, 이상(異常)한 상태의 아버지, 부드럽게 굽은 후광은 아버지의 애정이 요구에 미치지 못한다. 일방적인 광선은 아버지의 애정을 요구한다. 얼굴이 그려진 태양은 대체로 이상(異常)이 있음을 의미하고, 얼굴의 표정도 관계가 있다.

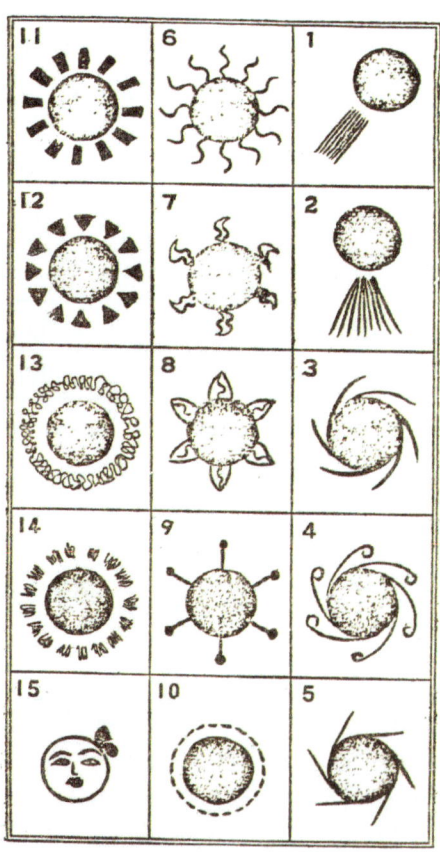

〈그림 31〉 **태양의 후광**〔태양의 이상(異狀)적인 후광 ; 나카니시(中西良男), 1957년〕

:: 태양의 후광

상태	심리적 · 임상적 의미
정상적인 후광	정상적인 아버지(가가와 香川勇)
후광이 없는 것	대체로 아버지 부재나 사망(가가와 香川勇)
약한 후광	애정이 적은 아버지, 부재나 사망한 아버지(가가와 香川勇)

〈그림 32〉 정상적인 후광

〈그림 33〉 후광이 없는 것

〈그림 34〉 후광이 없는 것

〈그림 35〉 약한 후광

상태	심리적·임상적 의미
강한 후광	• 권위가 있는 아버지(가가와 香川勇) • 자기 현시(우찌와다 扇田)
끊어진 후광	• 아버지의 애정이 부족(가가와 香川勇) • 애정 부족(우찌와다 扇田)
흐트러진 후광	• 성미가 급하고, 화를 잘 내는 아버지(가가와 香川勇) • 아버지의 교육 잘못으로 오는 심적 혼란(우찌와다 扇田)
긴 후광	• 성가신 아버지(가가와 香川勇) • 자기의 의식이 강하다.(우찌와다 扇田)

〈그림 36〉 강한 후광

〈그림 37〉 긴 후광

상태	심리적·임상적 의미
분광(spectrum)으로 분열된 후광	사망한 아버지(가가와 香川勇)
느슨하게 일그러진 후광	아버지의 애정 부족이나 손과 발이 자유스럽지 못한 아버지(가가와 香川勇)
보라색의 후광	아버지의 손과 발이 질병 상해(疾病傷害)(가가와 香川勇)
특수한 후광	사망, 부재, 상태가 이상한 아버지(가가와 香川勇)
부드럽게 굽은 후광	아버지의 애정을 요구하나 미치지 못한다.(가가와 香川勇)
일방적인 광선	아버지의 애정을 특히 요구한다.(가가와 香川勇)
얼굴이 그려진 태양	대체로 이상이 있고, 얼굴의 표정도 의미가 있다.(가가와 香川勇)
약하게 그린 후광	획득의 요구가 강하다.(우찌와다 扇田, 가가와 香川勇)
후광의 일부가 끊김	애정이 적다.(우찌와다 扇田)

〈그림 38〉 보라색 후광

〈그림 39〉 보라색 후광

〈그림 40〉 특수한 후광

〈그림 41〉 약하게 그린 후광

:: 태양의 윤곽

상태	심리적 · 임상적 의미
검은 윤곽선이 있다.	대인 관계의 문제(우찌와다 扇田)
윤곽선만 그렸다.	• 일반적으로 정신 불안정(우찌와다 扇田) • 가정 내 불안 혹은 환경의 인식 부족(우찌와다 扇田) • 의존적인 경향이 강한 아이에서 나타난다(우찌와다 扇田).

〈그림 42〉 검은 윤곽선

〈그림 43〉 검은 윤곽선

〈그림 44〉 윤곽선만 있다

〈그림 45〉 윤곽선만 있다

미술치료에 나타난

형태 심리

미술치료에 나타난 **형태 심리** ─○

인물화
Figure Painting

Chapter
07

인물화
Figure Painting

1 인물화(figure painting)

미국의 학자인 레비(Levy, David M., 1892년~?)는 인물화 위치 판단 기준을 오른쪽 위, 오른쪽 아래, 왼쪽 위, 왼쪽 아래, 그리고 중앙을 포함해 5가지로 나누었다. 그러나 여기서는 8가지로 분류했다.

종이위에 인물화 위치를 보고 1~8까지의 분석 규준을 적용하게 된다. 그림 종이를 그림과 같이 4등분해서 인물화 위치를 결정한다.

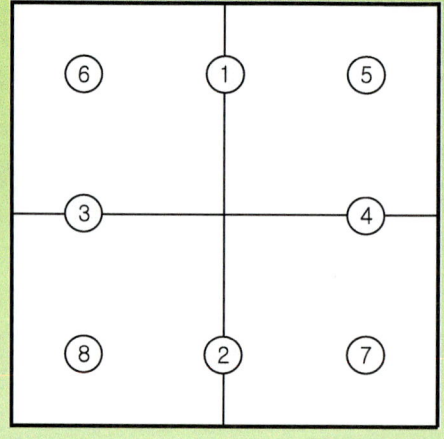

〈그림 01〉 8가지 인물화의 위치 판단 기준

레이(Levy, S.)는 그의 저서(*인물화 검사*)에서 인물화에 대한 개념을 피력했다. 인물화란 자유로운 개념적 투사이고, 누군가가 다른 사람에게 대한 태도적 투사이며, 이상(perfection)적 자기 이미지의 투사이다. 또한 이것은 외적 사정의 결과이며, 습관적 형태의 표시이고, 정서적 색조 표시이다. 특히 인물화는 시험자나 그 상황에 대한 피험자의 태도적 투사이고, 일방적인 생활이나 사람에 대한 태도 표시이다.

미국의 여성 미술 교육학자인 구드너프(Goodenough)는 그의 저서(그림에 의한 지능측정)에서 인물화의 개념(concept of figure painting)을 설명했다. 인물화에 의해 측정된 기능의 개념은 다른 검사와 달리 주로 개념의 성숙도(conceptual maturity)를 측정했다. 그녀는 최초로 인물화를 심리 검사의 도구로 사용했고, '인물화 검사(Draw a Person Test, DPT)'의 구성과 발전에 크게 공헌했다.

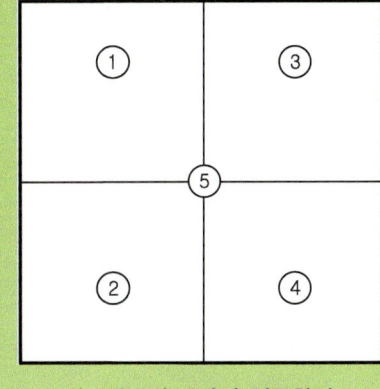

〈그림 02〉 **5가지 인물화의 위치 판단 기준**

1) 인물화 위치(position of figure painting)

일본의 아동 미술 연구가인 오오도모 시게루(大伴茂)는 그의 연구에서 인물화의 위치나 대소, 모습, 묘화 순서, 머리, 얼굴, 눈, 코, 입, 턱, 귀, 목, 동체, 팔과 다리와 발, 의복을 분류했다.

:: 위치

상태	심리적·임상적 의미
위쪽 부분(전체의 1/2)	낙천적, 보다 높은 데로 올라가려는 태도(오오도모 大伴茂)
아래쪽 부분(전체의 1/2)	비판적, 때로는 억압, 고요와 같다.(오오도모 大伴茂)

〈그림 03〉 위쪽

〈그림 04〉 위쪽

〈그림 05〉 아래쪽

〈그림 06〉 아래쪽

상태	심리적 · 임상적 의미
왼쪽 부분(전체의 1/2)	자기 자신에게 향함, 내적 동적, 여성적(오오도모 大伴茂)
오른쪽 부분(전체의 1/2)	환경으로 향함, 외적 동적, 남성적(오오도모 大伴茂)

〈그림 07〉 왼쪽

〈그림 08〉 왼쪽

〈그림 09〉 오른쪽

〈그림 10〉 오른쪽

상태	심리적 · 임상적 의미
오른쪽 위	낙천적, 남성적(오오도모 大伴茂)
오른쪽 아래	비관적, 심정적(오오도모 大伴茂)
왼쪽 위	비관적, 억제적(오오도모 大伴茂)
왼쪽 아래	낙천적, 여성적(오오도모 大伴茂)

〈그림 11〉 아래 오른쪽

〈그림 12〉 아래 오른쪽

〈그림 13〉 아래 왼쪽

〈그림 13〉 아래 왼쪽

2) 인물화의 대소(great and small sizes of figure painting)

∷ 대소

상태	심리적 · 임상적 의미
크다(2/3 이상).	• 자아가 강하고, 확대, 공격적인 감정을 나타낸다. • 자아상일 때에는 보상적 공상을 뜻하며, 부모상이면 강대(强大)나 유력(有力), 위협적이거나 징벌을 뜻한다.
작다(1/2 이하).	자아가 약하고, 열등감을 품은 환경에 대한 응답이다.
자신과 같은 성이 균형에 맞지 않게 크다.	• 자기의 과시, 때로는 편집적이다. • 부모상이면 자기와 같은 성의 부모가 가정에서 강하다.
자기와 같은 성이 균형에 맞지 않게 작다.	• 자아가 약하고, 자각, 때로는 편집적이다. • 부모상이면 자기와 같은 성의 부모가 가정에서 약하다.

〈그림 15〉 크다

〈그림 16〉 크다

〈그림 17〉 작다

〈그림 18〉 작다

3) 인물화의 모습(features of figure painting)

:: 모습

상태	심리적·임상적 의미
행동이 수반되고 있다(달리고 있다).	신체 활동에 강한 충동, 도피의 욕구이다.
행동이 수반되고 있다(걷고 있다).	위험한 상태에 빠지기 쉽다.
앉아 있다. 기대고 있다.	의존성이 약하고, 욕망의 결여, 피로를 나타낸다.
몸이 기울고 있다.	불안정, 불만

〈그림 19〉 몸이 기울다

〈그림 20〉 몸이 기울다

상태	심리적·임상적 의미
선이 딱딱하다.	뿌리가 깊은 곤란, 자아가 강하다.
선이 부드럽다.	자아가 약하다.

〈그림 21〉 선이 부드럽다

〈그림 22〉 선이 부드럽다

상태	심리적·임상적 의미
선이 기계적이다(전부 선화, 기하학의 도형).	운동의 의미가 결여됨, 정신적 방해
선이 가늘다.	신경질, 열등감, 자폐증(自閉症)
선이 거칠다.	정신 불안, 자아가 강하다.
부위 생략(머리, 몸체, 팔, 다리)	생략된 부위에 관계있는 갈등, 자기의 불구나 결함에 대해 초조함을 나타낸다.

〈그림 23〉 선이 거칠다

〈그림 24〉 선이 거칠다

〈그림 25〉 부위 생략

〈그림 26〉 부위 생략

4) 인물화의 머리(head of figure painting)

:: 머리

상태	심리적·임상적 의미
매우 크다.(몸체의 1/2 이상)	• 적극성 또는 무의식적으로 지적인 것을 열망하고, 공상에 만족한다. • 머리가 큰 쪽의 인물이 가정에서 권위가 있다. 때로는 두통이나 질병, 기타의 내장(內臟)의 징후가 나타난다.
작은 머리	강박 신경증, 지적인 무능력, 죄악감이나 고통을 없애려는 상징이다.

〈그림 27〉 매우 크다

〈그림 28〉 매우 크다

〈그림 29〉 작은 머리

〈그림 30〉 작은 머리

상태	심리적 · 임상적 의미
뒤로 향한 머리(뒤통수)	분열증의 편집성
머리카락을 주의 깊게 다루었다(모자를 쓰고, 머리카락을 밖으로 나오게 그린 것도 포함).	자기애적인 동성애
모발이 없는 남자	분열증
머리카락을 흐리게 그린다.	겁쟁이, 꽁한 성격
머리카락을 위로 세워 그린다.	자아가 강하고, 자기중심적

〈그림 31〉 머리카락을 주의 깊게 표현

〈그림 32〉 머리카락을 흐리게 표현

〈그림 33〉 머리카락을 위로 세웠다

〈그림 33〉 머리카락을 위로 세웠다

상태	심리적·임상적 의미
머리카락을 매우 길게 그린다(머리카락이 많은 것 포함).	성적으로는 양향적(兩向的), 적대적인 공상이 있다.
머리카락을 까맣게 그린다.	사고 공상에 대한 불안이 있다.
머리카락이 얼굴 양쪽으로 느려졌다.	적의(敵意)의 감정에 지배당했다.
야단스럽게 그려진 여자의 머리카락	조숙, 성적 불량화

〈그림 35〉 길게 표현

〈그림 35〉 길게 표현

〈그림 37〉 까맣게 표현

〈그림 38〉 까맣게 표현

5) 인물화의 눈(eyes of figure painting)

:: 눈

상태	심리적·임상적 의미
눈을 강조한다.	변질적, 호기심이 많다.
크다.	큰 것은 공격적, 크고 어둡게 그려진 것은 편집적, 크고 눈동자가 없는 것은 허식에 대한 죄악감
눈동자를 검게 그리거나 또는 세로로 그린다.	공격적, 적대적 자기주장
눈동자를 생략 또는 결손	무엇인가에 대한 죄악감

〈그림 39〉 눈을 강조

〈그림 40〉 눈을 강조

〈그림 41〉 눈이 크다

〈그림 41〉 눈이 크다

상태	심리적 · 임상적 의미
작은 눈	외부 세계에 대해 주의를 기울이지 않는다.
감은 눈	신체의 자기애
남자의 상에 속눈썹을 그린다.	조숙, 성적 이상

〈그림 43〉 작은 눈

〈그림 44〉 작은 눈

〈그림 45〉 감은 눈

〈그림 46〉 감은 눈

6) 인물화의 코(nose of figure painting)

:: 코

상태	심리적·임상적 의미
큰 코, 넓적한 코	성적 발달, 성적 불능의 보상, 경멸, 거부
코를 문질러서 그린다.	자위 거세(自慰去勢)의 공포, 눈보다도 코가 위로 튀어나온 것은 성적으로 적응을 못한다.
명암을 그린다.	조숙, 성적 이상
작은 코, 결손된 코	성적 갈등, 성적 미숙
특히 두드러진 코 구멍	공격적

〈그림 47〉 문질러서 표현   〈그림 48〉 문질러서 표현

7) 인물화의 입(nose of figure painting)

:: 입

상태	심리적·임상적 의미
큰 입	성적 이상
특수한 형태로 강조	입에 의한 공격적 충동에 기인하는 불안, 우울증, 알코올 중독, 전간(癲癇, 간질)
입술의 강조	구순적 성욕
이가 보인다.	유아기의 퇴행

〈그림 49〉 큰 입

〈그림 50〉 입술 강조

〈그림 51〉 이가 보인다

8) 인물화의 턱(nose of figure painting)

:: 턱

상태	심리적 · 임상적 의미
특히 넓은 턱	사회적 우위를 구한다. 공상적
특히 좁은 턱, 옆얼굴에서 튀어나온 턱	사회적 무능력
여자의 얼굴에 큰 턱	성적 이상
여자의 상에서 수염을 그린다.	성적 이상

9) 인물화의 귀(nose of figure painting)

:: 귀

상태	심리적 · 임상적 의미
특히 크다.	다른 사람들의 비판에 마음을 쓴다.
귀에 특수한 표현을 한다.	귀의 질병
매우 작다.	다른 사람들의 비판에 귀를 기울이지 않는다.
귀의 생략, 나쁜 위치에서 그렸다.	

10) 인물화의 목(neck of figure painting)

:: 목

상태	심리적 · 임상적 의미
길거나 가늘다.	분열증, 음식을 삼키는 것이나 정신적 소화 장애
짧다.	감정의 통제가 안 된다.

〈그림 52〉 가늘다

〈그림 53〉 짧다

11) 팔과 손(hands and arms)

:: 팔과 손

상태	심리적 · 임상적 의미
형상부터 과장되어 있다.	손의 활동에 대한 불만, 접촉 곤란, 부적당한 감정에 대한 보상의 행동
가늘다(가느다란 선으로 되어 있다).	열등감, 노력하는 보람이 없는 감정
넓게 편 팔	강대함을 나타냄, 공격적, 적극적인 욕구 표시
아랫부분에서 넓어지는 팔	행위는 충동적이고, 자기 통제력이 결여되어 있다.

〈그림 54〉 가늘다

〈그림 55〉 넓게 편 팔

〈그림 56〉 아랫부분이 넓어진 팔

〈그림 57〉 아랫부분이 넓어진 팔

상태	심리적·임상적 의미
몸체에서 튀어나온 팔	감정이 없고, 통제할 수 없다.
길고 탄탄한 팔	완력이 부족한 데 대한 보상
너무 긴 팔	과도한 야심
몸체에 밀착된 팔	소극적 또는 방어적인 감정
팔이 없다.	분열증, 우울증, 여자의 상으로 팔이 없는 것은 어머니의 양육 방법에 대한 불만이다.
손이 없다.	보통 이상의 무능, 손이 없는 것은 적응하지 못하기 때문이다.

〈그림 58〉 너무 긴 팔

〈그림 59〉 팔이 없다

상태	심리적·임상적 의미
손가락을 폈다.(때로는 그늘지게 그렸다.)	손의 활동에 대한 불안
주먹을 쥐었다.	억압된 공격성
호주머니에 넣은 손 또는 감추어진 손	자위에 대한 죄악감, 접촉 곤란, 도피, 불량소년, 이상자
손톱이나 관절의 주의 깊은 밑그림(스케치)	강박증 혹은 조기 분열병자의 경우와 같이 신체 개념에 대한 곤란을 나타낸다.
열쇠처럼 그려진 손가락	적의, 공격
손과 관계가 없는 손	유아적 공격
검게 칠해진 손가락	자위 또는 훔치기와 같은 죄악감이다.

다섯 개 이상의 손가락	야심, 공격
팔이 가슴 또는 앞에서 교차	회의적이고, 적대적인 태도
팔을 뒤로 돌린다.	공격적·적대적 감정을 억제하려고 한다.
손을 허리에 대고 있다.	성적인 공포를 안고 있는 방어적 태도, 성에 관해 편견을 가지고 있다.
검게 칠해진 손 또는 그늘지게 그린다.	자위, 훔치기, 싸움, 손에 의한 행동의 죄악감, 불안
손을 크게 그린 것	강대함을 나타낸다.

〈그림 60〉 팔을 뒤로 돌림

〈그림 61〉 팔을 뒤로 돌림

〈그림 62〉 팔을 뒤로 돌림

〈그림 63〉 손을 크게 그린 것

12) 다리와 발(feet and legs)

∷ 다리와 발

상태	심리적 · 임상적 의미
다리가 길다.	정신적인 것과 다리의 미발달
다리가 없다.	성적 불안전
다리의 과장	
교차된 다리	성적 접근에 대한 방어

〈그림 64〉 다리가 길다

〈그림 65〉 다리가 없다

상태	심리적 · 임상적 의미
길이가 똑같지 않은 다리	충동과 자기 통제, 갈등
하나로 된 다리	긴장하고, 성적 불능
여윈 발과 투명한 팬티를 그린다.	갈등
큰 발	안정의 요구, 성적 세력 과시
작은 발	위축, 의존적
발을 벌렸다.	안정적 보상

〈그림 66〉 똑같지 않는 다리

〈그림 67〉 큰 발

〈그림 68〉 작은 발

〈그림 69〉 발을 벌렸다

상태	심리적·임상적 의미
발의 생략	자기 통제 결여
반대 방향으로 향한 발	감정의 갈등이 심함
발가락을 강조	억압된 적대의 태도
발가락을 감추거나 흐릿하게 그린 그림(신을 신고 있을 때 적절히 판정)	위축, 소극, 의존

〈그림 70〉 발 생략

〈그림 71〉 발가락의 강조

2 묘화의 순서와 기타(others and portrayal order)

1) 묘화의 순서와 기타

:: 묘화 순서

상태	심리적 · 임상적 의미
여기저기서 그리기 시작한다.	불안정하고, 신경질적인 반응이다.
본인과 같은 성을 나중에 그린다.	성에 혼란이 있고, 이성의 부모에 대한 의존, 정착 또는 이성 누군가에 대한 의존이나 집착 한다.
얼굴을 맨 나중에 그린다.	대인 관계의 혼란, 외적인 자극 거부, 자기를 뚜렷이 밝히려 하지 않는다.
팔이나 손부터 먼저 그린다.	환경의 접촉을 아주 싫어하고, 적응하지 못한 것을 자각하지 않으려는 경향을 나타낸다.
다리와 손을 먼저 그린다.	자아가 약하다.
머리를 맨 나중에 그린다.	도피 경향, 죄악감

〈그림 72〉 여기 저기 그린다

2) 동체(moving body)

:: 동체

상태	심리적 · 임상적 의미
모가 났다.	표현 운동(남성적)
둥글다.	발달 지체(여성적)
넓다.	의식적인 욕구 불만이 많다.
좁다.	열등 감정, 충동적 불안
가늘고 길며, 평행선을 그은 동체	분열증, 퇴행
동체가 없는 것	자기애, 굳어 있는 성격, 충동 거부

〈그림 73〉 모가 났다

〈그림 74〉 둥글다

〈그림 75〉 넓다

〈그림 76〉 가늘고 길다

3) 옷(clothes)

:: 옷

상태	심리적 · 임상적 의미
가슴에 있는 호주머니 강조(손수건을 넣었다.)	애정, 물질의 결손 보상
단추의 강조(많이 달았다.)	어머니의 의존, 유아적 부적응

〈그림 77〉 호주머니 강조 　　　　　〈그림 78〉 단추 강조

4) 성에 대해서(about sex)

:: 여자의 성에 대해서

상태	심리적 · 임상적 의미
여자의 가슴을 특히 강조	구강적, 의존적 요구
팔과 손이 길며, 두드러지게 눈에 띈다.	보호적인 모상(母像)에 대한 욕구
여성의 특징이 표면적 또는 상징적인 그림으로 정성스럽게 그린다.	두드러지게 좌절된 오이디푸스(Oedipus)의 감정을 뜻한다.

5) 기타(others)

:: 기타

상태	심리적 · 임상적 의미
해부도	분열증
좌우가 극단적으로 균형을 잃고 있다.	성격 전체의 조화가 없음, 혼란

3 얼굴의 순서(oder of face)

1) 얼굴을 그리는 순서(order which draws the face)

　일본의 교육학자인 나가사카(長坡光彦)는 그의 연구에서 유아가 최초로 얼굴을 그릴 때 나타난 순서를 언급했다. 그 차례는 원형(동그라미)과 얼굴, 두 개의 발, 팔다리이다.

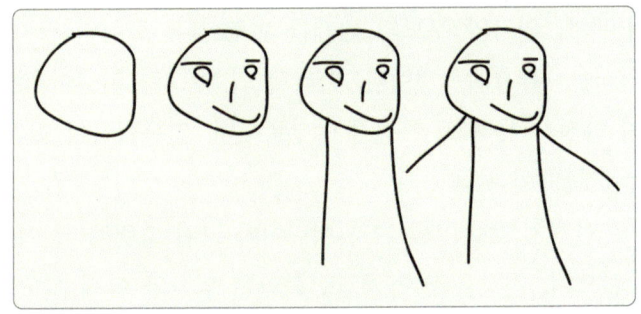

〈그림 79〉 얼굴 그리는 순서

　구드너프(Goodenough)의 제자, 미국의 펜실베이니아(Pennsylvania)주립대학교 교수, 여성 심리학자인 해리스(Harris)는 그의 저서(*성숙한 지적 측정 도구로써 어린이들의 그림*)에서 '그림 검사(Drawing Test)'를 만들고, 어린이의 인물화에 대해 정신 병리학적으로 언급했다. 정신 병리적 사례로 본 어린이 인물화의 특징으로는 그림이 많이 그려져 있지만 아무 생각도 있지 않는 것과 같은 언어형의 그림, 누구도 이해하기 어렵지만 피험자인 어린이 자신은 알고 있는 것[65], 한 쪽 귀만 표현된 인물화, 머리카락이 머리 한 쪽에만 있는 것, 인물화에 원시적인 특징과 성숙한 특징이 비정상적으로 결합된 그림, 일관성이 결여된 그림들이 있다.

2) 그림에 나타난 크기(size of appearance in picture)

　맥코버(Machover)는 그의 저서(*인물화 속의 인간성 투사*)에서, 어린이의 그림에 의한 성격 진단을 체계적으로 제시한 사람은 자신이지만, 이 같은 시도는 1880년 리찌(Ricci, C.)에 의해 출발되었다고 설명하고 있다.

---

65) 순수한 개인적 반응 형태를 의미한다.

정신과 의사인 김중술(金重述)은 그의 논문에서 그림에 나타난 크기의 중요성을 강조했다. <그림 80>에서 나타난 남자는 여자보다도 우선 크기가 매우 작고, 호주머니에 손을 집어넣고 엉거주춤 서 있는 모습이며, 운동감이 결여되어 있고, 여자보다 팔이 짧다. 그림에 나타난 여자의 모습은 서 있는 자세, 발의 위치나 팔의 모습이 활동성을 시사하고 있다. 이 환자(혹은 어린이)에게 남자는 비활동적이고, 수동적이며, 내향적이다. 그러나 여자는 활동적이고, 외향적이며, 공격적으로 보인다. 그림의 크기와 사용 가능한 종이의 여백은 환자와 그의 환경 간의 관계, 환자와 부모의 관계를 반영한다. 도형의 크기란 환자가 환경의 자극에 반응하는 양식을 나타내는 것이다. 따라서 그가 그린 인물이 왜소할 경우 그것은 자신의 자아 개념이 안정치 못하고, 자신감이 부족하며, 열등의식이 있다. 또한 환경의 압력에 위축되어 있는 것을 의미한다.

<그림 81>은 매우 안정치 못한 7세 여자 어린이가 그린 그림이다. 이 아이는 평소에 겁이 많고, 자존심이 없으며, 긴장을 많이 하고, 불안한 엄마와 함께 살고 있으며, 아버지는 안 계신다. 지능은 보통 수준이나 학교 성적은 보통 이하이며, 그림을 그리면서도 계속 "이렇게 그리면 돼요?"라고 물었다. 이 그림은 자기 자신을 나타내는 것이다.

〈그림 80〉 그림에 나타난 크기   〈그림 81〉 그림에 나타난 크기

<그림 82>는 7세 여자 어린이가 그린 그림이다. 이 아이는 가정이 화목하고, 원만한 성격으로 활동성이 있으며, 친구들도 잘 사귀는 명랑한 성격의 소유자이다. 특히 불안하고 겁 많은 아이들은 주어진 종이의 일부만을 사용하고, 그것도 왼쪽 구석에 조그마한 사람을 그린다. 활달하고 명랑한 아이들은 종이의 지면을 마음대로 이용하고, 중간에 큼직하게 그리는 것을 볼 수 있다. 6세가 지나도 손이나 팔을 그리지 않는 아이들은 수동적이거나 공

포, 지능의 미성숙을 의미한다. 특히 10세 이상의 어린이들에게서 이와 같은 현상이 나타날 경우에는 적응 장애나 그 밖의 다른 정신적인 문제가 있는 것으로 의심해 볼 수 있다. 손을 감추고 있는 그림66)은 흔히 죄책감의 표현으로 간주되며, 때로는 자위행위와 관련이 있다. 손이나 손가락을 지나치게 크게 그리거나 강조한 그림이 자화상일 때는 자신의 공격성을 상징할 수 있다. 그 그림이 부모나 다른 사람일 경우에는 자기가 받았거나, 예측하고 있거나, 무서워하고 있는 공격성을 의미한다.

　<그림 83>은 매우 지능이 높은 7세 어린이의 그림이다. 이 아이는 학교나 가정에서 적응 장애를 나타내고 있고, 불만에 대해 음식이나 물건을 가지는 것으로 보상의 만족을 얻고 있으며, 학교에서 여러 번 남의 물건을 훔치는 일 또는 남의 도시락을 훔쳐 먹는 일도 있었다. 이 그림에서는 손가락의 크기를 유의해 볼 필요가 있고, 서 있는 자세도 다분히 공격성을 나타낸다.

〈그림 82〉 그림에 나타난 크기

〈그림 83〉 그림에 나타난 크기

　<그림 84>는 9세 남자 어린이의 그림이다. 이 아이는 보통의 지능을 가지고 있고, 자기 주장을 못하며, 억제가 심하고, 수동적이며, 불안정한 성격을 가지고 있다. 이 그림은 아예 팔짱을 끼듯이 접었을 뿐만 아니라 손의 크기가 작고, 팔 부분에 검은 칠을 함으로써 팔이 하는 행동에 대한 불안감 또는 죄책감을 의미하며, 때로는 수동적이거나 공격성을 상징한다.

　<그림 85>는 11세 기분이 우울한 여자 어린이의 그림이다. 이 아이는 매우 불행에 차 있고, 보통 수준의 지능 소유자임에도 불구하고 학교 성적은 보통 이하이며, 친구들과 잘 어울리지 못한다. 그렇게 된 주된 원인은 가정환경에 있다. 부모는 별거 중이어서 자기가 설 땅이

---

66) 손을 뒤로 하거나 호주머니 속에 넣고 있는 경우도 포함된다.

없는 상태이다. 이 그림에서는 낙엽이 휘날리고 있고, 하늘에 검은 구름이 있으며, 그림 속에 사람이 없다. 이런 아이는 때때로 태양을 까맣게 칠하거나 시커먼 먹구름을 그리는 경우가 있다. 동서양을 막론하고 정상적으로 적응하는 어린이들은 인물화 그림에서도 빛나는 태양을 위쪽 구석에 그리며, 태양 광선이 내리쬐는 것(발광선)을 그리는 것이 공통적이다.

〈그림 84〉 그림에 나타난 크기

〈그림 85〉 그림에 나타난 크기

박현일은 집안에서 영향력이 가장 센 사람을 크게 그리거나 가장 앞에 위치시킨다고 했다. 이 크기는 실제 크기와는 상관이 없으며, 어린이의 마음속에 있는 또는 집안에서 영향력을 행사하는 크기이다.

〈그림 86〉 그림에 나타난 크기

3) 인물화 검사(Draw a Person Test, DPT)

미국의 여성 미술 교육학자인 구드너프(Goodenough)는 그의 저서(*그림에 의한 지능 측정*)에서, '인물화 검사(Draw a Person Test, DPT)'는 성격 진단, 언어 결함, 인지 능력의 결함을 진단할 수 있는 투사법으로 발전했으며, 어린이의 그림은 지적 요소와 밀접한 관계가 있다. 그녀는 인물화로 지능 측정 척도를 만들었으며, 지능 지수(IQ)와 묘사 능력의 상관관계를 통해 지능 검사로 만들었고,[67] 지력이 발달함에 따라 표현이 달라진다는 연구가 그녀의 대표적인 이론이다. 지능론은 어린이가 보는 것을 그리는 것이 아니라 아는 것을 그린다.

그녀는 어린이의 '인물화 검사' 결과를 네 가지로 구분하고, 그림마다 특성을 발견했으며, 그것은 여러 행동과 깊은 관련이 있다. 첫째는 다언형, 둘째는 개인의 반응형, 셋째는 비약형, 넷째는 균형이 없는 것.

이와 같은 인물화 검사는 행동에 이상이 있는 어린이(abnormal child)가 대상이 되었다. 특히, 인물화의 분석은 HTP나 가족화가 기초가 된다. 예를 들면 남성이 여성을 먼저 그리면 성에 혼란이 있거나, 이성의 부모에 대한 의존이나 집착으로 해석되며, 눈동자가 생략되면 죄책감을 나타내므로 감추어진 팔이나 손의 모습과 관련지어 해석한다. 코와 입은 성과 깊은 관련이 있으며, 큰 입은 성적인 이상을 의미한다. 길이가 다른 다리와 발은 충동과 자기 통제의 사이에 겪는 갈등으로 본다.

인물화의 해석은 묘사된 인물의 부분적인 특징과 각 신체의 정확한 비율, 내담자가 처한 상황, 증상, 각 신체의 상징에 대한 심리적 특성을 파악했다. 특히 그녀는 인물화에 있어서 아동의 발달 단계를 고려하며, 여섯 가지 핵심 사항을 제시했다.

첫째, 인물화 순서에서 80% 이상의 전체 피검자는 자신과 동일한 성의 인물을 먼저 그린다. 그러나 간혹 반대되는 성을 먼저 그리는 경우가 있는데, 그 인물은 자신에게 중요한 존재이며, 이성 부모 또는 이성에 대한 강한 애착과 의존의 표현이다.

둘째, 그림의 크기가 종이의 크기와 비교해 볼 때 그림의 상대적 크기는 내담자와 환경과의 관계를 암시한다. 인물의 크기가 작으면 위축되거나 환경의 요구에 열등감을 느끼는 경우이며, 인물의 크기가 크면 우월한 자아상과 공격적 태도를 나타낸다. 때때로 인물은 자아상을 나타내지 않고 이상적 자아상 또는 부모상을 반영한다. 부모상이 투사될 경우 큰 인물은 강하고 능력이 있으며, 의지할 수 있는 관계이며, 위협적이고 공격적인 부모상을

---

67) 그림 그리는 능력을 지력이라 한다.

반영한다. 또한 인물의 크기가 크면 열등감을 보상받으려는 시도이다.

셋째, 그림의 위치가 중앙보다 위에 위치하면 불안정한 자아상과 연관이 있고, 아래의 위치하면 보다 안정된 상태 또는 우울감, 패배감을 나타내며, 왼편에 위치하면 내향적 성향을 의미한다. 중앙의 적절한 위치는 적응적 자아 중심적 경향과 관계가 있다.

넷째, 인물의 동작에서는 매우 활발한 움직임을 보이는 경우 운동 활동에 대한 강한 충동 또는 불안정하여 안절부절못하는 상태, 정서 장애의 조증 상태를 나타낸다. 반대로 자세가 굳어 있어 움직임이 적으면 강박적 억제의 표현이며, 억압된 불안이 내재해 있음을 나타낸다. 앉아 있거나 기대고 있는 모습은 활동력이 적고 정서적으로 메마른 상태를 의미한다.

다섯째, 왜곡되거나 생략된 신체 부분은 심리적 갈등이 그 부분과 관련이 있으며, 과장 또는 강조되거나 흐린 모습의 신체 부분은 심리적 갈등을 의미한다.

여섯째, 마지막으로 각 신체 부분의 상징이다. 머리는 지적인 면과 자아 개념의 관계이며, 이것이 강조되면 매우 공격적이거나 지적인 야심, 때로는 머리 부분의 신체적 고통과 관련이 있음을 암시한다. 입은 구강적 공격과 고착을 상징하며, 공격성의 표현으로 입이나 이빨을 강조하는 경우가 있다. 눈은 눈동자가 생략되어 있으면 자아 중심적, 자아도취적 경향으로 해석하며, 강조된 큰 눈은 대체로 망상의 표현이고, 눈을 감고 있는 경우 현실 도피를 의미한다. 목은 충동적인 행동을 통제하는 부분이며, 가늘고 긴 목은 의존성을 나타내고, 굵고 짧은 목은 충동적 통제의 어려움을 의미한다. 생략된 팔과 손은 현실 접촉의 어려움, 죄책감을 의미하며, 손이 강조되어 있으면 현실적 불만과 열등감에 대한 보상적 욕구로 표출하는 경향이 있다. 팔이 신체에 가까이 붙어 있을수록 수동적이거나 방어적이며, 외부로 뻗어 있을수록 공격적 표현으로 해석할 수 있다. 발과 다리는 이동성과 관계가 있으며, 병으로 누워 있는 사람은 발이나 다리를 그리지 않는 경우가 많다. 길게 그린 다리는 자율성에 대한 욕구를 나타내며, 가슴 부분에 붙은 주머니의 단추는 애정 결핍과 박탈을 상징하며, 유아적이고 의존적인 성격을 의미한다.

맥코버(Machover)는 인물화에서 그려진 인물과 그것을 그린 개인의 성격 간에 밀접한 관련이 있으며, 특히 '자기표현의 수단으로서 신체'를 강조하여 투사를 통한 동일시와 내사를 통한 동일시가 만나는 지점이 신체이다. 신체 또한 심적 활동에 있어서 가장 친근한 참조의 준거가 된다. 그는 인물화에 반대의 성을 그리는 방법을 창안했으며, 이 방법은 성격 검사로 널리 사용되고 있다.

메디너스(Medinnus)는 보빗(Bobitt)과 헐렛(Hullet) 세 사람이 함께 쓴 논문("인물화 검사의 타당성")에서 '인물화 검사(Draw a Person Test, DPT)'의 타당성에 관한 의문을 제기했다. 그들은 능력에 관한 평가, 특히 지능을 구성하는 복잡한 능력은 자주 변하는 것이 아니라고 강조했다. 또한 이 논문에서 흥미를 끄는 것은 그림 검사가 지능을 평가하도록 고안되었다.

1946년 해비거스트(Havighust)는 그의 연구에서 비언어적 측정 도구로 된 '인물화 검사'를 인도에서 만들었다. 이 검사는 여섯 가지 종류에 따라 6세~11세까지 어린이 325명을 대상으로 한 결과이다. 이 결과 인도 어린이는 IQ 평균이 종족에 따라 102~107이고, 백인 어린이가 높으며, 남자 아이가 여자 아이보다 대체적으로 높았다. 1940년경에는 어린이 그림의 연구가 지능과 성숙도 측정의 도구뿐만 아니라 인격 진단의 도구로 시도되었다.

'인물화 검사'는 그림을 통해 내담자의 성격 검사와 심리 검사에 많이 사용되고 있다. 특히 이 검사는 자유화 검사보다 내담자의 저항이 적기 때문에 검사가 용이하다.

검사 방법으로 '구분할 통합 회화 검사(Nine Division Fine Art Test, NDFAT)'는 일본의 아이지(愛知)의과대학 심리학과 교수 모리타니(森谷)가 제안한 기법이다. 이 기법은 다양한 이미지를 포괄적이고 통합적으로 표현하기 위한 것이며, 가족을 포함한 일상생활 중에서 생각나는 대로, 머리에 떠오르는 대로, 그림을 그리지 못할 경우에는 문자, 도형, 기호들을 그려도 상관없으며, 각 그림에 간단한 설명을 써넣게 한다. 그림을 그린 후 "전체를 보면 어떤 주제가 생각납니까?"라고 질문을 한다. 구분할 통합 회화 검사의 특성은 아홉 개의 칸에 생각나는 대로 그림을 그리는 방법이고, 이는 종이 위에 이루어지는 자유 연상의 표현이며, 공간적·시간적 요소를 동시에 표현하는 특성이 있다.

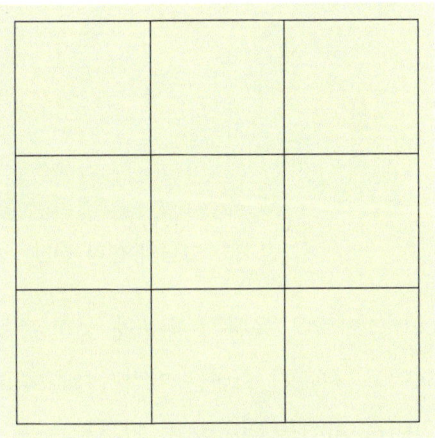

〈그림 87〉 **구분할 통합 회화 검사**

4) 그림의 성격 진단(personality diagnosis of picture)

미국의 여성 미술 교육학자이자 미국 뉴욕주립대학교 의과대학 임상 교수 맥코버(Machover)는 '인물화 검사(Draw a Person Test, DPT)'의 연구자로 유명하다. 그녀의 저서(*개성이 투사된 인물화*)에서, 그림을 그리는 사람은 그의 성격에 대한 중요한 부분을 나타낸다. 그림을 성격 진단의 도구로 발전시킨 데 큰 공헌을 한 그의 연구는 직관적이거나 인상주의 방법을 많이 취했다. 어린이의 미술 표현은 '심신 동형설(isomorphism)'[68]에 근거하고, 심리 상태가 화면에 100% 투사된다는 것을 전제로 하는 이론이다. 자아상(self image)이란 인물화에 직접 투사되기 때문에 유추(analogy)할 수 있다. 그래서 인물화는 자아나 몸의 표시이다.

머리와 얼굴은 사회적 욕구(social need)와 감수성(responsiveness)을 표현한다. 이 부분은 지적 포부(intellectual aspiration)를 투사시키며, 또한 충동을 이성으로 통제하며, 성격을 환상적으로 표현하는 부분이고, 성적 상징(sexual symbolism)으로서 중요한 구실을 한다.

〈그림 88〉 그림의 성격 진단   〈그림 89〉 그림의 성격 진단

머리카락은 육감적 욕구와 성적 충동(간접)을 의미한다. 성적 투사는 원시적이거나 유아적이고, 사춘기 소녀는 머리카락을 강조한다. 성적 표현으로서 머리카락은 어린아이들에게 있어서 퇴행을 의미하고, 어른들은 강조한다. 머리카락을 흥분한 것처럼 그린 것은 유아의 성욕이 일어남을 표시한다.

머리는 노쇠한 사람이나 퇴행적 상태에 머물러 있는 사람들이 제일 먼저 그리는 부분이

---

68) 심신 동형설은 형태 심리학에서 사용한 낱말로써 지각된 물리 현상과 뇌수적 생리 현상의 같은 구조를 가지고 있다. 어린이의 그림은 대뇌의 약도라고 생각하는 이론이며, 이것을 표출하고 이해하는 기준의 이론이다.

고, 또한 몸 중에서 가장 일관성 있게 표현되는 '자아'의 소재지이다. 다른 부분에 비해서 이상스럽게 큰 머리는 정신적 발달이 늦고, 욕구 불만을 두뇌에 지나치게 과대평가하며, 학교 공부를 잘 못하는 부적응을 나타낸다. 상처 때문에 아픈 머리는 자극에 예민함을 의미한다. 머리는 지식이나 도덕적 허영이 나타나고, 환자에게서 볼 수 있으며,[69] 의존성이 강하다.[70] 앞이마나 뒤 이마가 툭 튀어나온 것은 두뇌의 힘을 중요시한다. 모양이 이상하게 생긴 머리는 두뇌가 이상하게 작용하는 것을 의미하고, 이것은 기질적으로 이상(strangeness)을 표시하는 경우가 많다.

눈은 얼굴의 모습에서 제1차로 사회적 의사소통을 말한다. 큰 눈은 세계를 시각적으로 흡수하고, 작은 눈과 감은 눈은 세계를 배척한다. 퉁방울눈은 성적 흥분을 뜻한다. 눈은 확실성 없는(uncertainty) 것이나 당황, 공포를 표시하는 저장소이다. 신중하고 조심스러운 눈은 과대망상증이고, 본 것에 대한 죄악감을 없애려는 표시이다. 화장한 긴 속눈썹은 성, 전시적 효과와 매력을 표시한다. 또한 눈은 정신적 창으로서 자폐증의 생활과 자아도취를 표시한다. 눈동자의 생략은 보는 사물에 기생적으로 매달려 살고 있는 히스테리컬(hysterical)하고, 자기중심적이며, 객관적으로 분열증은 일어나지 않는다. 윤곽 없이 눈동자만 까맣고 선명하게 그린 눈은 조심스럽게 보는 것이고, 망상증 성격의 소유자이다. 또 눈은 방어적 도구로 쓰이고, 보이는 것을 제한된 의미로 본다.[71]

귀는 미적인 아름다움은 없다. 망상증의 성격이나 후천적으로 귀머거리가 된 사람은 귀가 주의 집중적 중심 역할을 한다. 일그러져 있거나 기형적으로 표현되는 귀는 일그러진 정도에 따라 과민성이 나타나고, 사회적 비판을 잘 하며, 아주 심한 망상증을 보인다. 귀 모양이 찌그러졌거나, 위치가 잘못되거나, 이상스럽게 자세히 그려진 귀는 병리적 현상이다.

코의 미적 중요성은 눈보다는 덜 중요하고, 귀보다는 중요하며, 성적 상징(sexual symbolism)으로 방사적 기관이다. 코는 1차적으로 남성의 상징이다. 아주 강한 코는 남성적이고, 자기주장이 강하다. 그늘을 표시하거나 잘라진 코는 갈등을 표시한다. 불감증 기능을 회복하는 상징으로는 지나치게 큰 코나 극단적으로 길게 그린다.

입은 성적 관계의 갈등적 상태이고, 아주 어릴 때 고정화(fixation)되는 기관이며, 여러 가지 승화 작용이 있다. 특히 입은 의존적 형태와 보상적인 공격을 나타내고, 특수한 성적 도착을 표현하며, 성욕과 육감의 부위로서 투사된다.

---

69) 그 사람의 머릿속에 허영이 존재한다.
70) 머리는 사회적 의사소통과 의존성이 있는 중추 기관을 의미한다.
71) 망상증을 가지고 있다.

미술치료에 나타난 **형태 심리** —○

형태의 일반적 특징

General Characteristic of Form

형태의 일반적 특징
General Characteristic of Form

1 형태의 요소(element of form)

1) 13가지의 구조적 요소(structural composition of 13 type)

① 그림을 어떻게 그렸는가.

〈그림 01〉 수채화와 크레파스

〈그림 02〉 크레파스

② 그림의 크기가 적당·적절한가.

③ 그림을 종이의 어느 위치에 그렸는가.

〈그림 03〉 그림의 위치

〈그림 04〉 그림의 위치

④ 연필을 얼마나 눌러 그렸는가(필압이 얼마나 강한가).

〈그림 05〉 **필압 약**

〈그림 06〉 **필압 강**

⑤ 선의 질이 어떠한가.
⑥ 그림의 세부적인 특징을 어떻게 묘사했는가.

〈그림 07〉 **특징 묘사**

〈그림 08〉 **특징 묘사**

⑦ 그림을 그리다가 지운 적이 있는가, 무엇을 지웠는가.
⑧ 눈, 코 혹은 그림의 일부분을 왜곡하거나 빠뜨린 것이 있는가.

〈그림 09〉 빠뜨린 것   〈그림 10〉 빠뜨린 것

⑨ 척수 뼈가 보이게 사람을 투명하게(transparency) 그렸는가.

〈그림 11〉 투명하게 그린 그림

⑩ 그림의 대칭적인 측면을 강조했는가.

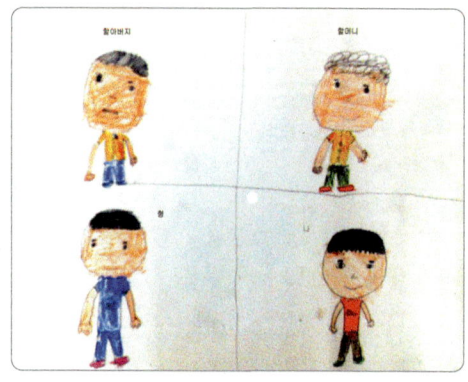

〈그림 12〉 그림의 대칭   〈그림 13〉 그림의 대칭

⑪ 그림의 대상을 움직이는 모습으로 그렸는가.

⑫ 종이의 방향을 돌려가며 그렸는가.

〈그림 14〉 방향을 돌린 그림

⑬ 그리라고 지시한 것 이외의 것을 더 부가해서 그렸는가, 무엇을 더 그렸는가.

2 구성의 일반적 특징(general characteristic of composition)

1) 균형과 배치(arrangement and balance)

:: 균형과 배치

상태	심리적 · 임상적 의미
부분간의 균형이 잡혀있지 않다.	자기 통제력이 부족하다(실제로 문제 행동을 가지고 있지만, 균형을 취하고 있는 것은 적응을 하고 있기 때문이다).
주요 부분에서 거리 감각이 없다.	자기 통제력이 약하다.
그림의 주체가 화면의 상반부에 치우쳐 있다.	환경의 인식 능력이 부족하다. 낙관적인 태도
그림의 주체가 화면의 하반부에 치우쳐 있다.	환경에서 억압받고 있다. 비관적 태도
그림의 주체가 좌나 우로 치우쳐있다.	• 오른편은 공격적, 외동적(外働的), 남성적 태도, 때로는 자폐적 경향이나 불안을 나타낸다. • 왼편은 내동적(內働的), 여성적 태도, 때로는 자폐적인 경향이나 불안을 나타낸다.
위 부분의 그림이 아랫부분보다 힘차게 그려져 있다.	자신이 없는 과시
아랫부분의 그림을 문질러서 흐릿하게 했다.	목적을 달성하고 싶은 욕구를 표시한다.
화지(畵紙)가 부족한 듯이 그린 그림	부모가 응석을 잘 받아주던 아이들에게 나타난다.
남의 그림을 보지 않으면 그림을 못 그린다.	의존적 경향이 강하다. 창조성이 약하다.

〈그림 15〉 상반부

〈그림 16〉 하반부

2) 연속성(continuity)

:: 연속성

상태	심리적 · 임상적 의미
연속적으로 되어야 할 것이 연속되어 있지 않다.	• 환경과 자신이 유리되어 있다. • 비협력적이고 억압되어 있다. • 사물간의 관계를 짓는 능력이 부족하다.(화면에서 가장 중심이 되는 대상물은 본인을 나타내고, 다른 것들은 본인과의 관계를 표시하는 경우이다.)
부분과 부분을 겹쳐 그렸다.	안정감이 부족하다.
부분과 부분의 연결이 되어있지 않다.	성취 욕구가 약하다.

3) 강조(accentuation, 특수한 방법)

:: 강조 또는 특수한 방법

상태	심리적 · 임상적 의미
부분의 특징을 지나치게 강조한다.	자기 과시 및 그 대상물에 대한 흥미를 나타낸다.
작은 부분을 크게 그린다.	자기 과시 및 그 대상물에 대한 흥미를 나타낸다.
좌우 부분을 강조하여 그린다.	욕구와 현실간의 갈등을 의미한다.
같은 부분을 되풀이해서 그린다.	• 억압감이 있다. • 내향적이고, 겁쟁이, 정서적으로 독립되어 있지 않다.

〈그림 17〉 같은 부분 되풀이

〈그림 18〉 같은 부분 되풀이

4) 투시화(X-ray painting)

:: 투시화

상태	심리적 · 임상적 의미
투시적인 왜곡이 있다.	• 현실적인 인식이 불충분하다. • 때로는 대인간의 갈등을 표시한다.
인물화의 경우 해부도를 그린다.	분열증 아니면 조병(躁病)의 경향이 있다.
투명하게 그리고, 그 속에 부분을 그린다.	애정의 욕구, 혼자 있고 싶은 욕구가 포함되기도 한다.

5) 배경(background)

:: 배경

상 태	심리적 · 임상적 의미
배경이 없거나 똑똑하지 않음	환경의 인식 부족
원근 묘사가 안 된다.	자기 통제력이 약하고, 불안감을 가지고 있다. 현실을 현실적으로 보지 못한다.

〈그림 19〉 배경이 없음

〈그림 20〉 원근 묘사가 안 됨

6) 공백 부분(blank part)

:: 공백 부분

상태	심리적 · 임상적 의미
공백 부분이 많다.	환경의 인식이 부족할 때와 때로는 지적 지체도 있다.
전체적으로 관계가 있는 공간을 만들고 있다.	적응이 되도록 노력하다.

〈그림 21〉 공백이 많음   〈그림 22〉 공백이 많음

3 **대상**(objects)

1) 여러 가지 물건이나 물체(objects or various kinds things)

:: 여러 가지 물건이나 물체

대상	심리적 · 임상적 의미	대상	심리적 · 임상적 의미
기차(달리는)	어머니	고래	어머니
비행기	어머니	자동차	어머니
네모	어머니	귀신	어머니
집, 건물	어머니	산(봉우리가 2개 이상)	어머니
기린	어머니	잎을 향한 꽃	어머니
거꾸로 선 세모	어머니		

〈그림 23〉 비행기

〈그림 24〉 집

〈그림 25〉 자동차

〈그림 26〉 산

대상	심리적 · 임상적 의미	대상	심리적 · 임상적 의미
깃발	아버지	등대	아버지
정면으로 향한 꽃	아버지	거북이	아버지
깃발을 단 자동차	아버지	배	아버지
산(봉우리 1개)	아버지	비행접시	아버지
태양	아버지	동그마리	아버지, 입
삼각형	아버지		

〈그림 27〉 정면을 향한 꽃

〈그림 28〉 태양

〈그림 29〉 등대

〈그림 30〉 배

대상	심리적 · 임상적 의미	대상	심리적 · 임상적 의미
유령	부모	잎이 떨어진 나무	본인의 공격
고릴라	형제	권총, 대포	꾸짖는 사람
탱크	본인	소나무	기다림
모자쓴 신사	본인	길	생활난, 행방불명
개미	본인	가지만 그려진 나무	늑골
개	본인	양쪽으로 갈라져 서 있는 두 그루의 나무 개(강아지)	귀

〈그림 31〉 길

〈그림 32〉 가지만 그려진 나무

대상	심리적 · 임상적 의미
해바라기	아버지(아사리 淺利)
정삼각형	아버지(아사리 淺利)
직삼각형	어머니(아사리 淺利)
튜립	어머니(아사리 淺利)

〈그림 33〉 해바라기

대상	심리적 · 임상적 의미	대상	심리적 · 임상적 의미
오리	어머니를 상징(Bender, Rapaport)	말	어머니(아사리 淺利)
코끼리	어머니(아사리 淺利)	뱀	어머니(아사리 淺利), 공포심(우찌와다 扇田)
고래	어머니(아사리 淺利)	부엉이	꾸짖는 사람(아사리 淺利), 어머니

〈그림 34〉 뱀

대상	심리적 · 임상적 의미
과일	여성적(Anastasi, Bender, Rapaport)
꽃	여성적(Anastasi, Foley)
싸우는 황소	그룹에서 복종적 역할에 저항(Bricks)
나비	왕래(아사리 淺利)
화산	적의(Bricks)
화재, 홍수에 의한 파괴	이상자(Anastasi, Foley)

〈그림 35〉 꽃

〈그림 36〉 나비

대상	심리적 · 임상적 의미
숲, 집, 마른 풀, 배	적의(Bricks)
무지개	추억(아사리 淺利)
전쟁	적의, 퇴행(Naumberg)
묘지, 유령	공포심(우찌와다 扇田)
추상적 도안	억압된 공포를 감추다.(우찌와다 扇田)
동물 자체	성적 호기심, 두려움(Bricks, Appel)
동물을 많이 그린 그림	애정 욕구, 내향적 성질이다.(우찌와다 扇田)

〈그림 37〉 무지개

〈그림 38〉 동물을 많이 그린 그림

대상	심리적 · 임상적 의미
화면 오른쪽에 그린 그림	비사회적인 성격, 일반적으로 대인 관계에 문제가 있다(우찌와다 扇田).
대단히 공격적인 얼굴	커다란 불만을 갖고 오이디푸스 콤플렉스와 연관 혹은 말다툼의 경향(Bender, Rapaport)
공격적인 얼굴	어린이 자신을 상징(Bender, Rapaport)
힘센 큰 동물	지배자에 대한 투쟁(Bricks)
맹수	공격적 경향(우찌와다 扇田)
공상적인 동물	힘을 증명하려는 노력(Bricks)
작은 말	청춘 초기의 소녀에 대한 성격(Bricks)
새나 말	태만과 방탕(Bender, Rapaport)
고양이나 개	집을 상징(Bender, Rapaport)

〈그림 39〉 공격적인 얼굴

〈그림 40〉 공상적인 동물

4 선(lines)

1) 선

:: 선

화질의 선	심리적·임상적 의미
선이 매우 짧거나 딱딱하다.	정서적 긴장, 강한 정력의 표현, 저능아에게 볼 수 있다 (Spoerl).
선이 부드럽다.	신경질(과민성, 강박, 불안), 겁쟁이, 공포심, 자아 허약(불리한 조건을 극복하는 힘이 약하다)의 표현이다.
일부분만 강하다.	그림의 대상물에 대해 집착하고, 불안감, 때로는 적의나 억압당하고 있는 대상을 표현한다.
일부분만 약하다.	그린 대상물에 대해 혐오감을 가지고 있다.
다소 불안정한 선	소극적이다.
흔들리고 있는 선	초조, 기질적 질환의 경우를 잘 나타낸다.(Anastasi, Foley)
자주 끊어진 선	고집, 거부증을 나타낸다.
직선이 많다.	결단적이고, 안정되어 있다.
높은 압력으로 그린 선이다.	강력한 내적 에너지, 분열적 기질 이상자에게서 많이 볼 수 있다.(Anastasi, Foley)
낮은 압력으로 그린 선이다.	심리적 에너지가 약하고, 회귀성 기질(回歸性氣質) 또는 조울증이다.
빨리 그린 선	충동적이다.
가는 선	억압되어 있다.(Bricks)
흐릿하고, 질퍽질퍽한 선	엄격한 통제에서 도피(Mosse)
상(像)의 윤곽이 서로 교차된 선	정신병의 특유한 징후(Mosse)

〈그림 41〉 선이 부드럽다

〈그림 42〉 높은 압력으로 그린 선

2) 선과 획(strokes and lines)

:: 선과 획

상태	심리적 · 임상적 의미
길게(획)	행동을 적절히 통제, 안정감, 완고함, 야심과 포부가 높다.
짧게	충동성이 강함, 과도하게 흥분(Alschuler & Hattwick, 1947), (Hammer, 1971)
직선	자기주장 강함, 민첩성(의사 결정 포함), 단호함, 지나칠 경우 경직성 · 융통성 부족, 충동적인 경행
곡선	의존성, 불안감, 불확실감, 우울감, 수줍음, 사회 불안정 경향, 우유부단 · 꾸물거림, 여성적 · 순종적 경향
수평선(가로 강조)	연약함, 두려움, 자기 보호적 · 여자다움 경향
수직선	남성적인 단호함, 결정력 · 과잉 활동성

〈그림 43〉 수평선

〈그림 44〉 수직선

상태	심리적 · 임상적 의미
획의 여러 방향	불안정감, 정서적인 동요, 불안감
빽빽한 선	내적인 긴장감, 공격적인 경향
지그재그 선	내면에 적대감 가능성
연결되지 않는 선	현실 접촉의 문제, 정신증적 혼돈, 사고의 기괴함, 비 논리성 반영, 정신증 환자, 심한 뇌손상 환자
선의 음영	대인 관계의 불안 · 민감성, 불안감, 내적 갈등, 우울증 입체적인(원근감) 표현 – 적응적인 양상

〈그림 45〉 빽빽한 선

〈그림 46〉 지그재그 선

3) 선의 형태(form of line)

:: 선의 형태

상태	심리적 · 임상적 의미
나선형의 선이 많다.	• 마음의 해방을 바라고 있다. • 흥분하기 쉬운 기질이다(Bricks).
사선이 많다.	불안감을 품고 있다.
가로 선이 많다.	침착하나 허약한 편이고, 여성적인 경향이 있다.
세로 선이 많다.	매우 독단적 · 남성적(Alschuler), 자기주장이 강하다.
원형이 많다.	• 작고 둥근 선이 많은 것은 소유욕이 강하다. • 의존, 발달 미숙, 자기중심적인 경향을 표현, 매우 순종적 · 여성적(Alschuler)
각이 있는 형이 많다.	엄격한 부모의 훈육, 창조성이 부족한 아이들에게서 나타난다.
윤곽선만 많다.	정서적 발달의 미숙을 나타낸다.
굴곡이 많다.	형식적인 훈육에서 벗어나고 싶은 욕구의 표현이다.
수직선과 수평선의 교차가 많다.	복종적인 행위와 자기주장 2가지가 갈등을 일으키고 있다.

〈그림 47〉 원형이 많다

〈그림 48〉 윤곽선만 있다

4) 선의 사용 방법(use method of line)

:: 선의 사용 방법

상태	심리적 · 임상적 의미
난잡한 선이 모여 있다.	• 비협조적 · 우유부단한 · 공한 태도를 표현한다. • 때로는 억압당한 것을 표현하기도 한다. • 한 가지 행동에서 다른 행동으로 옮기는 과정이 무질서하다.(Anastasi)
더러운 선(중복된 선, 같은 선이 2개의 상 일부를 이루고 있는 경우)	• 이상자에게서 잘 나타난다(Anastasi, Foley). • 정신병의 특유한 징후(Mosse)
모가 난 선이 많다.	공격적인 특징을 보여준다.
네모나 둥근 칸막이(윤곽)를 잘 그린다.	• 칸막이 속에 인물이 있을 경우 아버지가 엄격한 경우이다. • 때로는 내향적인 감정에 갇혀 있음을 말해준다.
그물 같은 선을 많이 그린다.	훈육이 엄격한 것, 독립심이 부족한 것을 의미한다.
수직선 오른쪽이 올라갔다.	지나치게 긴장하고 있다.
수직선 오른쪽이 기울어졌다.	지나치게 긴장하고 있다.
수평선 오른쪽이 내려갔다.	의지가 약한 반면, 반항적인 태도를 보여준다.
수평선 왼쪽이 기울어졌다.	의지가 약한 반면, 반항적인 태도를 보여준다.
멋대로 그린다.	• 제멋대로 그린 것 같지만 사실은 개성의 표현이다. • 몸의 컨디션이 나쁘거나, 눈이 나쁘거나, 동작을 통제하기 어렵거나, 일에 흥미가 없을 때 나타난다. • 때로는 다른 사람들이 이해해주기를 바라는 욕구가 있다.

그림의 좌우 균형이 잡혀있지 않고, 다른 사용법을 취하고 있다.	갈등상태를 표현한다.
오른쪽에서 왼쪽으로 그려진 선	내향적, 고립
왼쪽에서 오른쪽으로 그려진 선	외향적
언제나 선화(線畵)만을 그린다.	생활 경험이 부족하다.
기교만 진보되어 있다.	형식적인 교육을 받고 있는 아이들에게 많이 볼 수 있다.
자동 작용(아무런 의지 없이 그냥 팔만 움직이는 것)	정신병적인 아이들에게서 볼 수 있다(Despert).

〈그림 49〉 선화만 그린다

5 **필압**(pressure, 에너지, 긴장도, 공격성 및 충동성)

1) 필압

:: 필압

상태	심리적 · 임상적 의미
강한 스트로크	• 충동적, 긴장감과 불안감, 자기주장 강함 • 단호, 야심이나 포부가 강함 • 반사회적 성격 · 기질적 장애, 뇌염 · 간질환자, 정신지체아
약한 스트로크	• 억제적, 억압적(Alschuler & Hattwick, 1947) • 부적응 · 부적절, 자신 없고 우유부단, 두려움과 불안정감, 신경증 · 우울증 의지 상실 • 공포 · 두려움과 관련된 신경증, 만성 정신분열증, 긴장성 정신분열증 환자
짧은 선의 스트로크	신경질, 모호한 훈육 태도, 자기주장, 어머니의 엄격함을 나타낸다.
필압이 변한다(다양)	융통성과 적응 능력을 반영

2) 운필법(strokes, 볼프)

:: 운필법

상태	심리적 · 임상적 의미	상태	심리적 · 임상적 의미
강한 압력	정력	돌발적인 선	충동
약한 압력	취약함	너절하고 단조로운 선	수동, 명확하지 못한 성격
직선	신속, 결단	방향이 잡히지 않은 선	충동
자국이 끊어진 선	우유부단	둥그런 곡선	리듬, 가벼운 기분
가늘고 좁은 느낌을 주는 선	억제	크고 폭이 넓은 곡선	확대성, 고양성
정돈된 선	리듬	좁은 선(가는 선)	속박성

〈그림 50〉 돌발적인 곡선

〈그림 51〉 둥그런 곡선

3) 형태의 성격(character of form, 불프)

:: 형태의 성격

상태	심리적 · 임상적 의미
유아기의 그림인데, 형이 나타나고 있다.	고도의 발육
상투적인 틀에 박힌 형이 아닌 고안된 형[72]	창의성이 풍부하다.
형의 일치성	결의, 결단

〈그림 52〉 형의 일치성

---

72) 우연히 그려진 것도 아니고, 모사도 아니다.

상태	심리적 · 임상적 의미
형의 원리가 결여되어 있는 것	관찰력이나 상상력이 결여되어 있는 것
초기 유아기로써 좋은 배치	창작적 재능
후기 유아기로써 나쁜 배치	율동적인 면의 장애
형의 구별이 서 있다.	정리 능력
형의 구별이 지워지지 않는다.	질서나 청결 상태가 없는 것
큰 형태를 좋아하는 것	발전, 증대의 방향
작은 형태를 좋아하는 것	의기소침, 퇴행의 경향
크기에 두드러진 대조	갈등
선에 의한 형태의 관련	관계를 보는 능력
매우 작은 재료의 선택	통합적인 능력
형의 자유로운 운용	목적에 자유롭게 접근한다.
정밀성	현실을 관찰하는 능력
공상이 풍부한 형태	사사로운 세계의 우세
둘러싼 선	구별
선과 선이 각에서 반드시 연결되지 않는다.	끊고 맺는 결의 부족

〈그림 53〉 정밀성

4) 운필의 질(quality of stroke, 불프)

:: 운필의 질

상태	심리적 · 임상적 의미
약하고 흐릿한 선	막연한 것, 활동 없는(저항이 없는)
그늘지게 한 것	촉지(觸知)한 감수성(감도)
모호하게 표시한 것	명확성이 없는, 질서가 없는
모호하고 거북한 모습	억제, 공포
불안정한 선	안정감이 없는
중단	고집, 거절증[73], 부정주의
매우 윤곽이 분명한 선	결정적인 성격, 명확성
대칭을 좋아한다.	결정적인 성격, 명확성
작은 선을 사용하여 제한을 둔다.	몽상적인 공허성
충동적으로 만들어진 큰 선	활동

5) 운필의 방향(direction of stroke, 불프)

:: 운필의 방향

상태	심리적 · 임상적 의미
분명히 결정된 방향	안전을 결정하는 결단력
정해지지 않는 방향	결단력의 부족, 안정이 없다.
중단된 방향	주의 깊은 것, 계획성, 숙고하는 것
방향도 없고, 중단도 없는 것	막연한, 안정성이 없다. 통제력이 결여
각이 있는 선을 좋아하는 것	건강, 반사 작용(반성), 비난, 의혹, 구속
원형의 움직임이 있는 것	균형, 기분 전환, 도피
수평적 움직임을 좋아한다.	정, 취약함, 여성, 부드럽고 약한 경향
수직선을 좋아하는 것	동, 힘찬 것, 남성, 강력한 경향
위쪽에서 아래쪽으로	내향성, 걱정, 자기 생각에 잠기는 것, 몽상

---

73) 거절증(negativism)이란 정신분열증 환자에게 명령을 해도 실행하지 않고 저항하며, 음식을 안 먹고, 배뇨 따위를 거부하는 증상이다. 반대의 태도나 몸짓을 하는 병의 행동이다.

아래쪽에서 위쪽으로	외향, 지배, 침략, 호기심
오른쪽에서 왼쪽으로	내향성, 자기중심의 판단, 고집, 낙담(의기소침)
왼쪽에서 오른쪽으로	외향성, 지도자의 소질, 지지해 줄 것을 요구

6) 부분의 사용 방법(use method of part)

:: 부분의 사용 방법

상태	심리적·임상적 의미
부분적인 형태가 정확치 않다.	자기 통제력이 약하다.
세부가 난잡하다.	정신병자에게 나타난다(Anastasi).
틀에 박힌 그림	• 창조성이 부족하다. • 부모에게서 형식적이고 틀에 박힌 지도를 받고 있다. 정신병자에게 나타난다(Anastasi).
작은 부분이 많다.	소유욕을 표시한다. 정신병자에게 나타난다(Anastasi).
같은 것을 많이 그린다.	• 새로운 사태에 대한 처리 방법을 모르고 있다. • 때로는 도피 반응을 보이기도 하고, 환경에 대한 적응이 곤란하다. 관심이나 감정의 폭이 좁다. 자기만의 세계에 갇혀 있다.
언제나 똑같은 것만 그린다.	상상력이 부족하기 때문에 감정이 고정되어 있다.
한 가지 내용이 큰 부분을 차지하고 있다.	그 대상물에 대한 관심이 많다.
여기저기에 구멍을 만든다.	벗어나고 싶은 감정, 혼자 있고 싶은 욕망을 표현한다.
고집스럽게 정성들인 세부적인 표현	정신병자에게 나타난다.(Anastasi)
꼼꼼한 정밀성	정신병자에게 나타난다.(Anastasi)

〈그림 54〉 형태가 정확치 않다

7) 형태의 제시(presentation. of form, 불프)

:: 형태의 제시

상태	심리적·임상적 의미
(사실적인 형)사실적인 표현 방법	회귀성 기질[74]이 많은 것
정확성	관찰력이 날카롭다.
윤곽 그리기를 좋아하는 것	시각형

〈그림 55〉 윤곽 그리기를 좋아한다

상태	심리적·임상적 의미
곡선을 좋아하는 것	청각형
대칭을 좋아하는 것	감정형
안심할 수 있는 것	운동형
넓은 압력	침략적 성질
움직임이 두드러진 변화	조울적인 기분[75]
추악한 기분	추악한 심리 상태
상세한 부분을 강조하는 것	통합 능력의 결여
(추상의 형)추상적인 표현 방법	상당한 분열 기질[76]
정확성의 결여	매우 몽상
극히 상세한 부분을 좋아하는 것	자의식
각을 좋아하는 것	긴장된 사사로운 세계

---

74) 회귀성 기질(cyclothymia)을 조울질이라고 한다. 이 병은 기분이 상쾌한 경우와 우울한 경우가 자주 교차하는 기질을 말한다.

〈그림 56〉 각을 좋아한다

상태	심리적 · 임상적 의미
명암을 좋아하는 것	감촉의 형태, 몽상
안정감이 없는 움직임	안정이 없는, 마음이 변하기 쉬운
날카로운 움직임	새디즘의 경향[77]
움직임의 원형화	멋이 없다.
높은 정확도	순종, 복종
괴기한 모습	자연적 반응이나 방해
형태의 분리	안정이 없고, 의미가 없다

8) 부분의 상호 관계(reciprocity of part)

∷ 부분 상호의 관계

상태	심리적 · 임상적 의미
관련성이 적다.	내적 통제가 충분하지 않다.
부분이 거꾸로 그려졌다.	내적 통제가 충분하지 않다.
일부는 상세하게, 일부는 조잡하게 그린다.	대상물에 대한 혐오 정도를 표시한다.

---

75) 조울적인 기분은 회귀성 기질과 같은 기분이다.

76) 분열기질(schizothymia)이란 사교적인 성향이 없는 내향적이고 소극적인 기질을 말한다.

77) 새디즘(sadism)이란 상대방에게 고통을 줌으로써 성적 만족을 느끼는 이상한 성욕이나 대체로 잔혹한 경향을 말한다.

9) 화면 전체와 조화(harmony and picture whole)

:: 화면 전체와 조화

상태	심리적 · 임상적 의미
화면 전체에 일부분만 크게 그린다.	자기 과시욕이 강하다.
화면의 한쪽 구석에 그린다.	• 열등감, 내향성이 강하며, 자발성이 약하다. • 가족 식구들에게 억압당하고 있으며, 환경에 대한 인식이 잘 안 된다.

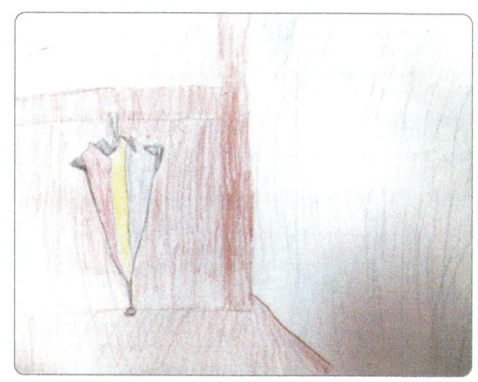

〈그림 57〉 일부분만 크게 그린다

6 **위치**(position)

1) 위치

:: 위치

상태	심리적 · 임상적 의미
가운데	안정감
지나치게 가운데	불안정감, 인지적 · 정서적 경직된 특성(rigidity), 완고하고 융통성 없는
오른쪽	• 안정, 행동 통제를 잘한다. • 지적인 만족감 선호(Buck, 1950) • 인지적으로 감정을 통제나 억제적 경향(Koch, 1952) • 내향성, 권위적 대상에 반항적 경향(Wolff, 1946)
오른쪽 위	불쾌한 과거 기억의 억압, 미래 지향적인 환상
오른쪽 아래	미래에 관련된 무망감
왼쪽	충동적 행동, 욕구와 충동의 즉각적인 만족 추구, 변화에 대한 욕구, 외향성
왼쪽 아래	과거에 관련된 우울감
왼쪽 상단(정신분열성 구석 schizoid corner)	• 퇴행적인 공상(regressive fantasy) – 정신분열 · 자폐 • 퇴행적 경향, 불안정감, 위축감, 불안감
위쪽	욕구나 포부가 높고, 어려운 목표 설정에 갈등과 스트레스, 공상 속에 만족감, 대인 관계 · 사회적 상황 무관심과 고립(Machover, 1949)
아래쪽	내면의 불안정감, 우울증 상태, 현실적인 경향
구석	위축감, 두려움, 자신 없음
밑바닥, 가장자리	• 불안정감, 자신감 없음, 의존적인 경향, 독립적인 행동 두려움(Hammer, 1971) • 새로운 경험 회피 · 환상의 경향(Jolles, 1964)

2) 크기(size)

:: 크기

상태	심리적 · 임상적 의미
크게 혹은 작게	자기 존중, 자아 팽창 여부, 자기에 대한 과대평가, 공격성, 충동적인 성향, 행동화(acting out) 가능성
보통(2/3)	적절한 수준, 자신감과 과시성(코훗 Kohut, H)
크다.	• 공격성, 충동 조절의 문제, 행동화(acting out) 가능성, 열등감에 의한 과잉 보상 • 아동 : 과 활동성, 공격성, 인지적 미성숙 • 청소년 : 내면의 열등감, 부적절감에 대한 과잉 보상 욕구, 충동성, 행동화 경향 • 성인 : 조증 상태 • 종이를 벗어난 크기 : 환경에 대한 압박감, 좌절과 실망감을 보상하려는 욕구
작다.	• 열등감, 수줍음, 사회적 불안감, 압박감, 자아 구조 · 자아 강도가 낮다. • 종이 위쪽의 작은 그림 : 자기 자신에 대한 통찰 부족, 자신감과 자존심이 낮다. 자신의 상황에 안맞은 낙천적

3) 대소(great and small sizes)

:: 대소

상태	심리적 · 임상적 의미
크다(2/3 이상)	• 자아가 강하고, 확대, 공격적인 감정을 나타낸다. • 자아상일 때에는 보상적 공상을 뜻하며, 부모상이면 강대(强大)나 유력(有力), 위협적이거나 징벌을 뜻한다(오오도모 大伴茂).
작다(1/2 이하)	자아가 약하고, 열등감을 품고 환경에 대한 응답이다(오오도모 大伴茂).
자신과 같은 성이 균형에 맞지 않게 크다.	• 자기의 과시, 때로는 편집적이다. • 부모상이면 자기와 같은 성의 부모가 가정에서 강하다(오오도모 大伴茂).
자기와 같은 성이 균형에 맞지 않게 작다.	• 자아가 약하고, 자각, 때로는 편집적이다. • 부모상이면 자기와 같은 성의 부모가 가정에서 약하다(오오도모 大伴茂).

4) 모습(features)

:: 모습

상태	심리적 · 임상적 의미
행동이 수반되고 있다 (달리고 있다).	신체 활동에 강한 충동, 도피의 욕구이다(오오도모 大伴茂).
행동이 수반되고 있다(걷고 있다).	위험한 상태에 빠지기 쉽다(오오도모 大伴茂).
앉아 있다. 기대고 있다.	의존성이 약하고, 욕망의 결여, 피로를 나타낸다(오오도모 大伴茂).
몸이 기울고 있다.	불안정, 불만(오오도모 大伴茂)
선이 딱딱하다.	뿌리가 깊은 곤란, 자아가 강하다(오오도모 大伴茂).
선이 부드럽다.	자아가 약하다(오오도모 大伴茂).
선이 기계적이다(전부 선화, 기하학의 도형).	운동의 의미가 결여됨, 정신적 방해(오오도모 大伴茂)
선이 가늘다.	신경질, 열등감, 자폐증(自閉症)(오오도모 大伴茂)
선이 거칠다.	정신 불안, 자아가 강하다(오오도모 大伴茂).
부위 생략(머리, 몸체, 팔, 다리, 4가지 생략)	생략된 부위에 관계있는 갈등, 자기의 불구나 결함에 대해 초조함을 나타낸다(오오도모 大伴茂).

5) 세부 묘사(detailing, 그 부분과 직접적인 내적인 갈등)

:: 세부 묘사

상태	심리적 · 임상적 의미
세밀한 묘사 부적절	내적인 불안감, 위축감
세밀한 묘사 생략	사회적인 위축감, 공허감, 에너지 저하와 같은 우울증. 심하면 정신 병리적 상태
과도한 세밀한 묘사	강박증에서 초기 정신 분열증으로 이행

6) 지우기(eraser, 내적 갈등)

:: 지우기

상태	심리적 · 임상적 의미
여러 번 지우기	내적 불확실감 · 갈등으로 우유부단함, 내면의 불안감 · 초조감, 자기 불만족
지우고 향상	적응 상태
지우고 향상 안됨	강한 내적 불안감(정서적 갈등)

7) 대칭(symmetry)

:: 대칭

상태	심리적 · 임상적 의미
대칭 안됨	정신병적 상태, 뇌기능 장애, 정신지체아
대칭 강조	• 과도한 경직성 · 융통성 부족, 지나친 억압, 강박적인 감정 • 강박증 환자, 편집증, 우울증

8) 왜곡 및 생략(distortion or omission)

:: 왜곡 및 생략

상태	심리적 · 임상적 의미
왜곡 및 생략	내적인 갈등, 불안 시사
극단적으로 왜곡	현실 검증력의 장애, 정신증 환자, 뇌 손상 환자, 심한 정신 지체자

9) 투명성(transparency)

:: 투명성

상태	심리적 · 임상적 의미
내장 · 유방	판단력 결함, 현실 검증력 문제, 정신증적 상태, 성적인 갈등, 유아, 정신지체아

10) 움직임(moving)

:: 움직임

상태	심리적 · 임상적 의미
적당한 움직임	유능성 반영
지나친 움직임	ADHD · 경계선 장애 아동

〈그림 58〉 지나친 움직임

11) 화지를 돌리는 경우(rotating case the drawing paper)

:: 화지를 돌리는 경우

상태	심리적 · 임상적 의미
이리저리 돌리는 경우	• 반항성 · 부정적, 내적인 부적절감 • 지적 능력이 떨어짐(박현일)
같은 방향	보속성(perseveration), 시각 · 운동 협응력 어려움

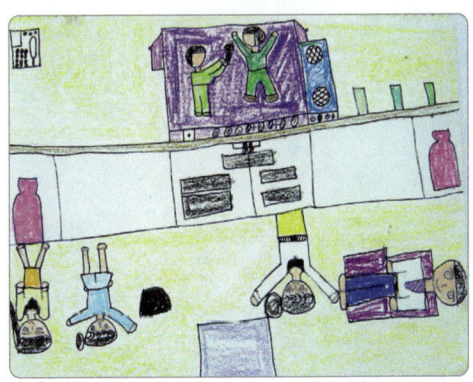

〈그림 59〉 이리저리 돌리는 경우

미술치료에 나타난 **형태 심리** ─○

집

House

Chapter 09

집
House

1 집(house)

1) 집 자체(house itself)

집 자체

상태	심리적 · 임상적 의미
자화상	본인의 정신적 · 성적 성숙과 적응 면(Buck)
	접근 가능성(Buck)
	현실과의 접촉면(Buck)
	대인과의 조화면(Buck)
	개성(personality)의 엄격함의 정도(Buck)

2) 집 윤곽선(hous out-line)

집 윤곽선

상태	심리적 · 임상적 의미
강조	자아 조절이 어려움(Buck)
창, 문, 굴뚝, 지붕이 모두 있으나 연관성이 없다.	개성(personality)의 무질서, 혼란(Buck)
집이 서 있는 밑변의 선을 강조	불안정함(Buck)

〈그림 01〉 강조

〈그림 02〉 강조

〈그림 03〉 밑선 강조

〈그림 04〉 밑선 강조

3) 집 전체적인 면(whole of house)

집 전체적인 면

상태	심리적 · 임상적 의미
너무 높은 집	가정 내의 불안감(우찌와다 扇田)
너무 큰 집	가정에서 자기를 나타내고 싶은 욕구(우찌와다 扇田)
멀리 있는 집	타인에 대한 반감의 기분(우찌와다 扇田)
가까이 있는 집	가족의 기분을 받아들이는 태도(우찌와다 扇田)

〈그림 05〉 너무 높은 집

〈그림 06〉 너무 큰 집

〈그림 07〉 멀리 있는 집

〈그림 08〉 가까이 있는 집

상태	심리적 · 임상적 의미
화면 위에 있는 집	현실에서 도피(우찌와다 扇田)
화면 양쪽에 몰린 집	자기 통제력이 약하다(우찌와다 扇田).
심부(深部)가 투시된 집	가족 간의 거리감(우찌와다 扇田)
길고 얇은 집	감정 장해의 징후(Kerr)
표준 이하 집	신경증 환자(Anastasi, Foley)

〈그림 09〉 화면 양쪽에 있는 집

〈그림 10〉 길고 얇은 집

〈그림 11〉 길고 얇은 집

2 문(doors, 접근 가능성)

1) 문

:: 문

상태	심리적·임상적 의미
문의 손잡이 없음	세상으로 나가는 것을 불안, 저항감, 자기의 세계에 고립
지나치게 큰 문	사회적·타인의 인정에 지나치게 의존,

〈그림 12〉 손잡이 없음　　　　　　　　〈그림 13〉 손잡이 없음

〈그림 14〉 지나치게 큰 문

상태	심리적 · 임상적 의미
작은 문	타인과 관계 욕구 · 거부감, 두려움, 불편감, 양가감정
세부적인 문	타인 · 세상의 접근 과도한 집착, 대인 관계 · 애정 · 인정 과도한 욕구, 대인 관계의 보상적 과시
하나의 문	세상의 접근 불편감
양쪽으로 여는 문	과잉 보상
문을 하나 더 그린다.	다른 길 모색
대문은 쪽문	양가감정
숨겨진 문	신중함, 사람을 믿지 못해서 시험하는 경향
문을 가렸다.	타인의 접근성에 대해 부정적 또는 양가감정
마지막에 문을 그렸다.	대인 관계에 다소 꺼리거나 불편해 함

〈그림 15〉 작은 문

〈그림 16〉 작은 문

〈그림 17〉 하나의 문

〈그림 18〉 양쪽으로 여는 문

상태	심리적 · 임상적 의미
너무 작은 문	과묵, 우유부단한 감정(Buck · 우찌와다 扇田)
문이 열려 있고 가운데 사람이 있다.	가정에 희망이 있다.
문이 열려 있고 가운데 사람이 없다.	자기 방어의 결핍
투사적 인간의 그림	가정에서 인정받고 싶은 욕구(Buck · 우찌와다 扇田)
큰문	의뢰심이 강함(Buck · 우찌와다 扇田)

〈그림 19〉 너무 작은 문

〈그림 20〉 투사적 인간의 그림

〈그림 21〉 큰문

2) 창문(windoes, 대인 관계의 주관적인 경험)

:: 창문

상태	심리적 · 임상적 의미
창문이 없는 경우	대인 관계에 불편 · 위축
창문이 많다.	과도한 자신의 개방, 타인과 관계의 욕구, 타인에게 인정 · 보여주고 싶은 욕구
창문이 지붕에 있다.	자신의 모습 감추기, 내적 고립감 · 위축감
창문의 부적절한 배열	시공간의 능력 부족, 초기 정신 분열증 환자
가리지 않은 창문(커튼)	환경에 능동적 관여
가려진 창문	대인 관계에서 방어적인 태도 · 감정
창문에 2개 이상의 창살	자신의 가정에 안정을 바람, 가정이 감옥처럼 답답함

〈그림 22〉 창문이 없는 경우

〈그림 23〉 창문이 많다

〈그림 24〉 2개 이상의 창살

〈그림 25〉 2개 이상의 창살

상태	심리적 · 임상적 의미
지나친 강조	고착 관념(우찌와다 扇田, Buck)
삼각형 창	여성 상징(우찌와다 扇田)
문빗장 같은 창유리	가정에 대한 불만(Buck)
창이 너무 적다.	본인이 갇혔다고 느낌(우찌와다 扇田)
창이 가늘고 많다.	가정의 조절이 불안하다.(우찌와다 扇田)
보통 정도의 수	노출하고 싶은 경향(Buck)
유리창 없다.	적개심, 구강적 또는 항문적 성욕의 표시(Buck)

3 벽(wall, 자아 강도와 자아 통제력)

1) 벽

:: 벽

상태	심리적 · 임상적 의미
견고한 벽	자아 강도 강함, 자아 통제 과도한 욕구
허술한 벽	자아 강도 약화, 자아 통제력 취약
벽이 없음	심한 현실 왜곡, 자아 붕괴, 자아 통제력 와해, 현실 검증력 손상, 정신 분열병 환자
선이 벽과 연결 안됨	자아 통제력 약화, 자아 고갈
하나 벽(2차원)	자신에 대한 표현, 남에게 보여 지는 자신의 부분을 통제, 피상적인 부분만 드러냄
2차원의 옆쪽 벽	신경학적 손상, 사고 장애, 현실 검증력 장애
휘어진 벽의 선	자기 통제력 약화, 현실 검증력 불안정
투명성	자아 통제력 상실, 현실 검증력 장애, 5살 이하 아동은 정상
자세한 벽, 벽돌	사소한 것에 집착, 자기 통제력을 유지하는 강박, 완벽주의의 성격, 자폐 아동

〈그림 26〉 견고한 벽

〈그림 27〉 허술한 벽

4 **굴뚝**(chimney, 가족 관계와 분위기, 가족 간의 애정과 교류)

1) 굴뚝

:: 굴뚝

상태	심리적 · 임상적 의미
굴뚝	남성을 상징(Buck)
굴뚝 강조	나타내고 싶은 욕구, 독립심 욕구가 강하다(우찌와다 扇田).
너무 높은 굴뚝	불안정한 표시(우찌와다 扇田)
굴뚝 일부가 없음	가정 내의 따뜻한 맛이 없다(우찌와다 扇田).
오른편에서 왼편으로 기울어짐	현실에 부적응(우찌와다 扇田)
선이 너무 굵다.	내적 긴장(우찌와다 扇田)
선이 너무 가늘다.	애정 결핍, 마음이 쓸쓸하다(우찌와다 扇田).
연기 강조	따뜻한 가정의 환경을 원한다(Buck).
그렸다 지움	성적 갈등(Buck)
굴뚝이 없음	가정환경의 따뜻한 맛이 두드러지게 결핍(Buck)
굴뚝의 연기	가정 내 불화, 가족 내의 긴장감
굴뚝의 진한 연기	애정에 대한 과도한 욕구와 관심, 남성성 · 권력에 대한 관심
굴뚝의 벽돌 무늬(세밀)	애정 교환의 강박적

〈그림 28〉 굴뚝

〈그림 29〉 굴뚝 강조

〈그림 30〉 굴뚝의 연기

5 **지붕**(roofs, 내적인 공상 활동, 자신의 생각·관념·기억의 인지 과정)

1) 지붕

:: 지붕

상태	심리적 · 임상적 의미
지붕이 없음	사고 장애, 현실 검증력 장애, 정신 분열증 환자
지붕을 강조	공상에 몰두
큰 지붕	내적 인지 활동 강조, 자폐적 공상에 몰두
작은 지붕	내적 인지 활동 둔화
정교한 지붕(기와)	강박적 방식
지붕의 문과 창문	자폐적인 공상의 정신 분열증형 성격 장애 환자

〈그림 31〉 지붕이 없음

〈그림 32〉 지붕을 강조

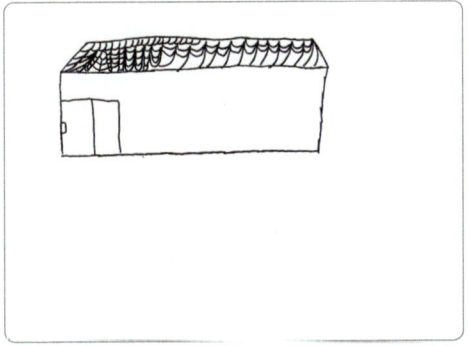

〈그림 33〉 정교한 지붕(기와)

6 계단 및 출입구[stairs or entrance, 근접성(approachability)]

1) 출입구(entrance)

:: **출입구**

상태	심리적 · 임상적 의미
현관으로 향하는 계단, 오솔길 같은 출입구	타인과의 관계를 맺고 있음
계단이나 출입구 없음	사회적 관계의 수동적, 회피적인 태도(외국 경우)
어둡게 그늘짐	유아적 역할로 돌아가고 싶은 욕망을 불러일으키는 불안한 감정(Buck)
현관을 잠근 문빗장	불유쾌했던 과거의 일과 관련된 가정에서 거부적 태도(Buck)

〈그림 34〉 현관으로 향하는 계단

〈그림 35〉 계단이나 출입구 없음

〈그림 36〉 어둡게 그늘짐

〈그림 37〉 어둡게 그늘짐

2) 계단(stairs)

:: 계단

상태	심리적 · 임상적 의미
1차원적 그림	열등감(Buck)

7 집과 지면의 선(house and line of the ground, 사람과 현실의 접촉, 그 접촉의 안정성)

1) 집과 지면의 선

:: 집과 지면의 선

상태	심리적 · 임상적 의미
집과 지면이 맞닿는 선	현실과의 접촉 안정성
집의 지면 선이 없음	정신 분열증 환자

〈그림 38〉 집과 지면이 맞닿는 선

〈그림 39〉 집과 지면이 맞닿는 선

〈그림 40〉 집의 지면 선이 없음

〈그림 41〉 집의 지면 선이 없음

2) 마루(floor)

:: 마루

상태	심리적 · 임상적 의미
든든하지 않다.	정신적으로 불안한 증후(우찌와다 扇田)
선이 무겁다	불안감에서 벗어나 자기 통제가 이루어진다(우찌와다 扇田).

3) 전등(electric light)

:: 전등

상태	심리적 · 임상적 의미
전등 강조	가정애를 구함(우찌와다 扇田)

4) 배경(background)

:: 배경

상태	심리적 · 임상적 의미
산으로는 부적당한 묘지	안정감을 요구 : 어머니의 보호 바람(Buck)
큰 구름	작은 불만(Buck)
불안전, 임시적인 길	접근 곤란(Buck)
집 주변의 나무	부모 형제 상징(거리도 의의가 있음)(Buck)

〈그림 42〉 큰 구름

〈그림 43〉 집 주변의 나무

5) 집의 시점(eye point of house)

:: 집의 시점

상태	심리적 · 임상적 의미
위에서 아래로	가정의 형편이나 상황에 불만감, 벗어나고 싶은 욕구, 사회적 가치 규준에 거부, 또래 집단의 보상적인 우월감의 양가감정
아래서 위로	가족 관계에서 거부당함, 애정 욕구의 좌절감, 월등감, 자기 존중감, 자기 가치감의 결여
멀리서	집에서 멀리 떨어지고자 하는 소망, 가족에 대한 무력감

〈그림 44〉 위에서 아래로

〈그림 45〉 아래서 위로

6) 기타 사물(others objects)

:: 기타 사물

상태	심리적 · 임상적 의미
태양	• 성인 : 강력한 부모와 같은 대상 갈망 • 아동 : 미성숙
강조한 태양	강한 애정 욕구 및 이것에 대한 좌절감
잔디나 나무	• 적당한 정도 : 내적 생동감 • 큰 나무 : 자기를 지배한 강력한 힘의 경험

미술치료에 나타난

형태 심리

미술치료에 나타난 **형태 심리** ─○

Chapter

나무
Tree

10

나무
Tree

1 나무 기둥(tree pillar, 내면화 된 자기의 힘)

1) 나무(trees)

:: 나무

상태	심리적 · 임상적 의미
나무 자체	일반적으로 환경에서 얻은 경험과 관련이 있다(Buck).
본인 자신을 묘사	• 일반적으로 자신의 심리적 잠재의식을 표현한다(Buck). • 정신적 · 성적 수준과 성숙도(Buck) • 현실과의 접촉 면, 대인 관계면(Buck)
나무 기둥	내적 자아의 느낌, 성격 구조
기둥의 윤곽선 강한 필압	성격 구조에 지나친 방어적 경향
기둥의 윤곽선 연한 필압	정체성 상실, 자아 붕괴의 긴박감, 강한 불안감

〈그림 01〉 나무

〈그림 02〉 나무 기둥

<그림 03> 윤곽선 강한 필압

<그림 04> 윤곽선 연한 필압

상태	심리적·임상적 의미
안 그렸음	자아 강도가 악화, 와해(정신증적 상태), 지나친 억제·회피성·수동성
넓고 크다.	성격 구조나 자아 약하여 불안감을 과잉 보상
좁고 약하게	자신의 위축, 무력
기울어지거나 휘어짐	내적 자아가 외적 요인에 손상 또는 압박
위쪽이 땅으로 휘어짐	우울감
위쪽이 2등분	혼란감, 자기 분열감, 분열된 나무(split tree), 정신 분열증 환자

<그림 05> 넓고 크다

<그림 06> 넓고 크다

〈그림 07〉 좁고 약하게

〈그림 08〉 좁고 약하게

상태	심리적 · 임상적 의미
그루터기(밑 둥)	심한 유약감, 위축감 · 우울감
옹이구멍	성장과정에서 경험한 외상적 사건, 자아의 상처
옹이구멍(통과)	상당한 자아 손상과 상처
옹이구멍(높이)	외상 경험의 때
옹이구멍(동물)	안전한 장소, 그 동물과 동일시, 자궁으로 회귀(return to uterus)

〈그림 09〉 옹이

〈그림 10〉 옹이

〈그림 11〉 옹이구멍(높이)

〈그림 12〉 옹이구멍(높이)

상태	심리적 · 임상적 의미
기둥 · 가지(1차원)	지능이 낮고, 기질적 손상
지면에 비해 너무 작다.	불충분하다는 느낌이 강하다(Buck).
지면에 비해 너무 크다.	환경에 대한 복잡한 긴장감의 느낌(Buck)
좌우로 기울어졌다.	개성(personality)의 불균형, 특히 충동적 행동에 빠지기 쉽고, 감정의 안정 결핍(우찌와다 扇田)
불균형	자기의 생각이 불분명(우찌와다 扇田)

〈그림 13〉 기둥, 가지

〈그림 14〉 기둥, 가지

〈그림 15〉 지면에 비해 너무 작다

〈그림 16〉 지면에 비해 너무 작다

〈그림 17〉 지면에 비해 너무 크다

〈그림 18〉 지면에 비해 너무 크다

상태	심리적 · 임상적 의미
나무가 많을 때	소유욕이 강한 어린이에게 많이 나타난다.(우찌와다 扇田)
나무 그림자를 강조	불안정한 기분 표시(우찌와다 扇田)
고목	자기 통제력이 약하고 불안정함, 마음의 쓸쓸함을 표시(우찌와다 扇田)
소나무	기다림(아사리 淺利)

〈그림 19〉 나무가 많을 때

〈그림 20〉 나무가 많을 때

2 뿌리(roots, 근본적인 모습)

1) 뿌리

∷ 뿌리

상태	심리적·임상적 의미
뿌리	• 기본적인 만족의 근원을 표현(Buck) • 개성 내의 안정된 힘의 표현(Buck) • 좀 더 깊은 기본적인 욕구의 표현(Buck)
뿌리가 없음	불안정감, 자신 없음
뿌리가 없고 땅만 그린다.	어느 정도 안정감 있음

〈그림 21〉 뿌리

〈그림 22〉 뿌리

상태	심리적·임상적 의미
나무 기둥을 종이 밑까지 그린다.	외적인 안정감을 얻고자 하는 욕구, 미숙·퇴행·의존적인 경향
뿌리 강조	불안정한 자신에 대해 보상 요구
뿌리를 뾰쪽뾰쪽하게	자아 붕괴에 의한 공포감과 두려움, 초기 정신증적 상태
투명성	현실 검증력 상실, 5살 이하는 정상
1차원적 그림	현실에 대한 병적 거부(Buck)
줄기에 비해 작다.	미래에 대한 근본적인 불안정(Buck)
뿌리에 강조	현실적인 지배의 욕구가 강하다.(Buck)

〈그림 23〉 나무 기둥을 종이 밑까지 그린다   〈그림 24〉 나무 기둥을 종이 밑까지 그린다

3 **가지**(eggplants, 현 상황에 대처하는 능력, 소망, 노력하는 태도)

1) 가지

:: 가지

상태	심리적 · 임상적 의미
나무 가지 없음	상호작용에 매우 억제, 사회적으로 위축감과 우울감
나무 가지 너무 크다.	성취 동기나 포부가 매우 높다. 환경에 대해 자신이 없지만 과잉 보상 · 과잉 활동

〈그림 25〉 나무 가지 없음

〈그림 26〉 나무 가지 없음

상태	심리적 · 임상적 의미
나무 가지 너무 작다.	상황에 대한 수동적, 환경에 대한 태도 억제
나무가 너무 퍼지다.	환경의 만족을 두려워 공상 속에서 찾고자 한다. 공상 속에 소망 몰입
가지만 길쭉길쭉하게	정신 분열증 성격
지나치게 뾰쪽뾰쪽	지나치게 내향적, 사회적 위축
나무 가지(1차원)	기질적 손상, 정신 지체, 정신병적 상태
나무 가지 끝 날카로움	내면의 적대감 · 공격성
나무가 매우 크고 진함	내면의 공격성 행동화(acting out), 바깥쪽 여백은 분노의 억제 노력, 내면의 긴장감 암시
나무 가지가 늘어졌다.	우울감, 무기력감, 타인과 상호작용의 좌절로 인한 정서적 어려움

〈그림 27〉 나무 가지 너무 크다

〈그림 28〉 나무 가지 너무 작다

〈그림 29〉 지나치게 뾰쪽뾰족

상태	심리적·임상적 의미
잎·열매를 자세하고 반복적으로	강박적 보상 행동을 위해 불안감 상쇄, 숨겨진 강한 의존 욕구, 지나친 내면의 과시(나는 두렵지 않다.)
나무 가지 대칭	상호작용에 대한 두려움·불확실감·양가감정이 있지만, 균형을 유지하고자 애씀, 융통성 부족, 경직, 스스로 한 치의 실수 용납 못함
나무 가지(여러 가지)	• 상호작용의 불안 보상, 여러 가지를 그리면서 든든함 • 과일 : 상징적으로 사랑과 관심을 받거나 주고 싶을 때

〈그림 30〉 잎·열매를 자세하고 반복적으로   〈그림 31〉 잎·열매를 자세하고 반복적으로

상태	심리적·임상적 의미
줄기보다 굵을 때	내면적 불안을 감추고 있다(우찌와다 扇田).
너무 가는 가지	환경과의 조화가 불충분하다(우찌와다 扇田).
가지가 적을 때	욕구를 건전하게 발달시킬 힘이 약간 모자란다(우찌와다 扇田).
줄기에 비해 가지가 너무 크다.	온건한 노력(Buck)
밑 부분을 강조	기본적인 만족을 요구(Buck)
1차원적 그림	가정 내의 만족 결핍(Buck)

〈그림 32〉 너무 가는 가지   〈그림 33〉 너무 가는 가지

2) 열매(fruits)

:: 열매

상태	심리적 · 임상적 의미
열매가 많을 때	여러 색으로 장식된 것은 엄격한 집의 예의범절, 틀에 꼭 맞게 행동하는 어린이에게 나타난다(우찌와다 扇田).

〈그림 34〉 열매가 많을 때

〈그림 35〉 열매가 많을 때

3) 줄기(trunks)

:: 줄기

상태	심리적 · 임상적 의미
너무 굵은 줄기	표면적으로 자신이 있는 것 같으나 불안하고, 자지 주장이 강하거나 또는 열등감을 숨기고 자기를 과시할 때 나타난다(우찌와다 扇田).
밑으로 갈수록 가늘어진다.	애정의 결핍(우찌와다 扇田)
밑변 선이 없다.	성격 발달에 필요한 요소들이 적다(우찌와다 扇田). 현실에서 도피(Buck)

〈그림 36〉 너무 굵은 줄기

4) 잎(leaves)

∷ 잎

상태	심리적 · 임상적 의미
잎의 난잡	협력의 결핍(우찌와다 扇田)
적은 잎이 짧고 강한 그림	승인 받고 싶은 욕구가 강하다(우찌와다 扇田).
잎의 흔적(줄기 위의 두 잎)	자기주장을 하고 싶은 기분의 표시이다(우찌와다 扇田).

〈그림 37〉 잎의 난잡

4 나무 그림의 주제(theme of picture tree, 개인이 경험하는 갈등과 정서적 어려움)

1) 나무의 그림(picture of tree)

:: 나무의 그림

상태	심리적 · 임상적 의미
나무에 개가 오줌 싼다.	가치감과 자기 존중감 결여, 정서적 어려움 반영
나무를 베는 남자	나무를 베는 남자는 아버지 상(father image) 투사, 아버지와 관계 단절감, 거세 불안, 억압된 분노, 손상된 감정
버드나무	우울함
사과나무	열매가 많이 달렸다 – 강한 성취 욕구와 포부. 과일은 나, 나무는 어머니를 투사 • 7살 이하의 아동 : 정상적. • 청소년, 성인 : 애정 · 의존 욕구가 매우 높고, 사랑에 목말라 있는 상태
죽은 나무	나는 죽은 것과 나름 없음. 부적응 양상 혹은 정신 병리적 특성, 정신 분열증 환자, 우울증 이유 ┌ 외적(공기 요염) : 외부의 환경 요인이나 스트레스 └ 내적(안에서 썩었다) : 성격 구조적 취약성
나무가 열쇠구멍 모양	저항적이고, 부정적인 태도, 때때로 우울하고, 위축된 아동
나무 대신 다른 것	정신증적 상태, 현실 검증력 손상, 감정의 경험이 부적절, 정신 분열증 환자
나무의 나이	심리적, 정서적, 성격의 성숙 지표, • 자신보다 어린 나무 : 미성숙 상태 • 자시보다 더 많은 나무 : 미성숙 상태를 부인, 과시적인 태도
나무 전체	나무 전체 – 내적인 균형감

〈그림 38〉 사과나무

미술치료에 나타난
형태 심리

미술치료에 나타난 **형태 심리** ─○

사람
Person

사람
Person

1 인물(person)

1) 인물 자체(person oneself)

:: 인물 자체

상태	심리적·임상적 의미
자화상	현재의 자신(Buck)
	그가 느끼는 자기 자신(Buck)
	그가 바라는 인물(Buck)
	성적 역할에 대한 그의 개념(Buck)
주위의 관계	일반적인 대인 관계에 대한 그의 태도(Buck)
	특별한 대인 관계에 대한 본인의 태도(Buck)
	어떤 특별한 공포나 강박 관념의 표현(Buck)
	본인이 가장 좋아하는 주변 인물을 묘사(Buck)
	본인이 가장 싫어하는 주변 인물을 묘사(Buck)
	본인이 내향적 감정을 가지고 대하는 인물 묘사(Buck)

〈그림 01〉 느끼는 자기 자신

〈그림 02〉 성적 역할의 표현

〈그림 03〉 강박 관념의 표현   〈그림 04〉 가장 좋아하는 인물

2) 인물의 자세(posture of person)

:: 인물의 자세

상태	심리적 · 임상적 의미
옆으로 향함	부모의 요구가 높기 때문에 억압을 지니고 있다(우찌와다 扇田). 대인 관계에 장애
이상한 자세	본인이 느끼고 있는 대상 인물의 태도(우찌와다 扇田)
뒤로 보고 있다.	대상 인물과의 문제가 있다.(우찌와다 扇田)
지면에 떠 있다.	우애를 구함(우찌와다 扇田)

〈그림 05〉 뒤로 보고 있다   〈그림 06〉 지면에 떠 있다

3) 인물의 표정(expression of person)

:: 인물의 표정

상태	심리적 · 임상적 의미
좋지 않은 표정	그림의 인물에 대한 감정 표시(Reitman)
빈곤하고 딱딱한 표정	정신 분열증 환자에 많다.(Reitman)
쾌활하고 눈에 띄는 표정	히스테리 환자에 많다.(Bricks)

〈그림 07〉 좋지 않은 표정

〈그림 08〉 쾌활하고 눈에 띄는 표정

4) 인물의 부분(part of person)

:: 인물의 부분

상태	심리적 · 임상적 의미
코, 담배, 넥타이 강조	성적 부적응(Buck)
입, 담배 강조	강한 구공적(口月空的) 충동
손과 발이 작다.	여성적
팔이 너무 길다.	가정교육이 통일되지 못하다.(우찌와다 扇田)
눈의 지나친 강조	자아의식(Buck)
자세하게 그린 얼굴, 옷을 벗고 있다.	경계심(Buck)
머리와 어깨의 강조	성적 갈등과 노출증(Buck)
신체를 세부적으로 생략(혹은 강조)	망상을 표현(우찌와다 扇田)

〈그림 09〉 손과 발이 작다

〈그림 10〉 눈의 지나친 강조

〈그림 11〉 머리와 어깨의 강조

5) 인물의 비율(ratio of person)

:: 인물의 비율

상태	심리적 · 임상적 의미
이상 비율	정신병자(Anastasi, Mosse)
짧은 발	정신박약자(Rouma, Sipoerl)
지나치게 큰 손	수음(Bricks)
상대적으로 인물의 크기와 연령의 부조화	판단력이 약하거나, 그 대상에 대한 호기심과 위압당하고 있는 인물 표시(우찌와다 扇田)

〈그림 12〉 이상 비율

〈그림 13〉 이상 비율

6) 인물의 수(number of person)

:: 인물의 수

상태	심리적 · 임상적 의미
인물의 수가 적을 때	고독감(우찌와다 扇田)
인물이 없다	사회적 관계에 어려움(Bricks, Traube), 비정상자(Bricks)

7) 인물 주위의 관계(relationship of person the circumference)

:: 인물 주위의 관계

상태	심리적 · 임상적 의미
사람사이에 장벽	인간관계가 나쁨(우찌와다 扇田)
특히 강조한 인물	가정이나 그룹의 지배자를 표시(우찌와다 扇田)
구석에 혹은 작게 그린 인물	본인과 심적 거리감이 있다.(우찌와다 扇田)
권위적인 인물이 있다.	친화감(우찌와다 扇田)
양친 혹은 형제와 돌아 서 있다.	권위자에 대한 혐오감(우찌와다 扇田)
배우나 운동선수가 군중과 같이 있다.	주위 집중 욕구, 열등감과 불안정(Bricks)
군중이 없다.	주위 집중 욕구가 약하다.(Bricks)

〈그림 14〉 작게 그린 인물

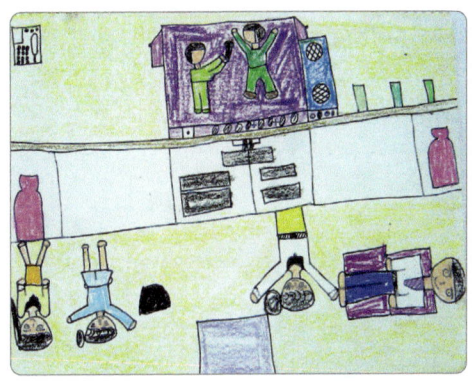

〈그림 15〉 권위적인 인물

8) 인물의 의상(cloths of person)

:: 인물의 의상

상태	심리적 · 임상적 의미
누군가가 화려한 의복을 입고 있다.	차별 받고 있는 의식(우찌와다 扇田)
불필요한 장식 강조	자기애적인 기대(Buck)

〈그림 16〉 화려한 의복을 입고 있다

2 머리(head, 인지적 능력, 지적 능력, 공상 활동)

1) 머리

:: 머리

상태	심리적 · 임상적 의미
머리가 없음	사고 · 신경학적 장애,
머리카락이 모자에 가려짐	지적 능력에 자신 없고, 불안감, 공상 세계에 몰입, 적극적 개입 회피
머리 너무 크다	• 지적 능력에 불안감, 과도한 보상 욕구로 과시적 표출 • 6살 이하는 정상
머리 너무 작다.	지적 능력 · 공상 세계 부적절감, 지적인 표현이 수동적 · 억제적
세모 · 네모 머리	지적 능력 왜곡, 사고 · 신경학적 장애
머리와 몸의 미 연결	지적 능력(사고 · 인지)과 몸이 관련을 맺지 못함, 정신과 신체가 불일치, 사고 · 신경학적 장애

〈그림 17〉 머리 너무 크다

〈그림 18〉 머리와 몸의 미 연결

상태	심리적 · 임상적 의미
매우 크다.(몸체의 1/2 이상)	• 적극성, 무의식적으로 지적인 것을 열망하고, 공상에 만족한다. • 머리가 큰 쪽의 인물이 가정에서 권위가 있다. • 때로는 두통이나 질병, 기타의 내장(內臟)의 징후가 나타난다 (오오도모 大伴茂).

몸의 다른 부분에 비해 이상적으로 큰 머리	• 정신적으로 발달이 늦기 때문에 욕구 불만을 갖으며, 두뇌를 지나치게 과대평가 하는 사람(맥코버 Machover)
	정상적인 지능을 가지고 있어도 학교 공부를 잘 못해서 적응을 못하는 사람(맥코버 Machover)
	몸의 상처 때문에 아직 머리가 아프거나, 자극에 지나치게 예민한 사람(맥코버 Machover)
	자격 또는 도덕적 허영 때문에 머리를 뚜렷하게 그린다(맥코버 Machover).
	• 환상에 사로잡힌 사람이 머리를 크게 그린다. • 그 이유는 사람이 머릿속에 살고 있기 때문이다(맥코버 Machover).
	• 큰 머리는 아이들과 의존적인 사람이 많이 그린다. • 그 이유는 머리가 사회적 의사소통과 의존성의 중추적 기관이기 때문이다(맥코버 Machover).

〈그림 19〉 매우 크다

〈그림 20〉 매우 크다

〈그림 21〉 이상적으로 큰 머리

〈그림 22〉 이상적으로 큰 머리

상태	심리적 · 임상적 의미
작은 머리	강박 신경증, 지적인 무능력, 죄악감이나 고통을 없애려는 상징이다.(오오도모 大伴茂)
뒤로 향한 머리(뒤통수)	분열증의 편집성(오오도모 大伴茂)
머리카락을 주의 깊게 다루었다. (모자를 쓰고, 머리카락을 밖으로 나오게 그린 것도 포함)	자기애적인 동성애(오오도모 大伴茂)
모발이 없는 남자	분열증(오오도모 大伴茂)
머리카락을 흐리게 그린다.	겁쟁이, 공한 성격(오오도모 大伴茂)
머리카락을 위로 세워서 그린다.	자아가 강하고, 자기 중심적(오오도모 大伴茂)
머리카락을 매우 길게 그린다.(머리카락이 많은 것 포함)	성적으로는 양향적(兩向的), 적대적인 공상이 있다.(오오도모 大伴茂)

〈그림 23〉 모발이 없는 남자

〈그림 24〉 머리카락을 위로 세웠다

〈그림 25〉 머리카락을 위로 세웠다

〈그림 26〉 머리카락을 길게 그린다

상태	심리적 · 임상적 의미
머리카락을 까맣게 그린다.	사고 공상에 대한 불안이 있다(오오도모 大伴茂).
머리카락이 얼굴 양쪽으로 느려졌다.	적의(敵意)의 감정에 지배당했다(오오도모 大伴茂).
야단스럽게 그려진 여자상의 머리카락	조숙, 성적 불량화(오오도모 大伴茂)
앞이마나 뒤통수가 툭 튀어나온 것	두뇌의 힘을 중요시하는 사람(맥코버 Machover)
모양이 이상하게 생긴 머리	두뇌가 이상하게 작용하고, 기질상의 이상을 표시하는 경우가 많다(맥코버 Machover).

〈그림 27〉 머리카락을 까맣게 그린다

〈그림 28〉 얼굴 양쪽으로 느려졌다

〈그림 29〉 야단스럽게 그려진 머리카락

2) 머리카락(hairs)

:: 머리카락

상태	심리적 · 임상적 의미
머리카락이 없음	위축감
머리카락이 너무 많고 진함	성격적으로 자신감, 자기주장으로 행동, 공격적 태도. 이런 행동은 외모 · 성적 매력에 대한 불안감을 과잉 보상
머리카락이 너무 적다.	성적인 면이 지나치게 수동적 · 억제적 태도

〈그림 30〉 머리카락이 너무 많고 진함   〈그림 31〉 머리카락이 너무 적다

3) 얼굴(face)

:: 얼굴

상태	심리적 · 임상적 의미
뒤통수(얼굴)	세상과 직면하기 싫음, 외모에 대한 불안감으로 회피 · 억제, 분노감과 거부적
옆얼굴	자신감 부족, 자신의 외모 창피
반 옆얼굴, 반 정면	사고 · 신경학적 장애
수염	쾌락이나 힘, 남성적 면이 부족해서 보상받으려는 노력

〈그림 32〉 수염

3 　눈(eyes, 관계 형성)

1) 눈

:: 눈

상태	심리적 · 임상적 의미
너무 큰 눈	타인과 교류에 지나친 예민함
큰 눈	큰 눈은 세계를 시각적으로 흡수한다(맥코버 Machover).
크다.	큰 것은 공격적, 크고 어둡게 그려진 것은 편집적, 크고 눈동자가 없는 것은 허식에 대한 죄약감(오오도모 大伴茂)
퉁방울 눈	성적 흥분(맥코버 Machover)

〈그림 33〉 너무 큰 눈

〈그림 34〉 너무 큰 눈

〈그림 35〉 큰 눈

〈그림 36〉 큰 눈

상태	심리적 · 임상적 의미
눈을 강조한다.	변질적, 호기심이 많다(오오도모 大伴茂).
너무 눈이 진하다.	불안감과 긴장감, 타인의 의심과 방어적 태도, 편집증 경향

〈그림 37〉 눈을 강조한다

〈그림 38〉 너무 눈이 진하다

상태	심리적 · 임상적 의미
눈동자를 검게 그리거나 또는 세로로 그린다.	공격적, 적대적 자기주장(오오도모 大伴茂)
눈의 윤곽 없이 눈동자를 까맣고, 똑똑하게 그린 것	앞의 경우와 반대적인 사람(이것은 뚫어지도록 조심스럽게 보는 것. 망상적 성격 소유자의 시각 범위에서 볼 수 있다. 여기서는 눈이 방어적 도구이고, 무엇이든지 보여 지는 것은 제한된 의미를 가지고 있다.(맥코버 Machover)

〈그림 39〉 검은 눈동자

상태	심리적 · 임상적 의미
신중하고, 조심스러운 눈	과대망상증, 이미 본 것에 대한 죄악감을 지워 버린다(맥코버 Machover).
너무 작은 눈	사회적 상호작용이 위축, 회피
작은 눈	작은 눈과 같은 눈은 세계를 배척한다(맥코버 Machover).
작은 눈	외부 세계에 주의를 기울이지 않는다(오오도모 大伴茂).
눈의 작은 점 · 가는 선	감정의 교류를 좁힌다(어떤 제약이나 한계를 느끼고 있음).

〈그림 40〉 신중한 눈

〈그림 41〉 작은 눈

〈그림 42〉 눈의 작은 점

상태	심리적 · 임상적 의미
감은 눈	신체의 자기애(오오도모 大件茂)
눈의 윤곽만	내적 공허감, 타인의 감정이나 자신의 감정에 대해 알고 싶거나 보이고 싶지 않다.
눈동자를 생략 또는 결손	무엇인가에 대한 죄악감(오오도모 大件茂)
눈동자의 생략	그가 보는 사물에 기생적(寄生的)으로 매달려 살고 있는 히스테리한 사람(맥코버 Machover)
	자기중심적인 사람(맥코버 Machover)
	눈을 객관적으로 분별하는 일에 쓰지 않는 사람(맥코버 Machover)

〈그림 43〉 감은 눈

〈그림 44〉 감은 눈

〈그림 45〉 감은 눈

〈그림 46〉 눈동자 생략

상태	심리적 · 임상적 의미
눈꺼풀 · 속눈썹	타인과 교류에 과민 · 집착, 정교한 눈꺼풀 · 속눈썹은 강박적 · 히스테리 · 자기애적인 성격
눈 위의 눈썹(코로)	내면의 적대적인 태도, 반원의 아치는 경멸적인 태도, 진하면 공격적인 태도
남자의 상에 속눈썹을 그린다.	조숙, 성적 이상(오오도모 大伴茂)
긴 속눈썹을 화장한 것	눈의 성적, 전시적 효과와 매력을 표시한 것(맥코버 Machover)
눈이 없음	타인과 교류하는 데 극심한 불안감, 회피, 사고 장애 고려,
한쪽 눈	• 접근과 회피의 양가감정 • 머리카락이나 모자에 가려짐 : 감정의 표현과 수용이 위축

〈그림 47〉 남자의 상에 속눈썹

〈그림 48〉 눈이 없음

4 코(nose, 정서적 자극, 외모의 관심)

1) 코

:: 코

상태	심리적 · 임상적 의미
코가 없다.	자신이 타인에게 어떻게 보일지 예민함, 사회적 상황 위축 · 회피
코가 너무 크다.	타인과의 정서적 자극 예민함, 외모에 지나친 관심

〈그림 49〉 코가 없다

〈그림 50〉 코가 없다

〈그림 51〉 코가 없다

〈그림 52〉 코가 너무 크다

상태	심리적 · 임상적 의미
큰 코, 넓적한 코	성적 발달, 성적 불능의 보상, 경멸, 거부(오오도모 大伴茂)
코가 너무 작다.	외모에 자신 없고, 위축, 타인과의 교류 수동적 · 회피
작은 코, 결손된 코	성적 갈등, 성적 미숙(오오도모 大伴茂)
콧구멍 강조	대인 관계의 미성숙, 공격적인 행동
특히 두드러진 코 구멍	공격적(오오도모 大伴茂)

〈그림 53〉 넓적한 코

〈그림 54〉 코가 너무 작다

〈그림 55〉 작은 코

〈그림 56〉 콧구멍 강조

〈그림 57〉 **콧구멍 강조**

상태	심리적 · 임상적 의미
코를 문질러서 그린다.	자위거세(自慰去勢)의 공포, 눈보다도 코가 위로 튀어나온 것은 성적으로 적응을 못 한다(오오도모 大伴茂).
명암을 그린다.	조숙, 성적 이상(오오도모 大伴茂)

〈그림 58〉 **코를 문질렀다**

5 입(mouth, 사람의 생존, 심리적인 충족)

1) 입

∷ 입

상태	심리적 · 임상적 의미
입이 없음	애정 교류에 좌절감 · 무능력감 · 위축감 · 양가감정, 부모와 상당한 갈등 · 결핍
입이 너무 크다.	정서적 · 애정 교류 불안감, 과도하게 적극적, 역공포적(counter phobic)
큰 입	성적 이상(오오도모 大伴茂)
특수한 형태로 강조	입에 의한 공격적 충동에 기인하는 불안, 우울증, 알코올 중독, 전간(癲癇)(오오도모 大伴茂)
입술의 강조	구순적 성욕(오오도모 大伴茂)

〈그림 59〉 입이 없음

〈그림 60〉 입이 너무 크다

〈그림 61〉 입이 너무 크다

〈그림 62〉 특수한 형태로 강조

〈그림 68〉 입술의 강조

상태	심리적 · 임상적 의미
입이 너무 작다.	상처를 받지 않기 위해 상호작용 회피, 타인의 애정 어린 태도 거절, 과거에 절망감이나 우울감의 경험이 있음
입이 가로 선 모양	타인의 정서적 교류 무감각 · 냉정함,
입이 냉소적 웃음	성격적으로 적대감 · 공격성이 내재

〈그림 64〉 입이 너무 작다

〈그림 65〉 너무 작은 입

<그림 66> 가로 선 모양

<그림 67> 가로 선 모양

상태	심리적 · 임상적 의미
입이 웃는 모습	타인의 애정을 지나치게 원함, 타인과 친밀한 관계 몰두
벌린 입	대인 관계의 무기력감 · 수동적인 태도
입에 물건을 물고 있음	스스로 내적 충족감을 과시, 거절에 대한 불안감 보상

<그림 68> 입이 웃는 모습

6 이(teeth)

1) 이

:: 이

상태	심리적 · 임상적 의미
이	• 5살 이하 : 행복감 · 기쁨 • 6살 이상 : 정서적 · 애정 욕구 충족에 좌절감, 불안감
이가 보인다.	유아기의 퇴행(오오도모 大伴茂)
자세한 이	불안감을 행동으로 보상받고자 함
진한 이	타인과의 교류에서 긴장감 · 불안감 · 역 공포적 행동으로 보상받고자 함
뾰쪽뾰쪽한 이	• 공격성과 불안감, 치열 전체 : 정서적 욕구 수용 • 한 두 개 : 정서적 교류 미성숙

〈그림 69〉 이

〈그림 70〉 이가 보인다

7 귀(ears, 정보의 통로)

1) 귀

:: 귀

상태	심리적·임상적 의미
귀가 없음	정서적 문제, 감정 표현 불안, 사회적·감정 교류 상황 회피
너무 큰 귀	대인 관계 너무 예민
특히 크다.	다른 사람들의 비판에 마음을 쓴다(오오도모 大伴茂).
너무 작은 귀	정서적 자극 회피, 위축
매우 작다.	다른 사람들의 비판에 귀를 기울이지 않는다(오오도모 大伴茂).

〈그림 71〉 귀가 없음

〈그림 72〉 귀가 없음

〈그림 73〉 큰 귀

〈그림 74〉 너무 작은 귀

상태	심리적·임상적 의미
귀를 너무 강조	감정 교류에 불안감과 긴장감, 타인의 의도에 불신·의심, 편집증적 경향
귀에 특수한 표현을 한다.	귀의 질병(오오도모 大伴茂)
귀걸이	• 외모의 관심, 정교한 귀걸이는 과시, 대인 관계의 불안감 보상 • 남자 아이 : 반항적이거나 거부의 태도
귀가 일그러져 있을 때, 또는 기형적일 때	일그러진 정도에 따라 다소의 과민성에서 시작하여 사회적 비판을 잘하는 사람, 아주 심한 망상증까지 나타난다.(맥코버 Machover)
귀가 찌그러졌거나, 위치가 아주 잘못 되었거나, 이상하게 자세히 그려진 귀	이것은 단순히 강조하기 위한 것이라기보다 다분히 병리적인 현상이다(맥코버 Machover).

〈그림 75〉 귀를 너무 강조

〈그림 76〉 귀걸이

〈그림 77〉 귀걸이

8 **턱**(chin, 경험적 자기주장과 관련)

1) 턱

:: 턱

상태	심리적 · 임상적 의미
턱이 없음	자기주장 부족, 대인 관계에 수동성, 쉽게 위축
특히 넓은 턱	사회적 우위를 구한다. 공상적(오오도모 大伴茂)
특히 좁은 턱, 옆얼굴에서는 튀어나온 턱	사회적 무능력(오오도모 大伴茂)
턱을 너무 강조	자기주장이 너무 강하고, 공격적 행동, 남들이 이런 행동 싫어할까봐 불안감에 대한 과잉 보상
여자의 상에서 큰 턱	성적 이상(오오도모 大伴茂)
여자의 상에서 수염을 그린다.	성적 이상(오오도모 大伴茂)

〈그림 78〉 특히 넓은 턱

〈그림 79〉 특히 넓은 턱

〈그림 80〉 턱을 너무 강조

〈그림 81〉 여자상에서 큰 턱

2) 목(neck)

:: 목

상태	심리적 · 임상적 의미
목이 없음	인지 활동 · 통제력 모두 약화, 뇌기능 · 사고 · 해리 장애
목이 너무 길다.	생각과 행동의 거리를 의미
목이 너무 가늘다.	자기 행동에 대한 통제력 상실

〈그림 82〉 목이 없음

〈그림 83〉 목이 없음

〈그림 84〉 목이 너무 가늘다

〈그림 85〉 목이 너무 가늘다

상태	심리적 · 임상적 의미
목이 너무 굵다.	심신 통합
목이 굵고 짧다.	통제력이 부족하여 충동적 감정 표출
목이 너무 작다.	스스로 통제에 너무 억제되고 위축됨

〈그림 86〉 목이 너무 굵다

〈그림 87〉 목이 너무 작다

상태	심리적 · 임상적 의미
선으로 된 목	통제를 못하는 자괴감, 부적절감
목이 몸과 떨어졌다.	자신의 이성과 사고가 통제 불능
목이 머리와 떨어졌다.	충동적인 통제에 필요한 인지적 자원

〈그림 88〉 선으로 된 목

〈그림 89〉 목이 머리와 떨어졌다

상태	심리적 · 임상적 의미
목이 없는 것처럼	충동 통제 · 조절 능력 약화 일상생활에 부적절
길거나 가늘다.	분열증, 음식을 삼키는 것이나 정신적 소화 장애(오오도모 大件茂)
짧다.	감정의 통제가 안 된다(오오도모 大件茂).

〈그림 90〉 목이 없는 것처럼

〈그림 91〉 짧다

미술치료에 나타난
형태 심리

미술치료에 나타난 **형태 심리** ─○

사람
Person

사 람
Person

1 어깨[shoulders, 책임(responsibility)]

1) 어깨

:: 어깨

상태	심리적 · 임상적 의미
어깨가 없음	신경학적 장애, 정신 지체의 가능성
어깨가 너무 크다.	책임감이 너무 강하고, 상황을 지배, 과도하게 권위를 내세움

〈그림 01〉 어깨가 없음

〈그림 02〉 어깨가 없음

〈그림 03〉 어깨가 너무 크다

〈그림 04〉 어깨가 너무 크다

상태	심리적·임상적 의미
어깨가 너무 작다.	완수 능력에 자신감 없고, 수동적
날카롭고 각진 어깨	책임과 행동의 관련된 상황에서 경직되고 확고한 태도
너무 축 쳐진 어깨	책임감에 대한 우울감

〈그림 05〉 어깨가 너무 작다

〈그림 06〉 어깨가 너무 작다

〈그림 07〉 날카롭고 각진 어깨

〈그림 08〉 날카롭고 각진 어깨

〈그림 09〉 너무 축 쳐진 어깨

〈그림 10〉 너무 축 쳐진 어깨

2 가슴(bosom, 자신의 능력이나 힘)

1) 가슴

:: 가슴

상태	심리적·임상적 의미
가슴이 너무 넓다.	타인에게 요구·권위적 태도로 결핍감·무능력 감을 과잉 보상
가슴이 너무 좁다.	자신의 부적절감에 대해 수동적·순종적
웃통을 벗었다.	• 무능력 감을 과시하여 보상 • 남자 아이 – 그림 속의 남자는 자기·자기 대상의 모습

〈그림 11〉 가슴이 너무 넓다

〈그림 12〉 가슴이 너무 넓다

〈그림 13〉 가슴이 너무 좁다

〈그림 14〉 가슴이 너무 좁다

3 유방(busts, 성적 매력, 의존·애정 욕구)

1) 유방

:: 유방

상태	심리적 · 임상적 의미
유방이 없음	• 성인 : 의존 욕구의 좌절감 • 남자 아이 : 의존 욕구를 강하게 부인, 성적으로 미숙한 표상 • 여자 아이 : 성적으로 성숙한 표상
유방이 너무 크다.	성적인 능력·매력 강조, 의존 욕구의 불안감을 과잉 보상
유방이 너무 작다.	• 부적절감을 강하게 느낌 • 남성 : 어머니·아내 여성을 얕잡아 보는 의미 • 여성 : 여성으로서 열등감·성 정체감의 갈등

〈그림 15〉 유방이 없음

〈그림 16〉 유방이 없음

〈그림 17〉 유방이 너무 크다

〈그림 18〉 유방이 너무 크다

〈그림 19〉 유방이 너무 작다

4 몸통(body, 내적인 힘)

1) 몸통

:: **몸통**

상태	심리적 · 임상적 의미
몸통이 없다.	(머리~팔~다리) 퇴행이 심하고, 사고 장애, 정신 지체, 신경학적 장애
너무 긴 몸통	스스로 부족한 내적 힘을 과잉으로 보상

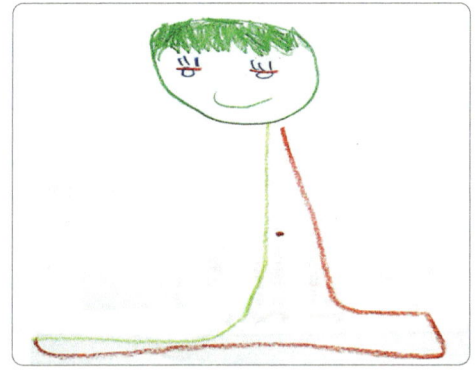

〈그림 20〉 몸통이 없다

〈그림 21〉 너무 긴 몸통

상태	심리적 · 임상적 의미
너무 넓은 몸통	많은 요구, 권위주의적 태도를 보여 내적 결핍을 과잉 보상
너무 작은 몸통	수동적이고 억제된 행동
긴 몸통 필압이 낮다.	대인 관계에 위축
너무 짧은 몸통(굵게)	화가 나면 매우 난폭

〈그림 22〉 너무 넓은 몸통

〈그림 23〉 너무 넓은 몸통

〈그림 24〉 너무 작은 몸통

〈그림 25〉 너무 작은 몸통

상태	심리적·임상적 의미
단추	정돈의 의미, 내적인 힘, 안정감을 얻기 위한 의존, 자기 대상의 욕구
단추가 너무 많다.	안정의 욕구에 집착
너무 정교한 단추	의존적 욕구의 충족을 위해 과시적 행동

〈그림 26〉 단추

〈그림 27〉 단추가 너무 많다

상태	심리적 · 임상적 의미
작은 단추(조금)	의존 욕구의 결핍 · 좌절감 느껴 수동적 태도
몸통 부분에 수직선	• 수직선 상태 따라 달라진다. • 선 · 음영 불안 : 내적 힘 · 유능함이 불안 · 긴장

〈그림 28〉 작은 단추

〈그림 29〉 몸통 부분에 수직선

상태	심리적 · 임상적 의미
넥타이	남자 – 자신의 능력을 강화
넥타이 너무 크다.(정교)	자신의 능력 · 힘이 부적절한 것을 과잉 보상
넥타이 너무 작다.	자신의 능력 · 힘이 부적절한 것을 보이지만 괴로워
몸통 가운데 목걸이	여자 – 자신의 부적절감을 보상

〈그림 30〉 넥타이

〈그림 31〉 넥타이 너무 작다

〈그림 32〉 몸통 가운데 목걸이

〈그림 33〉 몸통 가운데 목걸이

2) 팔(arms)

:: 팔

상태	심리적 · 임상적 의미
팔이 하나	환경 · 세상이 내적 갈등 · 양가감정으로 부분적인 억압
팔이 없다.	• 정신증적 퇴행, 지각적인 왜곡, 우울하여 현실 위축, 과도한 무력감 · 부적절감 • 분열증, 우울증, 여자의 상으로 팔이 없는 것은 어머니의 양육 방법에 대한 불만이다(오오도모 大伴茂).
두 팔이 안 보인다.	환경에 매우 억제적, 현실 대처 능력 부족

〈그림 34〉 팔이 없다

〈그림 35〉 팔이 없다

〈그림 36〉 팔이 없다

〈그림 37〉 두 팔이 안 보인다

상태	심리적 · 임상적 의미
팔이 너무 길다.	세상의 교류 능력 부적절감의 과잉 보상
너무 긴 팔	분열증, 우울증, 여자의 상으로 팔이 없는 것은 어머니의 양육 방법에 대한 불만이다(오오도모 大伴茂).
팔이 너무 굵다.	세상 · 타인을 통제 · 지배적 행동으로 무능력을 과잉 보상
근육질 팔	주장 · 공격적 태도로 자신의 교류 능력 과시
팔이 짧고 약함	상호작용 · 대처 능력의 행동에 억제 · 수동적

〈그림 38〉 팔이 너무 길다

〈그림 39〉 팔이 너무 굵다

〈그림 40〉 팔이 짧고 약함

〈그림 41〉 팔이 짧고 약함

상태	심리적·임상적 의미
흔들리는 팔(선 하나)	부적절감과 매우 수동적
팔의 길이가 다르다.	양가감정
팔의 차이가 크다.	신경학적 장애, 정신 지체, 정신적 상태
팔이 새의 날개 모양	현실 지각 왜곡, 사고·신경학적 장애
팔짱 끼다.	타인·세상 의심, 적대감, 자신을 보호하는 욕구, 방어적 태도

〈그림 42〉 흔들리는 팔   〈그림 43〉 팔의 길이가 다르다   〈그림 44〉 팔의 길이가 다르다

〈그림 45〉 팔의 차이가 크다   〈그림 46〉 팔이 새의 날개 모양

상태	심리적·임상적 의미
팔이 엇갈리다.	교류를 차단하고, 스스로 방어
팔이 몸에 붙었다.	경직성, 억제 경향성
몸체에 밀착된 팔	소극적 또는 방어적인 감정(오오도모 大伴茂)
팔이 몸 안쪽에 모았다.	교류·대처 행동의 심한 억제
팔꿈치를 밖으로 엉덩이에 얹는다.	자신의 방어에 공격적인 태도
팔을 밖으로 뻗는다.	타인과 교류 갈망
팔이 몸통과 분리 (몸통 중간·머리에서 시작)	정신 지체, 신경학적·사고 장애·정신증적 상태

〈그림 47〉 팔이 엇갈리다

〈그림 48〉 팔이 엇갈리다

〈그림 49〉 팔이 엇갈리다

〈그림 50〉 팔이 몸 안쪽에 모았다

상태	심리적 · 임상적 의미
형상부터 과장되어 있다.	손의 활동에 불만, 접촉 곤란, 부적당한 감정에 대한 보상의 행동 (오오도모 大伴茂)
가늘다.(가느다란 선으로 되어 있다.)	열등감, 노력하는 보람이 없는 감정(오오도모 大伴茂)
넓게 편 팔	강대함을 나타냄, 공격적 · 적극적인 욕구 표시(오오도모 大伴茂)
아랫부분에서 넓어지는 팔	행위는 충동적이고, 자기 통제력이 결여되어 있다(오오도모 大伴茂).
몸체에서 튀어나온 팔	감정이 없고, 통제할 수 없다(오오도모 大伴茂).
길고 탄탄한 팔	완력이 부족한데 대한 보상(오오도모 大伴茂)
몸체에 밀착된 팔	소극적 또는 방어적인 감정(오오도모 大伴茂)
팔이 가슴 또는 앞에서 교차	회의적이고, 적대적인 태도(오오도모 大伴茂)
팔을 뒤로 돌린다.	공격적 · 적대적 감정을 억제하려고 한다(오오도모 大伴茂).

5 손(hands, 세상과 교류, 자신의 욕구 충족)

1) 손

:: 손

상태	심리적 · 임상적 의미
두 팔에 손이 하나	세상 · 타인 교류에 부적절감, 대체 능력이 비효율적
두 손이 없다.	부적절감이 매우 심하다.
손이 없다.	보통 이상의 무능, 손이 없는 것은 적응하지 못하기 때문이다(오오도모 大伴茂).
팔은 있고 손은 없다.	타인과 교류 소망, 교류에 대한 불안감의 내적 갈등
손을 회피(주머니)	회피 경향, 양가감정

〈그림 51〉 팔은 있고, 손은 없다

〈그림 52〉 팔은 있고, 손은 없다

〈그림 53〉 팔은 있고, 손은 없다

상태	심리적·임상적 의미
손이 너무 크다.	과잉 행동·주장으로 통제하고, 자신의 부적절한 행동에 과잉 보상
손을 크게 그린 것	강대함을 나타낸다.(오오도모 大伴茂)
손이 너무 작다.	통제력이 부족, 수동적, 억제적 방식
손의 옆모습	통제력을 스스로 억제

〈그림 54〉 손이 너무 크다

〈그림 55〉 손이 너무 크다

〈그림 56〉 손이 너무 작다

상태	심리적·임상적 의미
손이 너무 유약하다.	내적 부적절감
손을 원으로 그렸다.	• 교류·통제·대처의 부적절함·무력감 • 강한 필압의 원 : 내적 분노감·공격성 • 손은 원, 손가락은 직선 : 공격적, 조절되지 않은 행동

〈그림 57〉 손이 너무 유약하다

〈그림 58〉 손을 원으로 그렸다

〈그림 59〉 손을 원으로 그렸다

상태	심리적 · 임상적 의미
뾰쪽뾰쪽한 손	적대적이고 공격적
주먹 쥔 손	분노감 · 반항심
주먹을 쥐었다.	억압된 공격성(오오도모 大伴茂)
장갑 낀 손	세상과 간접적인 교류
벙어리장갑 낀 손	간접적인 교류도 미성숙, 단순한 수준
무언가 잡고 있는 손	환경의 통제에 따른 불안감을 잡고 지탱함
손에 야구 방망이(총)	공격성, 억압된 분노감 투사

〈그림 60〉 주먹 쥔 손

〈그림 61〉 손에 야구 방망이

상태	심리적 · 임상적 의미
손이 성기 부분에	성적인 불안감을 통제
손이 팔과 분리(손가락)	사고 · 현실 검증력 장애
손가락이 적다.	세상의 통제력 부적절감
손가락이 더 많다.	세상의 통제력을 얻기 위해 과잉 행동, 충동적
정교한 손톱 · 관절	통제의 불안을 강박적인 보상

〈그림 62〉 손가락이 적다

〈그림 63〉 손가락이 적다

상태	심리적 · 임상적 의미
손가락을 폈다. (때로는 그늘지게 그렸다.)	손의 활동에 불안(오오도모 大伴茂)
손을 허리에 대고 있다.	성적인 공포를 안고 있는 방어적 태도, 성에 관해서 편견을 가지고 있다.

〈그림 64〉 손가락을 폈다

〈그림 65〉 손가락을 폈다

상태	심리적 · 임상적 의미
검게 칠해진 손 또는 그늘지게 그린다.	자위, 훔치기, 싸움, 손에 의한 행동의 죄악감, 불안
검게 칠해진 손가락	자위 또는 훔치기와 같은 죄악감이다.

〈그림 66〉 검게 칠해진 손

〈그림 67〉 그늘지게 그린다

상태	심리적 · 임상적 의미
호주머니에 넣은 손 또는 감추어진 손	자위에 대한 죄악감, 접촉 곤란, 도피, 불량소년, 이상자
손톱이나 관절의 주의 깊은 밑그림(sketch)	강박증 혹은 조기 분열병자의 경우와 같이 신체개념에 대한 곤란을 나타낸다.
열쇠처럼 그려진 손가락	적의, 공격

〈그림 68〉 호주머니에 넣은 손

〈그림 69〉 호주머니에 넣은 손

상태	심리적·임상적 의미
손과 관계가 없는 손	유아적 공격
5개 이상의 손가락	야심, 공격

〈그림 70〉 손과 관계가 없는 손

〈그림 71〉 손과 관계가 없는 손

6 **허리**(waist, 성적 행동, 성행위)

1) 허리

:: 허리

상태	심리적 · 임상적 의미
허리가 없음	성적인 욕구를 외면 · 회피
허리가 너무 크다.	성적인 불안감의 과잉 보상
허리가 너무 정교	보상 행동의 강박적 방식
허리가 너무 작다.	성적 행동의 자기 부적절감

〈그림 72〉 허리가 없음

〈그림 73〉 허리가 크다

〈그림 74〉 허리가 정교

7 다리(legs, 위치와 충족감)

1) 다리

:: 다리

상태	심리적 · 임상적 의미
한 쪽 다리 대충 그림	현실적으로 자신감 부족 · 부적절감 · 양가감정
다리가 없다.	무력감 · 부적절감이 매우 심한 우울 상태, 위축감
옆모습 (가려지거나 모서리에 잘렸다)	현실을 대처하는 양가감정, 회피적 억제 행동
다리가 너무 길다.	자율성 · 독립성의 욕구 · 과잉 행동, 현실 능력의 부적절감을 과잉 보상하려는 욕구

〈그림 75〉 다리가 길다

상태	심리적 · 임상적 의미
다리가 너무 굵다.	자기주장이 강하고, 공격적인 태도
다리가 너무 짧고 가늘다.	대처 능력의 부적절감, 억제 경향 · 수동적인 태도

〈그림 76〉 다리가 너무 굵다

〈그림 77〉 다리가 너무 굵다

〈그림 78〉 다리가 너무 짧고 가늘다

〈그림 79〉 다리가 너무 짧고 가늘다

상태	심리적·임상적 의미
다리를 흔든다.(선 하나)	대처 능력이 부적절하여 매우 수동적인 태도
두 다리가 다르다.	신경학적 장애, 정신증적 상태, 정신 지체
다리를 붙였다.	융통성이 부족, 경직된 성격

〈그림 80〉 다리를 흔든다

〈그림 81〉 두 다리가 다르다

〈그림 82〉 다리를 붙였다

〈그림 83〉 다리를 붙였다

상태	심리적 · 임상적 의미
다리가 교차	성적인 불안감 · 억제 경향
다리를 넓게 벌리다.	반항적 자세로 내면의 불안정을 과잉 보상
다리를 종이 밑바닥에	내면의 불안정이 심함
다리가 몸통에서 떨어짐	현실 지각의 왜곡, 해리 장애 가능성

〈그림 84〉 다리를 종이 밑바닥에

8 발(feet, 의존성, 독립성의 연속선상에 있는 위치)

1) 발

:: 발

상태	심리적 · 임상적 의미
한쪽 발	자율성 · 독립성을 성취하는 데 내적 양가 감정
두 발이 없다.	독립적인 생활에 심한 부적절함을 느낌, 현실 지각의 왜곡
한쪽 발을 가림(옷)	의존과 독립의 갈등을 회피

〈그림 85〉 두 발이 없다

〈그림 86〉 두 발이 없다

상태	심리적 · 임상적 의미
두 발을 가림	과도하게 회피 · 억제
발이 너무 크다.	독립성을 너무 강조하여 자율성에 대한 부적절함을 과잉 보상
발이 너무 작다.	자율성에 대한 부적절함 · 두려움

〈그림 87〉 발이 너무 크다

〈그림 88〉 발이 너무 작다

상태	심리적 · 임상적 의미
발 · 신발 단순화	자율성이 미성숙한 수준
발끝을 뾰쪽뾰쪽	자율성과 관련된 적대감 · 공격성, 억압된 분노감
발가락을 뾰쪽하게 (닭발 모양처럼 선으로만)	현실 지각의 심한 왜곡, 사고 · 신경학적 장애, 정신 지체

〈그림 89〉 발 단순화　　　　　　　　〈그림 90〉 발 단순화

상태	심리적 · 임상적 의미
두 발이 반대 방향	우유부단한 성격, 자신감 없음
발이 종이의 모서리	내적인 부적절함 · 불안정감을 타인에게 지지와 격려 구함
발이 다리에서 떨어짐	현실 왜곡, 정신적 · 해리 상태
발이 매우 정교	의존 · 독립의 갈등 · 자율성에 집착, 부적절함을 과시적으로 보상
벗은 발	환경에 거부적인 행동 · 비순응적인 태도

〈그림 91〉 두 발이 반대 방향　　〈그림 92〉 두 발이 반대 방향　　〈그림 93〉 발이 매우 정교

9 가랑이(crotch, 성적인 능력, 매력의 적절감)

1) 가랑이

∷ 가랑이

상태	심리적 · 임상적 의미
가랑이가 안 연결	성적인 영역의 심한 불안감으로 성적 행동 회피 · 억제
지퍼 선 · 음영 진함	성적인 영역의 불안감 · 긴장감 · 자기 부적절감, 성적 능력의 불확실감
성기 표현	자아 기능의 붕괴된 정신증적 상태, 성적 능력의 극심한 불안감 · 성 정체성의 불안정
이성의 성기	관음적 경향
동성의 성기	내면적인 불안감을 과시적인 행동으로 보상
너무 큰 성기	자아 통제력 약화, 정신증적 퇴행
너무 작은 성기	성적인 부적절감으로 과도하게 위축

〈그림 94〉 지퍼 선

〈그림 95〉 지퍼 선

〈그림 96〉 지퍼 선

〈그림 97〉 지퍼 선

2) 엉덩이(hips)

:: 엉덩이

상태	심리적 · 임상적 의미
강조한 엉덩이	성 정체감 · 성적 대상에 정보 제공
너무 큰 엉덩이(남자)	자신의 성 정체감의 불확신감 · 혼란감
너무 큰 엉덩이(남자가 여자)	어머니와 같은 여성이 자신에게 충족감을 주는지에 불안감을 과잉 보상
너무 큰 엉덩이(여자가 남자)	모성적 감정을 남자에게 투사 · 대치
너무 큰 엉덩이(여자가 여자)	자신의 성 정체성에 불안감을 과잉 보상
너무 작은 엉덩이	남성성 또는 여성성의 열등감 · 부적절감을 시사

〈그림 98〉 강조한 엉덩이

〈그림 99〉 강조한 엉덩이

3) 기타(others)

:: 기타

상태	심리적 · 임상적 의미
해부도	분열증(오오도모 大伴茂)
좌우가 극단적으로 균형을 잃고 있다.	성격 전체의 조화가 없음, 혼란(오오도모 大伴茂)

4) 전체적인 사람(whole of persons)

:: 전체적인 사람

상태	심리적 · 임상적 의미
전체적인 신체의 윤곽	내적 조화감
전체의 비율이 안 맞다.	자기 응집성 결여, 심한 현실 지각의 장애, 심한 사고 · 신경학적 장애
사람을 막대기 모양으로 그린다.	자기 부적절함, 불안정이 심해 적대적 · 거부적 태도, 신경학적 장애 · 정신 지체

〈그림 100〉 전체적인 신체의 윤곽

〈그림 101〉 전체적인 신체의 윤곽

〈그림 102〉 전체적인 신체의 윤곽

〈그림 103〉 전체의 비율이 안 맞다

상태	심리적 · 임상적 의미
몸의 윤곽만 있다.	현실에 대한 심한 회피 · 위축감 · 공허감의 우울 장애, 성취감 부족, 정신 지체, 신경학적 · 사고 장애
몸을 기하학적 표현	정신 지체, 현실 지각의 손상, 신경학적 장애

〈그림 104〉 몸의 윤곽만 있다

5) 자세(posture)

:: 자세

상태	심리적 · 임상적 의미
움직이는 사람 모습	• 자기 개념이 다소 공격적, 주장이 강함 • 권투 경기 : 내면적 적대감을 통제
붕 떠 있는 모습	정체성에 대한 불확실성 때문에 자신에게 소외

6) 자아 정체성(ego identity)

:: 자아 정체성

상태	심리적 · 임상적 의미
성별이 불분명	• 청소년 : 성 정체성의 양가감정에 혼란 • 성인(어린이를 그렸다) : 자율성 · 독립성의 미성숙 • 어린 아동 : 성 정체감에서 벗어나기 위한 퇴행적 · 유아적 욕구
너무 마른 모습	강한 우울감 · 무기력감
비만한 모습	자기 경멸감 · 우울감

〈그림 105〉 너무 마른 모습

〈그림 106〉 너무 마른 모습

〈그림 107〉 너무 마른 모습

7) 남자와 여자의 그림 관계(picture relationship of woman and man)

:: 남자와 여자의 그림 관계

상태	심리적 · 임상적 의미
순서	• 일반적으로 동성의 인물을 그린다. • 7살 이하는 대상관계에서 가장 중요한 인물을 그린다.(어머니)
남자가 남자를 먼저 그리고 여자보다 크게 그렸다.	성 정체성에 불확실성, 이를 보상받기 위해 여성의 우월감을 느낀다.
남자 그림이 여자 그림보다 작게 그렸다.	성 정체성에 대한 양가감정 · 열등감, 여성의 대상을 과잉 이상화하려는 경향

남자가 여자를 먼저 그리고 남자보다 크게 그렸다.	성 정체성에 대한 불안감·열등감·부적절감, 과잉 이상화된 여성에 수동적·순종적 태도
남자가 남자를 먼저 그리고 여자를 작게 그렸다.	성 정체감에 대한 양가감정, 여성의 자기 대상을 무시, 강한 자기주장의 욕구
여자가 남자를 먼저 그리고 여자보다 더 크게 그렸다.	성 정체성에 대한 불안·부적절함·과잉 이상화된 남성을 향한 수동적·순종적 태도
여자가 남자를 먼저 그리고 남자를 작게 그렸다.	성 정체성에 대한 양가감정, 남성의 대상을 무시하고, 강한 자기주장 욕구
여자가 여자를 먼저 그리고 남자보다 크게 그렸다.	성 정체성에 대한 불확실성, 이를 보상받기 위해 남성의 우월감을 느낀다.
남자를 여자처럼(여자를 남자처럼)	성 정체성에 대한 양가감정, 모호성, 불확실성, 반대 성에 동일시, 이성 문제에 갈등을 겪고 있을 가능성

미술치료에 나타난

형태 심리

미술치료에 나타난 **형태 심리** ──○

유치원생 그림의 형태 분석

Form Analysis of Preschooler Picture

유치원생 그림의 형태 분석
Form Analysis of Preschooler Picture

1 사람(person)

1) 부모

형태 분석

〈그림 01〉 **부모** — 6세 여자 아이

- 이 그림은 아버지와 엄마 두 사람의 모습이며, 녹색과 빨간색 크레파스를 이용하여 밑그림을 그렸다.
- 6세 여자 아이는 아버지의 형태 이미지를 얼굴과 머리카락, 눈, 속눈썹, 입 그리고 몸통 순으로 표현했다.
- 아버지의 모습은 전체적인 비율로 보아 큰 머리, 몸통은 가느다랗게 그렸으나 코와 두 귀, 두 팔은 없으며, 다리는 있으나 길이가 다른 두 다리. 생략된 두 발, 속눈썹 묘사했다.
- 이 아이는 엄마의 형태 이미지를 얼굴과 머리카락, 눈, 속눈썹, 입 그리고 몸통 순으로 표현했다.
- 엄마의 몸통은 약간 기울어진 이등변 삼각형으로 그렸으나 코, 두 귀와 두 팔, 두 다리, 두 발이 모두 생략되었다.

이 그림에 나타난 아버지의 형태심리는 크게 여덟 가지로 나눌 수 있다.

- 첫 번째, <u>전체적인 비율로 보아 큰 머리</u>는 지적 능력에 불안감을 나타낸다. 머리는 인지적 능력 중에서 지적 능력과 공상 활동을 의미하고, 높은 요구 수준이나 두통을 상징한다.
- 두 번째, <u>가느다랗게 그린 몸통</u>은 스스로 부족한 내적 힘을 과잉으로 보상받고자 하는 마음을 나타낸다. 몸통은 내적인 힘을 암시한다.
- 세 번째, <u>생략된 코</u>는 성적 갈등이나 성적 미숙을 나타낸다. 코는 정서적 자극과 외모에 대한 관심의 상징이다.
- 네 번째, <u>생략된 두 귀</u>는 정서적 문제나 감정 표현이 불안하고, 사회적 또는 감정 교류의 상황을 회피하는 도구로 이용된다. 귀는 정보의 통로를 의미한다.
- 다섯 번째, <u>생략된 두 팔</u>은 분열증이나 우울증을 암시한다.
- 여섯 번째, <u>다리는 있으나 길이가 다른 두 다리</u>는 충동과 자기 통제 그리고 갈등을 나타낸다. 다리는 위치와 충족감을 상징한다.
- 일곱 번째, <u>생략된 두 발</u>은 독립적인 생활에 심한 부적절함의 느낌과 현실 지각의 왜곡을 보여 준다. 발은 의존성과 독립성의 연속선상에 있는 위치를 뜻한다.
- 여덟 번째, <u>표현된 속눈썹</u>은 조숙하거나 성적 이상을 의미한다. 일반적으로 속눈썹은 타인과의 교류에 과민하고 집착하는 경향을 나타낸다.

이 그림에 나타난 엄마의 형태심리는 크게 여섯 가지로 나눌 수 있다.

- 엄마의 머리는 전체적인 비율로 보아 아버지보다 작지만 큰 머리에 속한다. 이 형태와 <u>생략된 코</u>, <u>생략된 두 귀</u>, <u>생략된 두 팔</u>은 아버지의 증상과 동일하다.
- 네 번째, <u>생략된 두 다리</u>는 성적으로 불안전함을 내포하고 있다. 다리는 위치와 충족감을 의미하는데 성적으로 충족하지 못하고 있음을 상징한다.
- 다섯 번째, <u>생략된 두 발</u>은 자기 통제의 결여를 나타낸다.
- 여섯 번째, <u>세로로 그린 눈</u>은 어떤 제약이나 한계를 느끼고 있기 때문에 감정의 교류를 좁힌다.
- 이 그림으로 보아 아버지와 엄마의 부부관계가 원활하지 못하거나 또는 아버지에게 다른 여자가 있음을 암시한다.

2) 자화상(self portrait)

형태 분석

〈그림 02〉 **자화상** - 6세 여자 아이

- 이 그림은 자기 자신의 서 있는 모습이
  며, 보라색과 주황색 크레파스를 이용하
  여 밑그림을 그렸다.
- 6세 여자 아이는 자신의 형태 이미지를
  모자와 얼굴, 선으로 된 두 눈, 두 가닥
  의 속눈썹, 입, 몸통, 두 다리 순으로 표
  현했다.
- 이 아이는 자신의 신체 비례 중에서 과
  도하게 큰 머리와 머리카락이 없는 두상
  과 눈동자가 없는 두 눈, 두 귀와 두 손 그리고 두 발을 생략했다.

형태 심리

이 그림에 나타난 자화상의 형태심리는 크게 여섯 가지로 나눌 수 있다.

- 첫 번째, <u>과도하게 큰 머리</u>는 지적 능력에 불안감을 나타낸다.
- 두 번째, <u>머리카락이 없는 두상</u>은 위축감을 의미한다.
- 세 번째, <u>생략된 두 눈동자</u>는 타인과 교류하는데 극심한 불안감으로 회피 또는 억제,
  분노감과 거부감을 나타내며, 무엇인가에 대한 죄악감을 암시한다.
- 네 번째, <u>생략된 두 귀</u>는 정서적 문제나 감정 표현이 불안하고, 사회적 또는 감정 교류
  의 상황을 회피하는 도구로 이용된다.
- 다섯 번째, <u>생략된 두 손</u>은 부적절감이 매우 심하다.
- 여섯 번째, <u>생략된 두 발</u>은 자기 통제의 결여를 나타낸다.

형태 분석

- 이 그림은 자기 자신의 서 있는 모습이며, 빨간색과 주황색 사인펜을 이용하여 밑그림을 그렸다.
- 6세 여자 아이는 자신의 형태 이미지를 머리에 리본과 머리카락, 선으로 된 눈, 코, 입, 목, 몸통, 팔, 다리 순으로 표현했다.
- 이 아이는 자신의 신체 중에서 두 귀와 두 눈동자, 두 손을 생략했고, 두 팔의 길이가 다르고 과장되어 있으며, 다리는 선으로 묘사했다.

〈그림 03〉 **자화상** - 6세 여자 아이

형태 심리

이 그림에 나타난 자화상의 형태심리는 크게 여덟 가지로 나눌 수 있다.

- 첫 번째, <u>생략된 두 귀</u>는 감정 표현이 불안하고, 사회적으로나 감정적으로나 교류를 회피하는 것을 의미한다.
- 두 번째, <u>생략된 두 눈동자</u>는 무엇인가에 대한 죄악감을 상징한다.
- 세 번째, <u>생략된 두 손</u>은 부적절감이 매우 심하다.
- 네 번째, <u>길이가 다른 팔</u>은 양가감정을 의미한다.
- 다섯 번째, <u>넓게 편 팔</u>은 강대함을 나타내지만 때때로 공격적 또는 적극적인 욕구를 암시한다.
- 여섯 번째, <u>아랫부분에서 넓어진 팔</u>은 충동적인 행위와 자기 통제력이 결여됨을 의미한다.
- 일곱 번째, <u>너무 긴 팔</u>은 과도한 야심을 내포하고 있다.
- 여덟 번째, <u>선으로 표현된 다리</u>는 대처 능력이 부적절하고, 매우 수동적인 태도를 나타낸다.

형태 분석

- 이 그림은 자기 자신의 서 있는 모습이며, 빨간색과 녹색 크레파스를 이용하여 밑그림을 그렸다.

- 6세 여자 아이는 자신의 형태 이미지를 머리에 리본과 머리카락, 눈동자, 입, 목, 몸통, 두 팔, 다섯 손가락, 다리, 네 개의 발가락 순으로 표현했다.

⟨그림 04⟩ **자화상** - 6세 여자 아이

- 이 아이는 자신의 신체 중에서 진한 눈동자, 강조된 입술, 생략된 코, 편 다섯 손가락, 몸통에서 떨어지고 선으로 된 팔과 다리를 묘사했다.

형태 심리

이 그림에 나타난 자화상의 형태심리는 크게 여섯 가지로 나눌 수 있다.

- 첫 번째, **진한 눈동자**는 망상적 성격 소유자로 볼 수 있다. 또한 무엇이든지 보여 지는 것을 제한하는 의미를 담고 있다.

- 두 번째, **강조된 입술**은 구순적 성욕을 의미한다.

- 세 번째, **생략된 코**는 성적 갈등과 성적 미숙을 상징한다.

- 네 번째, **편 다섯 손가락**은 손의 활동에 불안한 감정을 나타낸다.

- 다섯 번째, **몸통에서 떨어지고 선으로 된 팔**은 부적절함과 매우 수동적인 성격의 소유자를 뜻한다.

- 여섯 번째, **선으로 된 다리**는 대처 능력이 부적절하고, 매우 수동적인 태도를 내포하고 있다.

형태 분석

- 이 그림은 자기 자신의 서 있는 모습이며, 검정색 크레파스를 이용하여 밑그림을 그렸다.

〈그림 05〉 **자화상** - 6세 여자 아이

- 6세 여자 아이는 자신의 형태 이미지를 머리카락과 머리, 진한 눈동자, 선으로 된 코, 이빨이 보인 입, 목, 몸통, 두 팔, 다섯 손가락 순으로 표현했다.
- 이 아이는 자신의 신체 중에서 매우 큰 머리, 선으로 된 코, 길이가 다른 팔과 넓게 벌린 팔, 세 개인 손가락, 생략된 몸통, 짧은 다리를 묘사했다.

형태 심리

이 그림에 나타난 자화상의 형태심리는 크게 일곱 가지로 나눌 수 있다.

- 첫 번째, **매우 큰 머리**는 무엇을 하든지 적극성을 보이며, 무의식적으로 지적인 것을 열망하고, 공상에 만족한다. 때로는 두통이나 질병, 기타의 내장(內臟)의 징후가 나타난다.
- 두 번째, **생략된 코(선으로 된 코)**는 성적 갈등이나 성적 미숙을 의미한다.
- 세 번째, **길이가 다른 팔**은 양가감정을 뜻한다.
- 네 번째, **넓게 벌린 팔**은 강대함을 나타내고, 공격적이거나 적극적인 요구를 원한다.
- 다섯 번째, **세 개인 손가락**은 세상의 통제력에 부적절감을 나타낸다.
- 여섯 번째, **생략된 몸통**은 퇴행이 심하고, 사고 장애나 신경학적 장애를 상징한다.
- 일곱 번째, **짧은 다리**는 대처 능력의 부적절감이 나타나고, 억제하는 경향과 수동적인 태도를 보여 준다.

:: 집(house, H)

상태	심리적 · 임상적 의미
집	고향이나 보호를 의미
문	접근 가능성
벽	자아 강도와 자아 통제력
굴뚝	가족 관계와 분위기, 가족 간의 애정과 교류
지붕	내적인 공상 활동, 자신의 생각 · 관념 · 기억의 인지 과정
계단 및 출입구	근접성(approachability)
집과 지면의 선	사람과 현실의 접촉, 그 접촉의 안정성

:: 나무(tree, T)

상태	심리적 · 임상적 의미
나무 기둥	내면화 된 자기의 힘
뿌리	근본적인 모습
가지	현 상황에 대처하는 능력, 소망, 노력하는 태도
나무 그림의 주제	개인이 경험하는 갈등과 정서적 어려움

:: 사람(person, P)

상태	심리적 · 임상적 의미
사람	현재의 자신, 그가 느끼는 자신, 그가 바라보는 인물
머리	인지적 능력(지적 능력, 공상 활동)
눈	관계 형성
코	정서적 자극, 외모의 관심
입	사람의 생존, 심리적인 충족
귀	정보의 통로
턱	경험적 자기주장과 관련
어깨	책임
가슴	자신의 능력이나 힘
유방	성적 매력, 의존 · 애정 욕구
몸통	내적인 힘
손	세상과 교류, 자신의 욕구 충족
허리	성적 행동(성행위)
다리	위치와 충족감
발	의존성 · 독립성의 연속선상에 있는 위치
가랑이	성적인 능력 · 매력의 적절감

2 태양(sun)

1) 긴 후광[78]

아이들 그림에서는 태양과 태양의 크기가 여러 가지 형태로 나타난다. 태양은 아버지를 상징하고, 태양의 크기는 욕구의 정도를 표시한다. 예를 들면, 정상적인 후광이 있는 태양, 태양 속에 얼굴이 있는 그림, 화지의 모서리에 잘린 태양, 분광(spectrum)으로 분열된 태양, 흐트러진 태양, 후광이 없는 태양들로 나누어진다.

형태 분석

- 이 그림은 아버지를 상징하는 태양을 빨간색 크레파스로 그렸다.
- 6세 여자 아이는 태양을 종이의 상단 중앙, 팔랑개비처럼 도는 부드러움과 긴 후광, 태양의 후광을 여러 개 그렸다.

〈그림 06〉 **긴 후광** – 6세 여자 아이

형태 심리

이 그림에 나타난 태양의 형태심리는 크게 세 가지로 나눌 수 있다.

- 첫 번째, <u>상단 중앙의 태양</u>은 정상적인 아버지를 나타낸다.
- 두 번째, <u>팔랑개비처럼 도는 부드러운 후광</u>은 아버지에게 애정을 요구하나 미치지 못한다.
- 세 번째, <u>긴 후광</u>은 성가신 아버지 또는 자기의식이 강하다.

---

78) 후광은 다른 말로 해의 머리카락이라고도 함.

2) 얼굴이 그려진 태양

형태 분석

- 이 그림은 태양을 빨간색 크레파스로 그렸다.
- 6세 여자 아이는 태양을 종이의 왼쪽 상단과 그 속에 얼굴을 표현했다.

형태 심리

〈그림 07〉 **얼굴이 그려진 태양** - 6세 여자 아이

이 그림에 나타난 태양의 형태심리는 크게 세 가지로 나눌 수 있다.

- 첫 번째, 왼쪽 상단에 그린 태양은 아버지에 대해 문제가 없음을 나타낸다.
- 두 번째, 태양 속의 얼굴은 대체적으로 이상이 있음을 의미하고, 얼굴 상태에 따라 해석이 다르게 나타난다. 이 그림은 눈에 눈물이 고여 있는 표정으로 보아 슬픔이 있음을 암시한다.
- 세 번째, 태양 속의 얼굴은 범심적(汎心的) 사고가 강함을 보여 준다.

3) 잘린 태양

형태 분석

- 이 그림은 태양을 빨간색으로 밑그림을 그렸고, 이 색으로 칠했다.
- 6세 여자 아이는 태양을 크게 그렸고, 종이의 오른쪽 상단에 표현했으나 잘렸으며, 후광을 강하게 표현했다.

〈그림 08〉 **잘린 태양** - 6세 여자 아이

형태 심리

이 그림에 나타난 태양의 형태심리는 크게 세 가지로 나눌 수 있다.

- 첫 번째, <u>크게 그린 태양</u>은 권위가 강한 아버지를 의미한다.
- 두 번째, <u>잘린 태양</u>은 아버지의 사망을 뜻한다. 또한 아버지가 제 역할이 못하면 사망처럼 인식할 수 있다.
- 세 번째, <u>강한 후광</u>은 자기 현시적(顯示的)이며, 권위가 있는 아버지를 상징한다.

4) 분광으로 분열된 태양

형태 분석

- 이 그림은 태양을 빨간색 크레파스로 밑그림을 그렸고, 노란색으로 칠했다.
- 6세 여자 아이는 분광(spectrum)으로 분열된 태양을 그렸고, 느슨하게 일그러진 후광을 표현했다.

〈그림 09〉 **분광으로 분열된 태양** - 6세 여자 아이

형태 심리

이 그림에 나타난 태양의 형태심리는 크게 두 가지로 나눌 수 있다.

- 첫 번째, <u>분광(spectrum)으로 분열된 태양</u>은 사망한 아버지를 의미한다.
- 두 번째, <u>느슨하게 일그러진 후광</u>은 아버지의 애정 부족이나 손과 발이 자유스럽지 못한 아버지를 암시한다.

5) 흐트러진 후광

형태 분석

- 이 그림은 태양을 녹색 크레파스로 밑그림을 그렸고, 이 색으로 칠했다.
- 6세 여자 아이는 태양을 낮게 그렸고, 후광이 길며, 흐트러진 후광을 표현했다.

〈그림 10〉 흐트러진 후광 - 6세 여자 아이

형태 심리

이 그림에 나타난 태양의 형태심리는 크게 세 가지로 나눌 수 있다.

- 첫 번째, <u>낮게 그린 태양</u>은 아버지와 정신적인 거리감을 나타낸다.
- 두 번째, <u>긴 후광</u>은 성가신 아버지 또는 자기의 의식이 강한 아버지를 상징한다.
- 세 번째, <u>흐트러진 후광</u>은 성미가 급하고, 화를 잘 내는 아버지를 의미한다. 또한 아버지의 잘못된 교육에서 오는 심적 혼란을 보여 준다.

미술치료에 나타난

형태 심리

미술치료에 나타난 **형태 심리** —○

초등학생 그림의 형태 분석

Form Analysis of Elementary School Child Picture

초등학생 그림의 형태 분석
Form Analysis of Elementary School Child Picture

1 가족화(family drawing)

1) 가족화

형태 분석

- 이 그림은 가족의 형태를 검정색 사인펜으로 밑그림을 그렸고, 크레파스를 사용하여 형태와 바탕을 칠했다.
- 초등학교 3학년 여자 아이는 가족을 할머니, 아버지, 엄마, 본인, 첫째 동생, 둘째 동생을 그렸다.
- 이 여자 아이는 가족의 형태 이미지를 서열화 된 모습으로 거실에 일렬로 서 있다. 오른쪽 하단에는 화분, 상단에는 인터폰과 커튼을 가로와 세로로 묘사했다.

〈그림 01〉 **가족화** - 초등 3학년 여자 아이

형태 심리

이 그림에 나타난 가족의 형태심리는 크기에 따른 집안의 서열화, 옷의 표현, 두 송이의 노란색 꽃, 주먹 쥔 손 크게 다섯 가지로 나눌 수 있다.

- 첫 번째, <u>아이들 그림에서 나타난 서열화</u>는 힘이 세거나 영향력이 큰 사람을 크게 그리거나, 중앙이나 맨 앞에 그리는 것이 일반적인 특징이다. 이 그림에서도 이런 특징을 쉽게 찾아볼 수 있다.

  할머니의 팔은 직선으로 나란히 처리했지만, 나머지 식구들은 두 손이 앞으로 모아져 있다(브이 모양). 이는 할머니에 대한 공손한 태도 또는 할머니의 영향력에 주눅이 들어 있는 상태를 의미할 수도 있다. 또한 가족끼리 붙어 있는 점으로 보아 가족 간의 상호작용은 좋은 편이다.

- 두 번째, **옷의 표현**으로는 원피스를 입은 엄마와 본인, 첫째 동생은 양팔에 선이 그어져 있다. 그러나 막내 동생은 선이 생략되었고, 다른 식구들에 비해 머리카락이 길고 많다. 막내 동생에 대한 표현은 자신감과 자기주장이 강해 때때로 공격적인 태도를 보이므로 싫어한다는 의미이다.
- 세 번째, **할머니 옷에 달린 단추**는 엄마의 단추에 비해 진한 색으로 표현했으며, 이것은 엄마와 비교해 할머니의 절대적인 영향력을 나타낸다.
- 네 번째, **두 송이의 노란색 꽃**은 가족 내에 아버지와 같은 만곡증(彎曲症, 꼽추) 장애를 나타내고 있으며, 가족에 대해 관심과 의존적 욕구를 의미하고, 특히 노란색 심리는 의존적 상징성을 나타낸다.
- 다섯 번째, **주먹 쥔 손**은 억압된 공격성을 상징한다.

형태 분석

- 이 그림은 가족의 형태를 여러 가지 크레파스로 밑그림을 그렸으며, 각각의 크레파스를 사용하여 형태를 칠했다.
- 초등학교 1학년 여자 아이는 가족의 서열을 알 수 없게 똑같은 크기로 그렸다. 왼쪽부터 동생, 본인, 엄마, 아버지, 동생 순으로 표현했다.
- 이 가족화의 눈여겨 볼 점은 모두 진한 머리카락, 진한 눈동자, 코와 입을 생략한 것들이다.

〈그림 02〉 **가족화** - 초등 1학년 여자 아이

형태 심리

이 그림에 나타난 형태심리는 크게 네 가지로 나누어 볼 수 있다.
- 첫 번째, **진한 머리카락**은 사고 공상에 대한 불만을 보여 준다.

- 두 번째, **진한 눈동자**는 공격적 또는 적대적 자기주장이 강함을 시사한다.
- 세 번째, **생략된 코**는 자신이 타인에게 어떻게 보일지 예민함 또는 사회적 상황에 위축되어 회피하는 것을 나타낸다. 코는 사람의 생존이나 심리적인 충족을 의미한다.
- 네 번째, **생략된 입**은 애정 교류에 좌절감, 무능력감, 위축감, 양가감정, 부모와 상당한 갈등이나 결핍을 상징한다.

형태 분석

- 이 그림은 나, 아버지와 아버지의 애인, 할머니, 왼쪽과 오른쪽 각각의 나무 한 그루, 봉우리 3개의 산봉우리, 하늘, 풀밭, 돌을 검정색 사인펜으로 그렸다.
- 초등학교 5학년 남자 아이는 산을 배경으로 앞줄 왼쪽에 야구 방망이와 야구공을 들고 서 있는 본인, 오른쪽에 할머니, 뒷줄 왼쪽에 아버지, 오른쪽에 아버지의 애인(새엄마)으로 보이는 여자를 각각 거리감 있게 표현했다.

〈그림 03〉 **가족화** – 초등 5학년 남자 아이

- 이 남자 아이는 가족의 형태 이미지를 본인과 할머니의 거리가 많이 떨어져 있으며, 아버지와 아버지의 애인이 손을 잡고 서 있는 포즈로 묘사했다. 이 그림에 나타난 집안의 분위기는 할머니와 아이의 외면으로 공격적이고, 화난 아버지의 얼굴과 아버지 애인의 표정을 읽을 수 있다.

형태 심리

이 그림에 나타난 형태심리는 크게 아홉 가지로 나누어 볼 수 있다.

- 첫 번째, **야구 방망이를 든 손**은 공격성과 억압된 분노감을 투사시킨다.
- 두 번째, **목이 없는 아버지와 본인**은 인지 활동이나 통제력이 모두 약화되었고, 뇌기능이나 사고 장애가 있을 수 있음을 의미한다.
- 세 번째, **머리카락을 위로 세운 집안 식구들**은 자아가 모두 강하고, 자기중심적이므로 화합이 안 된다. 이것은 식구들의 신체적인 방향(시점)에서도 나타난다.

- 네 번째, <u>남자처럼 묘사한 아버지 애인의 배 부분의 동그라미</u>는 임신을 의미하며, 애인도 자아가 매우 강하므로 쉽게 화합을 이룰 수가 없다.

〈그림 03〉 **가족화의 확대**

- 다섯 번째, <u>나무 기둥에 옹이구멍의 세밀한 묘사</u>는 본인의 성장과정에서 경험한 외상적 사건을 의미하며, 이것은 부모의 이혼으로 어린 나이에 겪어야 할 충격적인 생활 그 자체를 나타낸다. 바탕색으로 뭉개고 잘려진 태양은 아버지의 사망을 의미하지만, 이 아이는 부모의 이혼을 아버지의 사망처럼 충격적인 사건으로 받아들이고 있으며, 아버지가 제 역할을 하지 못함을 의미한다.

- 여섯 번째, <u>가지 수가 적은 나뭇가지</u>는 욕구를 건전하게 발달시킬 힘이 모자람을 상징한다.

- 일곱 번째, <u>지나치게 뾰쪽뾰쪽한 가지</u>는 지나치게 내향적 또는 사회적 위축을 나타낸다.

- 여덟 번째, <u>본인과 할머니와의 거리감</u>은 상호 의존적 관계가 좋지 않음을 시사한다.

- 아홉 번째, <u>3개의 산봉우리</u>는 엄마를 상징한다.

2 **자화상**(self portrait)

1) 자화상

자화상의 심리적 또는 임상적 의미는 크게 다섯 가지를 내포하고 있다.
첫 번째는 현재의 자신
두 번째는 그가 느끼는 자기 자신
세 번째는 그가 바라는 인물
네 번째는 성적 역할에 대한 개념
다섯 번째는 일반적인 대인 관계에 대한 그의 태도

형태 분석

- 이 그림은 서 있는 자신의 모습을 연필로 그렸으며, 크레파스로 칠했다.
- 초등학교 4학년 여자 아이는 머리와 머리카락, 눈썹, 눈, 눈동자, 속눈썹, 입, 목, 몸통, 팔, 다리를 표현했다.
- 이 아이는 자신의 형태 이미지를 너무 큰 머리, 너무 큰 눈, 코가 없고, 빨간색으로 강조한 입술, 뒤로 돌린 팔과 손, 단추, 좁은 몸통, 몸통에 수직선을 표현했다.

〈그림 04〉 **자화상** - 초등 4학년 여자 아이

형태 심리

이 그림에 나타난 자화상의 형태심리는 크게 여덟 가지로 나눌 수 있다.

- 첫 번째, <u>너무 큰 머리</u>는 지적 능력에 대한 불안감과 과도한 보상 욕구로 과시적인 표출을 의미한다.
- 두 번째, <u>너무 큰 눈</u>은 타인과의 교류에 지나친 예민함을 보여 준다.
- 세 번째, <u>없는 코</u>는 자신이 타인에게 어떻게 보일지에 대한 예민함과 사회적 상황을 위축시키거나 회피하는 경향을 보인다.

- 네 번째, **빨간색으로 강조한 입술**은 구순적 성욕을 암시한다.
- 다섯 번째, **뒤로 돌린 팔과 손**은 공격적 또는 적대적 감정을 억제하려고 한다.
- 여섯 번째, **단추**는 정돈의 의미와 내적인 힘, 안정감을 얻기 위한 의존과 자기 대상의 욕구를 상징한다.
- 일곱 번째, **좁은 몸통**은 열등 감정과 충동적 불안을 보여 준다.
- 여덟 번째, **몸통의 수직선**은 내적인 힘과 유능함이 불안하여 긴장감을 나타낸다.

> 몸의 다른 부분에 비해 이상적으로 큰 머리는 크게 여섯 가지로 나눌 수 있다.
> - 첫 번째, 정신적으로 발달이 늦기 때문에 욕구 불만을 갖으며, 두뇌를 지나치게 과대평가 하는 사람이다.
> - 두 번째, 정상적인 지능을 가지고 있어도 학교 공부를 잘 못해서 적응을 못하는 사람이다.
> - 세 번째, 몸의 상처 때문에 아직 머리가 아프거나, 자극에 지나치게 예민한 사람이다.
> - 네 번째, 자격 또는 도덕적 허영 때문에 머리를 뚜렷하게 그린다.
> - 다섯 번째, 환상에 사로잡힌 사람이 머리를 크게 그린다. 그 이유로 사람이 머릿속에 살고 있기 때문이다.
> - 여섯 번째, 큰 머리는 아이들과 의존적인 사람이 많이 그린다. 그 이유는 머리가 사회적 의사소통과 의존성의 중추적 기관이기 때문이다.

형태 분석

- 이 그림은 서 있는 자신의 모습을 연필로 그렸으며, 크레파스로 칠했다.
- 초등학교 4학년 여자 아이는 머리와 머리카락 그리고 리본, 눈, 눈동자, 속눈썹, 입, 목, 몸통, 팔, 다리를 표현했다.
- 이 아이는 자신의 형태 이미지를 너무 큰 머리, 진한 머리카락, 너무 큰 눈, 속눈썹, 코가 없고, 벌린 입, 밖으로 뻗는 팔, 강조한 엉덩이를 표현했다.

〈그림 05〉 **자화상**-초등 4학년 여자 아이

형태 심리

이 그림에 나타난 자화상의 형태심리는 크게 여덟 가지로 나눌 수 있다.

- 첫 번째, <u>너무 큰 머리</u>는 정상적인 지능을 가지고 있어도 학교 공부를 잘 못해서 적응을 못하는 사람을 나타낸다.
- 두 번째, <u>진한 머리카락</u>은 사고 공상에 대한 불안을 뜻한다.
- 세 번째, <u>너무 큰 눈</u>은 타인과의 교류에 지나친 예민함을 보여 준다.
- 네 번째, <u>표현된 속눈썹</u>은 타인과의 교류에 과민하게 집착하며, 강박적이거나 히스테리 그리고 자기애적인 성격의 소유자임을 암시한다.
- 다섯 번째, <u>표현되지 않는 코</u>는 자신이 타인에게 어떻게 보일지에 대한 예민함과 사회적 상황을 위축시키거나 회피하는 경향을 보인다.
- 여섯 번째, <u>벌린 입</u>은 대인 관계의 무기력감 또는 수동적인 태도를 암시한다.
- 일곱 번째, <u>밖으로 뻗는 팔</u>은 타인과의 교류를 갈망하는 감정을 나타낸다.
- 여덟 번째, <u>강조한 엉덩이</u>는 성의 정체감이나 성적 대상에 대한 정보를 제공한다.

형태 분석

- 이 그림은 걸어가고 있는 자신의 모습을 연필로 그렸으며, 여러 가지 크레파스로 칠했다.
- 초등학교 4학년 남자 아이는 머리와 머리카락, 눈, 눈동자, 눈썹, 코, 입, 귀, 목, 몸통, 팔, 다리를 표현했다.
- 이 아이는 자신의 형태 이미지를 너무 큰 머리, 진하고 위로 선 머리카락, 곡선으로 진하게 그린 눈썹, 너무 큰 눈, 냉

〈그림 06〉 **자화상** – 초등 4학년 남자 아이

소적 웃음을 띤 입, 좁고 긴 몸통, 주먹을 쥔 손, 길이가 똑같지 않는 다리, 신발의 단순화를 표현했다.

형태 심리

이 그림에 나타난 자화상의 형태심리는 크게 열한 가지로 나눌 수 있다.
- 첫 번째, <u>너무 큰 머리</u>는 정신적으로 발달이 늦기 때문에 욕구 불만을 갖는다.
- 두 번째, <u>진하게 그린 눈썹</u>은 공격적인 태도를 상징한다.

- 세 번째, <u>곡선의 눈썹</u>은 경멸적인 태도를 의미한다.
- 네 번째, <u>진한 머리카락</u>은 사고 공상에 대한 불안이 있다.
- 다섯 번째, <u>위로 선 머리카락</u>은 자아가 강하고 자기중심적인 성향을 보여 준다.
- 여섯 번째, <u>너무 큰 눈</u>은 타인과의 교류에 지나친 예민함을 나타낸다.
- 일곱 번째, <u>냉소적 웃음을 띤 입</u>은 성격적으로 적대감이나 공격성이 내재되어 있음을 암시한다.
- 여덟 번째, <u>좁고 긴 몸통</u>은 스스로 부족한 내적 힘을 과잉으로 보상받고자 하는 마음을 의미한다.
- 아홉 번째, <u>주먹을 쥔 손</u>은 억압된 공격성을 내포하고 있다.
- 열 번째, <u>길이가 똑같지 않은 다리</u>는 충동과 자기 통제 그리고 갈등, 정신증적 상태, 지적 장애를 암시한다.
- 열한 번째, <u>신발의 단순화</u>는 자율성이 미성숙한 수준의 단계를 상징한다.

형태 분석

- 이 그림은 서 있는 자신의 모습을 연필로 그렸으며, 여러 가지 크레파스로 칠했다.
- 초등학교 4학년 남자 아이는 머리와 머리카락, 눈, 눈썹, 코, 입, 귀, 목, 몸통, 팔과 손, 다리를 표현했다.
- 이 아이는 자신의 형태 이미지를 너무 큰 머리, 연한 머리카락, 진하게 그린 눈썹, 선으로 그린 큰 눈, 웃음을 띤 입, 좁

〈그림 07〉 **자화상** - 초등 4학년 남자 아이

고 긴 몸통, 편 손가락, 가늘고 긴 다리, 정반대의 두 발을 표현했다.

형태 심리

이 그림에 니타난 자화상의 형태심리는 크게 아홉 가지로 나눌 수 있다.

- 첫 번째, <u>너무 큰 머리</u>는 정신적으로 발달이 늦기 때문에 욕구 불만을 갖으며, 두뇌를 지나치게 과대평가 하는 사람을 나타낸다.

- 두 번째, <u>연한 머리카락</u>은 겁쟁이 또는 꼼한 성격의 소유자를 의미한다.
- 세 번째, <u>진하게 그린 눈썹</u>은 공격적인 성향을 말한다.
- 네 번째, <u>선으로 그린 큰 눈</u>은 어떤 제약이나 한계를 느끼고 있으므로 감정의 교류를 좁힌다.
- 다섯 번째, <u>웃음을 띤 입</u>은 타인의 애정을 지나치게 원하고, 타인과 밀접한 관계를 몰두하는 타입이다.
- 여섯 번째, <u>좁고 긴 몸통</u>은 스스로 부족한 내적 힘을 과잉으로 보상받고자 하는 마음이다.
- 일곱 번째, <u>편 손가락</u>은 손의 활동에 불안한 마음을 가지고 있다.
- 여덟 번째, <u>가늘고 긴 다리</u>는 대처 능력의 부적절함, 억제하는 경향이나 수동적인 태도를 상징한다.
- 아홉 번째, <u>정반대의 두 발</u>은 우유부단한 성격과 자신감 없음을 내포하고 있다.

형태 분석

- 이 그림은 서 있는 자신의 모습을 연필로 그렸으며, 여러 가지 크레파스로 칠했다.
- 초등학교 3학년 여자 아이는 머리와 머리카락, 눈, 속눈썹, 코, 입, 목, 몸통, 팔, 다리를 표현했다.
- 이 아이는 자신의 형태 이미지를 아주 작게 그린 모습, 너무 큰 머리, 연한 머리카락, 진하게 그린 눈과 속눈썹, 눈동

〈그림 08〉 **자화상** – 초등 3학년 여자 아이

자, 강조한 빨간색 입술, 너무 가는 목, 너무 작은 몸통, 뒤로 돌린 팔, 벌린 다리를 표현했다.

형태 심리

이 그림에 나타난 자화상의 형태심리는 크게 열한 가지로 나눌 수 있다.
- 첫 번째, <u>아주 작게 그린 모습</u>은 수줍음, 열등감, 사회적 불안감, 압박감, 자아 구조나

자아 강도가 낮다.

- 그림 속의 사람 크기는 메시지를 전달하는 예가 되며, 발달의 경험이란 측면에서 볼 때 아이들을 이해할 수 있는 힘이 된다.
- 두 번째, <u>너무 큰 머리</u>는 정신적으로 발달이 늦기 때문에 욕구 불만을 갖으며, 두뇌를 지나치게 과대평가 하는 사람이다.
- 세 번째, <u>연한 머리카락</u>은 겁쟁이 또는 꽁한 성격의 소유자를 의미한다.
- 네 번째, <u>진하게 그린 눈</u>은 불안감과 긴장감, 타인의 의심과 방어적 태도, 편집증 경향을 나타낸다.
- 다섯 번째, <u>진하게 그린 속눈썹</u>은 강박과 히스테리 또는 자기애적인 성격의 소유자임을 암시한다.
- 여섯 번째, <u>진하게 그린 눈동자</u>는 공격적 또는 적대적 자기주장을 상징한다.
- 일곱 번째, <u>강조한 빨간색 입술</u>은 구순적 성욕을 내포하고 있다.
- 여덟 번째, <u>너무 가는 목</u>은 자기 행동에 대한 통제력 상실을 뜻한다.
- 아홉 번째, <u>너무 작은 몸통</u>은 수동적이고 억제된 행동을 보여 준다.
- 열 번째, <u>뒤로 돌린 팔</u>은 공격적 또는 적대적 감정을 억제하려고 한다.
- 열한 번째, <u>벌린 다리</u>는 안정적인 보상을 기대한다.

형태 분석

- 이 그림은 서 있는 자신의 모습을 연필로 그렸으며, 크레파스로 칠했다.
- 초등학교 3학년 남자 아이는 머리와 머리카락, 눈, 눈썹, 눈동자, 코, 입, 목, 몸통, 팔과 손, 다리와 발을 표현했다.
- 이 아이는 자신의 형태 이미지를 아주 작은 모습으로 그렸으며, 큰 머리, 연한 머리카락, 진하게 그린 눈과 속눈썹, 눈동자, 가로 선으로 그린 입술, 작게 그린

〈그림 09〉 **자화상** – 초등 3학년 남자 아이

입술, 너무 짧은 목, 주먹을 쥔 손, 벌린 다리를 표현했다.

형태 심리

이 그림에 나타난 자화상의 형태심리는 크게 열한 가지로 나눌 수 있다.

- 첫 번째, <u>아주 작게 그린 모습</u>은 수줍음, 열등감, 사회적 불안감, 압박감, 자아 구조나 자아 강도가 낮다.
- 두 번째, **큰 머리**는 정신적으로 발달이 늦기 때문에 욕구 불만을 갖으며, 두뇌를 지나치게 과대평가 하는 사람이다.
- 세 번째, <u>연한 머리카락</u>은 겁쟁이 또는 꽁한 성격의 소유자를 의미한다.
- 네 번째, <u>진하게 그린 눈</u>은 불안감과 긴장감, 타인의 의심과 방어적 태도, 편집증 경향을 나타낸다.
- 다섯 번째, <u>진하게 그린 속눈썹</u>은 강박과 히스테리 또는 자기애적인 성격의 소유자임을 암시한다.
- 여섯 번째, <u>진하게 그린 눈동자</u>는 공격적 또는 적대적 자기주장을 상징한다.
- 일곱 번째, <u>가로 선으로 그린 입술</u>은 타인의 정서적 교류에 무감각과 냉정함을 뜻한다.
- 여덟 번째, **작게 그린 입술**은 상처를 받지 않기 위해 상호작용을 회피하고, 타인의 애정 어린 태도를 거절하며, 과거에 절망감이나 우울감의 경험이 있음을 나타낸다.
- 아홉 번째, <u>너무 짧은 목</u>은 통제력이 부족하여 충동적인 감정을 표출시킨다.
- 열 번째, <u>주먹을 쥔 손</u>은 억압된 공격성을 가리킨다.
- 열한 번째, <u>벌린 다리</u>는 안정적인 보상을 기대한다.

형태 분석

- 이 그림은 서 있는 자신의 모습을 연필로 그렸으며, 크레파스로 칠했다.
- 초등학교 5학년 여자 아이는 머리와 머리카락, 눈, 속눈썹, 눈동자, 코, 입, 목, 몸통, 팔과 손, 다리와 발을 표현했다.
- 이 아이는 자신의 형태 이미지를 큰 머리, 진한 머리카락, 큰 눈, 진하게 그린 눈, 진한 속눈썹, 화장한 긴 속눈썹, 큰

〈그림 10〉 **자화상** - 초등 5학년 여자 아이

눈동자, 큰 코, 큰 입, 너무 가는 목, 너무 가냘픈 팔, 편 손, 벌린 다리, 굵기가 다른 다리를 표현했다.

형태 심리

이 그림에 나타난 자화상의 형태심리는 열세 가지로 나눌 수 있다.

- 첫 번째, **큰 머리**는 정신적으로 발달이 늦기 때문에 욕구 불만을 갖으며, 두뇌를 지나치게 과대평가 하는 사람이다.
- 두 번째, **진한 머리카락**은 사고 공상에 대한 불안이 있다.
- 세 번째, **큰 눈**은 타인과의 교류에 지나친 예민함을 나타낸다.
- 네 번째, **진하게 그린 눈**은 불안감과 긴장감, 타인의 의심과 방어적 태도 그리고 편집증 경향을 보인다.
- 다섯 번째, **진한 속눈썹**은 공격적인 태도를 품고 있다.
- 여섯 번째, **화장한 긴 속눈썹**은 눈의 성적, 전시적 효과와 매력을 표시한 것이다.
- 일곱 번째, **큰 코**는 타인과의 정서적 자극이 예민하고, 외모에 지나친 관심이 있다.
- 여덟 번째, **큰 입**은 정서적 또는 애정의 교류에 불안감을 느끼고, 과도하게 적극적 또는 역공포적(counter phobic)인 경향을 보인다.
- 아홉 번째, **너무 가는 목**은 자기 행동에 대한 통제력이 상실됨을 보여 준다.
- 열 번째, **너무 가냘픈 팔**은 열등감, 노력하는 보람이 없는 감정을 말한다.
- 열한 번째, **편 손**은 손의 활동에 불안감을 느낀다.
- 열두 번째, **벌린 다리**는 안정적 보상을 의미한다.
- 열세 번째, **굵기가 다른 다리**는 신경학적 장애, 정신증적 상태, 지적 장애가 숨어 있다.

형태 분석

- 이 그림은 서 있는 자신의 모습을 연필로 먼저 그린 후 검정색 사인펜으로 다시 그렸다.
- 초등학교 3학년 여자 아이는 머리와 묶은 머리카락, 눈, 눈썹, 눈동자, 코, 입, 귀, 목, 몸통, 팔과 손, 다리와 발을 표현했다.

〈그림 11〉 **자화상** - 초등 3학년 여자 아이

- 이 아이는 자신의 형태 이미지를 너무 큰 머리, 연한 머리카락, 진하게 그린 눈동자, 작은 코, 작은 귀, 큰 입, 너무 가는 목, 너무 가냘픈 팔, 편 손, 작은 손, 벌린 다리, 가는 다리, 흔든 다리를 표현했다.

형태 심리

이 그림에 나타난 자화상의 형태심리는 크게 열세 가지로 나눌 수 있다.

- 첫 번째, **너무 큰 머리**는 몸의 상처 때문에 아직 머리가 아프거나 자극에 지나치게 예민한 사람이다.
- 두 번째, **연한 머리카락**은 겁쟁이 또는 꽁한 성격의 소유자를 의미한다.
- 세 번째, **진하게 그린 눈동자**는 공격적 또는 적대적 자기주장을 상징한다.
- 네 번째, **작은 코**는 외모에 자신이 없어서 위축되거나 타인과의 교류가 수동적이며, 회피하는 경향을 보인다.
- 다섯 번째, **작은 귀**는 정서적인 자극을 회피하거나 위축되어 보인다.
- 여섯 번째, **큰 입**은 정서적 또는 애정의 교류에 불안감을 느끼고, 과도하게 적극적 또는 역공포적이다.
- 일곱 번째, **너무 가는 목**은 자기 행동에 대한 통제력이 상실됨을 보여 준다.
- 여덟 번째, **너무 가냘픈 팔**은 열등감 또는 노력하는 보람이 없는 감정을 말한다.
- 아홉 번째, **편 손**은 손의 활동에 불안감을 느낀다.
- 열 번째, **작은 손**은 통제력이 부족하고, 수동적 또는 억제적 방식이 나타난다.
- 열한 번째, **벌린 다리**는 안정적 보상을 의미한다.
- 열두 번째, **가는 다리**는 대처 능력의 부적절감, 억제하는 경향이나 수동적인 태도를 암시한다.
- 열세 번째, **흔든 다리**는 대처 능력이 부적절하여 매우 수동적인 태도를 보인다.

형태 분석

- 이 그림은 서 있는 자신의 모습을 연필로 먼저 그린 후 검정색 사인펜으로 다시 그렸다.

〈그림 12〉 **자화상** - 초등 3학년 남자 아이

- 초등학교 3학년 남자 아이는 머리와 머리카락, 눈, 눈썹, 눈동자, 코, 입, 귀, 목, 몸통, 팔과 손, 다리와 발을 표현했다.
- 이 아이는 자신의 형태 이미지를 너무 큰 머리, 진한 머리카락, 큰 눈, 곡선으로 된 눈썹, 진하게 그린 눈동자, 문질러서 그린 코, 작은 귀, 큰 입, 강조한 입술, 없는 것처럼 그린 목, 축 쳐진 어깨, 길이가 다른 팔, 편 손, 작은 손, 벌린 다리, 길이가 다른 다리, 가는 다리를 표현했다.

형태 심리

이 그림에 나타난 자화상의 형태심리는 크게 열일곱 가지로 나눌 수 있다.
- 첫 번째, <u>너무 큰 머리</u>는 환상에 사로잡힌 사람이 머리를 크게 그린다.
- 두 번째, <u>진한 머리카락</u>은 사고 공상에 대한 불안이 있다.
- 세 번째, <u>큰 눈</u>은 타인과의 교류에 지나친 예민함을 나타낸다.
- 네 번째, <u>곡선으로 된 눈썹</u>은 경멸적인 태도를 의미한다.
- 다섯 번째, <u>진하게 그린 눈동자</u>는 공격적 또는 적대적 자기주장을 상징한다.
- 여섯 번째, <u>문질러서 그린 코</u>는 자위거세(自慰去勢)의 공포가 나타난다.
- 일곱 번째, <u>작은 귀</u>는 정서적인 자극을 회피하거나 위축되어 보인다.
- 여덟 번째, <u>큰 입</u>은 정서적 또는 애정의 교류에 불안감을 느끼고, 과도하게 적극적 또는 역공포적이다.
- 아홉 번째, <u>강조한 입술</u>은 구순적 성욕을 암시한다.
- 열 번째, <u>없는 것처럼 그린 목</u>은 충동 통제나 조절 능력의 약화로 일상생활에 부적절함을 보여 준다.
- 열한 번째, <u>축 쳐진 어깨</u>는 책임감에 대한 우울감이 나타난다.
- 열두 번째, <u>길이가 다른 팔</u>은 양가감정을 상징한다.
- 열세 번째, <u>편 손</u>은 손의 활동에 불안을 느낀다.
- 열네 번째, <u>작은 손</u>은 통제력이 부족하고, 수동적이거나 억제적 방식이 나타난다.
- 열다섯 번째, <u>벌린 다리</u>는 안정적 보상을 받고자 한다.
- 열여섯 번째, <u>길이가 다른 다리</u>는 충동과 자기 억제 그리고 갈등이 일어난다.
- 열일곱 번째, <u>가는 다리</u>는 대처 능력의 부적절감이나 억제하는 경향의 수동적인 태도를 보인다.

- 이 그림은 운동하고 있는 자신의 모습을 연필로 그렸으며, 크레파스로 칠했다.
- 초등학교 3학년 남자 아이는 머리와 머리카락, 눈, 눈썹, 눈동자, 코, 입, 귀, 목, 몸통, 팔과 손, 다리와 축구화, 축구공과 골대, 잔디와 여러 사람을 표현했다.
- 이 아이는 자신의 형태 이미지를 너무 큰 머리, 진한 머리카락, 큰 눈, 곡선으로 된 눈썹, 진하게 그린 눈동자, 문질러

〈그림 13〉 **자화상** - 초등 3학년 남자 아이

서 그린 작은 코, 작은 귀, 작고 가는 목, 쳐진 어깨, 편 손, 작은 손, 크기가 다른 두 손, 벌린 다리, 두께가 다른 다리를 묘사했다.
- 특히, 이 그림은 초등학생 아이들 그림에서 흔히 볼 수 없는 형태를 묘사했고, 전체적으로 왼쪽 상단에 위치하고 있으며, 자신의 모습을 크게 나타내고 있고, 자신의 성기를 크게 표현했다.

이 그림에 나타난 자화상의 형태심리는 여러 가지가 있으나 여기서는 몇 가지만 언급하기로 한다. 왜냐하면 <그림 12>와 같이 동일한 아이가 그린 그림이기 때문이다.

이 그림은 <그림 12>와 비교했을 때 차이가 난 형태심리는 크게 일곱 가지로 나눌 수 있다.

- 첫 번째, <u>작은 목</u>은 스스로 통제를 너무 억제하거나 위축됨을 보여 준다.
- 두 번째, <u>가는 목</u>은 자기 행동에 대한 통제력 상실을 의미한다.
- 세 번째, <u>두께가 다른 다리</u>는 신경학적 장애, 정신증적 상태, 지적 장애를 암시한다.
- 네 번째, <u>왼쪽 상단의 자화상</u>은 퇴행적인 공상(regressive fantasy), 퇴행적인 경향, 불안정감, 위축감, 불안감을 보여 준다.
- 다섯 번째, <u>크게 표현된 자기 모습</u>은 공격성, 충동 조절의 문제, 행동화(acting out) 가능성, 열등감에 의한 과잉 보상을 받고자 한다.
- 여섯 번째, <u>표현된 성기</u>는 자아 기능의 붕괴된 정신증적 상태, 성적 능력의 극심한 불안감과 성 정체성의 불안정을 의미한다.
- 일곱 번째, <u>큰 성기</u>는 자아 통제력의 약화와 정신증적 퇴행을 나타낸다.

3 태양(sun)

1) 후광이 없는 태양

태양의 위치는 상단이면 왼쪽이든 오른쪽이든 문제가 없다.

형태 분석

- 이 그림은 태양을 검정색 사인펜으로 그렸고, 빨간색 크레파스로 칠했다.
- 초등학교 4학년 남자 아이는 태양의 후광을 그리지 않았고, 태양의 테두리를 특수한 후광으로 표현했다.

〈그림 14〉 **후광이 없는 태양** – 초등 4학년 남자 아이

형태 심리

이 그림에 나타난 태양의 형태심리는 크게 두 가지로 나눌 수 있다.
- 첫 번째, **후광이 없는 태양**은 대체로 아버지의 부재나 사망을 의미한다.
- 두 번째, **특수한 후광**은 사망이나 부재, 상태가 이상한 아버지를 상징한다.

2) 약한 후광

형태 분석

- 이 그림은 태양을 검정색 사인펜으로 그렸고, 빨간색 크레파스로 칠했다.
- 초등학교 4학년 남자 아이는 태양을 왼쪽 상단에 잘리게 그렸고, 약한 후광을 표현했다.

〈그림 15〉 **약한 후광** – 초등 4학년 남자 아이

이 그림에 나타난 태양의 형태심리는 크게 두 가지로 나눌 수 있다.

- 첫 번째, <u>잘린 태양</u>은 아버지의 사망을 상징한다. 아버지가 사망 또는 아버지로서 역할을 하지 못한 것도 포함된다.
- 두 번째, <u>약한 후광</u>은 애정이 적은 아버지 또는 부재나 사망한 아버지를 의미한다.

3) 강한 후광

형태 분석

- 이 그림은 태양을 검정색 사인펜으로 그렸고, 빨간색 크레파스로 칠했다.
- 초등학교 4학년 남자 아이는 태양을 왼쪽 상단에 잘리게 그렸고, 강한 후광을 표현했다.

형태 심리

이 그림에 나타난 태양의 형태심리는 크게 두 가지로 나눌 수 있다.

〈그림 16〉 **강한 후광** – 초등 4학년 남자 아이

- 첫 번째, <u>잘린 태양</u>은 사망을 상징한다. 아버지가 사망 또는 아버지로서 역할을 하지 못한 것도 포함된다.
- 두 번째, <u>약한 후광</u>은 애정이 적은 아버지 또는 부재나 사망한 아버지를 보여 준다.

4) 큰 후광

형태 분석

- 이 그림은 태양을 검정색 사인펜으로 그렸고, 빨간색 크레파스로 칠했다.
- 초등학교 4학년 남자 아이는 태양을 왼쪽 상단에 잘렸고, 후광이 없으며, 크기를 크게 표현했다.

〈그림 17〉 **큰 태양** – 초등 4학년 남자 아이

형태 심리

이 그림에 나타난 태양의 형태심리는 크게 세 가지로 나눌 수 있다.

- 첫 번째, <u>잘린 태양</u>은 사망을 상징한다. 아버지가 사망 또는 아버지로서 역할을 하지 못한 것도 포함된다.
- 두 번째, **후광 없는 태양**은 대체로 아버지의 부재나 사망을 내포하고 있다.
- 세 번째, **큰 태양**은 권위가 강한 아버지를 상징한다.
- 이 그림에 나타난 형제들의 표정은 주눅 든 표정으로 서 있다.

5) 분광으로 분열된 태양

형태 분석

- 이 그림은 태양을 검정색 사인펜으로 그렸고, 주황색 크레파스로 칠했다.
- 초등학교 5학년 여자 아이는 태양을 왼쪽 상단에 잘렸고, 분광으로 분열된 태양, 일반적인 후광을 표현했다.

형태 심리

⟨그림 18⟩ **분광으로 분열된 태양** – 초등 5학년 여자 아이

이 그림에 나타난 태양의 형태심리는 세 가지로 나눌 수 있다.

- 첫 번째, <u>잘린 태양</u>은 아버지가 사망 또는 아버지로서 역할을 하지 못한 것도 포함된다.
- 두 번째, **분광으로 분열된 태양**은 사망한 아버지를 의미한다.
- 세 번째, **일반적인 후광**은 아버지의 애정을 특히 요구한다.

6) 얼굴이 그려진 태양

- 이 그림은 태양을 연필로 그렸고, 빨간색 크레파스로 칠했다.
- 초등학교 2학년 남자 아이는 태양을 왼쪽 상단에 잘렸고, 얼굴이 그려진 태양과 흐트러진 후광을 표현했다.

〈그림 19〉 **얼굴이 그려진 태양** – 초등 5학년 여자 아이

이 그림에 나타난 태양의 형태심리는 크게 세 가지로 나눌 수 있다.

- 첫 번째, **잘린 태양**은 아버지가 사망 또는 아버지로서 역할을 하지 못한 것도 포함된다.
- 두 번째, **얼굴이 그려진 태양**은 범심적(汎心的) 사고가 강하고, 대체적으로 이상이 있음을 내포하고 있다. 또한 얼굴의 상태에 따라 달라지는데 입의 표정은 지시하거나 잔소리를 하는 모습이며, 후광은 지시한 내용들처럼 보인다.
- 세 번째, **흐트러진 후광**은 성미가 급하고 화를 잘 내는 아버지, 아버지의 교육 잘못으로 오는 심적 혼란을 말한다.

4 집(house, H)

1) 상단에 위치한 집

집은 자화상 또는 고향이나 보호를 의미하고, 다섯 가지(Buck)를 암시하고 있다.

첫 번째는 본인의 정신적·성적 성숙과 적응 면

두 번째는 접근 가능성

세 번째는 현실과의 접촉면

네 번째는 대인과의 조화면

다섯 번째는 개성(personality)의 엄격함 정도

- 집 : 고향이나 보호를 의미
- 문(doors) : 접근 가능성
- 벽(wall) : 자아 강도와 자아 통제력
- 굴뚝(chimney) : 가족 관계와 분위기, 가족 간의 애정과 교류
- 지붕(roofs) : 내적인 공상 활동, 자신의 생각·관념·기억의 인지 과정
- 계단 및 출입구(stairs or entrance) : 근접성(approachability)
- 집과 지면의 선(house and line of the ground) : 사람과 현실의 접촉, 그 접촉의 안정성

형태 분석

- 이 그림은 집을 연필로 그렸고, 여러 가지 색종이로 붙이고, 크레파스로 칠했다.
- 초등학교 2학년 여자 아이는 집을 오른쪽 상단에 위치시키고, 집 바닥을 녹색으로 진하게 강조, 작은 문과 큰 문, 많은 창문, 알 수 없는(부적절한) 창문, 지붕(기와), 계단이나 출입구가 없고, 주변에 나무를 표현했다.

〈그림 20〉 **상단에 위치한 집** - 초등 2학년 여자 아이

형태 심리

이 그림에 나타난 집의 형태심리는 크게 아홉 가지로 나눌 수 있다.

- 첫 번째, <u>상단에 위치시킨 집</u>은 현실에서 도피하는 경향을 보인다.
- 두 번째, <u>강조한 집 바닥</u>은 불안정함을 나타낸다.
- 세 번째, <u>작은 문</u>은 타인과의 관계 욕구나 거부감, 두려움, 불편감, 양가감정을 의미한다.
- 네 번째, <u>큰 문</u>은 사회적으로 타인의 인정에 지나치게 의존하는 경향이 있다.
- 다섯 번째, <u>많은 창문</u>은 과도한 자신의 개방, 타인과의 관계 욕구, 타인에게 인정 또는 부여주고 싶은 욕구를 상징한다.
- 여섯 번째, <u>알 수 없는(부적절한) 창문</u>은 시공간의 능력 부족과 초기 정신 분열증 환자를 암시한다.
- 일곱 번째, <u>지붕(기와)</u>은 강박적 방식을 엿볼 수 있다.
- 여덟 번째, <u>계단이나 출입구가 없는 경우</u>는 사회적 관계가 수동적이거나 회피적인 태도를 암시한다.
- 아홉 번째, <u>주변의 나무</u>는 부모 형제를 상징하는데 집과 나무의 거리는 가족의 친밀도를 보여 준다.

2) 창문이 없는 집

형태 분석

- 이 그림은 집을 연필로만 그렸다.
- 지적 장애를 앓고 있는 22세 청년은 집을 왼쪽 상단에 위치시키고, 시점을 멀리 잡았다. 또한 이 집은 표준이하이고, 큰 문과 손잡이 없는 작은 문, 창문이 없고, 자세한 지붕(기와), 계단이나 출입구를 생략하여 표현했다.

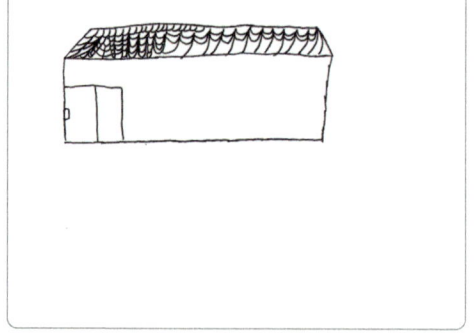

〈그림 21〉 **창문이 없는 집** - 22세 지적 장애자

이 그림에 나타난 집의 형태심리는 크게 여덟 가지로 나눌 수 있다.

- 첫 번째, <u>상단에 위치한 집</u>은 현실에서 도피하는 경향을 보인다.
- 두 번째, <u>멀리 있는 집</u>은 타인에 대한 반감의 기분을 상징한다.
- 세 번째, <u>표준이하(간단함)의 집</u>은 신경증 환자를 암시한다.
- 네 번째, <u>손잡이 없는 문</u>은 세상으로 나가는 것을 불안하거나 저항감, 자기의 세계에 고립을 내포하고 있다.
- 다섯 번째, <u>작은 문</u>은 타인과의 관계 욕구나 거부감, 두려움, 불편감, 양가감정을 의미한다.
- 여섯 번째, <u>창문이 없는 경우</u>는 대인 관계에 불편하거나 위축됨을 시사하고 있다.
- 일곱 번째, <u>자세한 지붕(기와)</u>은 강박적인 방식을 나타내고 있다.
- 여덟 번째, <u>계단이나 출입구가 없는 경우</u>는 사회적 관계가 수동적이거나 회피적인 태도를 암시한다.

3) 가까이 있는 집

형태 분석

- 이 그림은 집을 검정색 사인펜으로 그렸으며, 크레파스로 칠했다.
- 초등학교 4학년 여자 아이는 집을 중앙 상단에 위치시키고, 시점을 매우 가깝게 잡았다. 가까운 시점은 집을 매우 크게 묘사했고, 여러 개의 창문과 활짝 열려 있는 문, 계단을 표현했다.

〈그림 22〉 가까이 있는 집 – 초등 4학년 여자 아이

형태 심리

이 그림에 나타난 집의 형태심리는 크게 네 가지로 나눌 수 있다.
- 첫 번째, <u>매우 큰 집</u>은 가정에서 자기를 나타내고 싶은 욕구를 의미한다.

- 두 번째, **여러 개의 창문**은 과도한 자신의 개방과 타인과의 관계 욕구, 타인에게 인정 또는 보여 주고 싶은 욕구를 상징한다.
- 세 번째, **활짝 열려 있는 문**은 자기 방어의 결핍을 나타낸다.
- 네 번째, **계단**은 타인과의 관계(남자 친구 포함)를 맺고 있음을 암시한다.

5 **나무**(tree, T)

1) 굴곡이 있는 나무

나무 그림의 주제는 개인이 경험하는 갈등과 정서적 어려움을 나타낸다.

> – 나무 기둥(tree pillar) : 내면화 된 자기의 힘
> – 뿌리(roots) : 근본적인 모습
> – 가지(eggplants) : 현 상황에 대처하는 능력, 소망, 노력하는 태도
> – 나무 그림의 주제(theme of picture tree) : 개인이 경험하는 갈등과 정서적 어려움

형태 분석

- 이 그림은 나무를 연필로 그렸으며, 크레파스로 칠했다.
- 초등학교 2학년 남자 아이는 나무를 오른쪽에 위치시키고, 시점을 매우 가깝게 잡았다. 이런 이유 때문에 나무를 매우 크게 묘사할 수밖에 없었고, 나무 기둥이 굴곡이 있다. 너무 큰 가지, 많은 열매, 적은 가지를 표현했다.

〈그림 23〉 **굴곡 있는 나무** – 초등 2학년 남자 아이

형태 심리

이 그림에 나타난 나무의 형태심리는 크게 네 가지로 나눌 수 있다.

- 첫 번째, <u>굴곡이 있는 나무</u>는 성격 구조나 내적 자아가 굴곡 있음을 암시한다.
- 두 번째, <u>너무 큰 가지</u>는 성취동기나 포부가 매우 크다. 환경에 대해 자신이 없지만 과잉 보상이나 과잉 활동을 나타낸다.
- 세 번째, <u>많은 열매</u>는 틀에 꼭 맞게 행동하는 아이에게서 나타난다. 또한 여러 색으로 장식된 것은 엄격한 집의 예의범절을 의미한다.
- 네 번째, <u>적은 가지</u>는 욕구를 건전하게 발달시킬 힘이 모자람을 내포한다.

2) 반듯한 나무

형태 분석

- 이 그림은 나무를 연필로 먼저 그린 후 구름만을 검정색 사인펜으로 다시 그렸다.
- 초등학교 2학년 남자 아이는 나무를 왼쪽에 위치시키고, 반듯한 나무, 나무 기둥에 세 개의 옹이, 뾰쪽한 나뭇가지, 반복적이고 많은 열매, 작은 가지를 표현했다.

〈그림 24〉 **반듯한 나무** - 초등 2학년 남자 아이

형태 심리

이 그림에 나타난 나무의 형태심리는 크게 다섯 가지로 나눌 수 있다.

- 첫 번째, <u>반듯한 나무</u>는 내적 자아의 느낌이나 성격 구조가 대체적으로 반듯함을 의미한다.
- 두 번째, <u>나무 기둥에 세 개의 옹이</u>는 성장과정에서 경험한 외상적 사건이나 자아의 상처가 세 번 정도 있음을 보여 준다.
- 세 번째, <u>뾰쪽한 나뭇가지</u>는 지나치게 내향적이거나 사회적으로 위축됨을 나타낸다.
- 네 번째, <u>반복적이고 많은 열매</u>는 강박적 보상 행동을 위해 불안감을 상쇄시키고, 숨겨진 강한 의존적 욕구와 지나친 내면의 과시를 내포하고 있다.
- 다섯 번째, <u>작은 가지</u>는 상황에 대한 수동적 자세와 환경에 대한 태도를 스스로 억제시킨다.

3) 나뭇가지가 없는 나무

형태 분석

〈그림 25〉 **나뭇가지가 없는 나무** – 초등 4학년 남자 아이

- 이 그림은 나무를 검정색 사인펜으로 그렸으며, 크레파스로 칠했다.
- 초등학교 4학년 남자 아이는 나무를 오른쪽에 위치시키고, 반듯한 나무, 나무 기둥에 두 개의 옹이, 나뭇가지가 없고, 두 개의 열매를 표현했다.

형태 심리

이 그림에 나타난 나무의 형태심리는 크게 네 가지로 나눌 수 있다.

- 첫 번째, <u>반듯한 나무</u>는 내적 자아나 성격 구조가 대체적으로 반듯함을 의미한다.
- 두 번째, <u>나무 기둥에 두 개의 옹이</u>는 성장과정에서 경험한 외상적 사건이나 자아의 상처가 두 번 정도 있음을 보여 준다.
- 세 번째, <u>표현되지 않는 나뭇가지</u>는 상호작용에 매우 억제되어 있고, 사회적으로 위축감과 우울감을 나타낸다.
- 네 번째, <u>두 개의 열매(과일)</u>는 틀이나 규범을 잘 지키지 않고, 사랑이나 관심을 받거나 주고 싶을 때 나타난다.

4) 기울어진 나무

형태 분석

〈그림 26〉 **기울어진 나무** – 초등 4학년 남자 아이

- 이 그림은 나무를 검정색 사인펜으로 그렸으며, 크레파스로 칠했다.
- 초등학교 4학년 남자 아이는 나무를 오른쪽에 위치시켰으나 기울어지게 그렸다. 나무 기둥에 한 개의 옹이, 나뭇가지가 없고 배경에는 열두 그루의 나무를 표현했다.

형태 심리

이 그림에 나타난 나무의 형태심리는 크게 네 가지로 나눌 수 있다.

- 첫 번째, <u>기울어진 나무</u>는 내적 자아가 외적 요인에 손상되거나 또는 압박을 나타낸다.
- 두 번째, <u>나무 기둥에 한 개의 옹이</u>는 성장과정에서 경험한 외상적 사건이나 자아의 상처가 한 번 정도 있음을 보여 준다.
- 세 번째, <u>표현되지 않는 나뭇가지</u>는 상호작용에 매우 억제되어 있고, 사회적으로 위축감과 우울감을 나타낸다.
- 네 번째, <u>많은(열두 그루) 나무</u>는 소유욕이 강한 아이들에게서 많이 나타난다.

6 **사람**(person, P)

1) 아버지

- 머리(head) : 인지적 능력(지적 능력, 공상 활동)
- 눈(eyes) : 관계 형성
- 코(nose) : 정서적 자극, 외모의 관심
- 입(mouth) : 사람의 생존, 심리적인 충족
- 귀(ears) : 정보의 통로
- 턱(chin) : 경험적 자기주장과 관련
- 어깨(shoulders) : 책임(responsibility)
- 가슴(bosom) : 자신의 능력이나 힘
- 유방(busts) : 성적 매력, 의존·애정 욕구
- 몸통(body) : 내적인 힘
- 손(hands) : 세상과 교류, 자신의 욕구 충족
- 허리(waist) : 성적 행동(성행위)
- 다리(legs) : 위치와 충족감
- 발(feet) : 의존성 독립성의 연속선상에 있는 위치
- 가랑이(crotch) : 성적인 능력 매력의 적절감

■ 형태 분석

- 이 그림은 아버지의 모습이며, 노란색 크레파스로 그렸다.
- 초등학교 1학년 여자 아이는 크레파스를 사용하여 얼굴, 목, 넥타이, 몸통, 팔, 손을 표현했다.
- 아버지의 모습은 큰 머리, 머리카락과 눈, 코, 입, 귀를 생략했다. 특히 이 그림을 그리는 데 약 2시간이 걸렸는데 이마저도 아이가 그림을 그리지 않겠다고 버텨서, 필자가 어르고 달래서 겨우 그린 것이다.

〈그림 27〉 **아버지** − 초등 1학년 여자 아이

형태 심리

이 그림에 나타난 아버지의 형태심리는 크게 여섯 가지로 나눌 수 있다.

- 첫 번째, <u>큰 머리</u>는 적극성, 지적인 것을 열망하고, 공상에 만족한다.
- 두 번째, <u>생략된 머리카락</u>은 아버지에 대한 위축감을 상징한다.
- 세 번째, <u>생략된 눈</u>은 타인과 교류하는 데 극심한 불안감이 있으므로 회피하거나 억제하고, 분노감이 쌓이는 것을 의미한다.
- 네 번째, <u>생략된 코</u>는 사회적 상황이 위축되는 것을 나타낸다.
- 다섯 번째, <u>생략된 입</u>은 애정 교류에서 좌절감, 무능력감, 위축감, 양가감정, 부모와 상당한 갈등 또는 결핍을 보여 준다.
- 여섯 번째, <u>생략된 귀</u>는 정서적인 문제나 감정 표현의 불안, 사회적 또는 감정적 교류 상황을 회피하는 것을 암시한다.

이 아이는 네 살 때 아버지에게 많은 매를 맞았는데 그 결과가 5년이 지난 뒤에도 나타났으며, 아버지에 대한 불만이 굉장히 크다.

이 그림은 아버지에 대한 심리 상태를 파악할 수 있는 중요한 정보를 제공한다. 아버지에 대한 심리 상태를 풀지 못하면 이 아이가 어른이 되어서도 남자에 대한 거부 반응 (complex)이 생길 수 있다.

형태 분석

- 이 그림은 아버지를 검정색 사인펜으로 그렸으며, 크레파스로 칠했다.
- 초등학교 4학년 남자 아이는 아버지의 머리카락, 얼굴, 두 눈, 두 귀, 코, 입, 목, 몸통, 팔, 손, 두 다리와 두 발을 표현했다.
- 아버지의 모습은 큰 머리, 적은 머리카락, 크레파스로 덧칠한 두 눈, 선으로 된 눈, 정교한 속눈썹, 작은 코, 작은 귀, 큰 입, 벌린 입, 가는 목, 굵기가 다른 팔, 작은 몸통을 표현했다.

〈그림 28〉 **아버지** – 초등 4학년 남자 아이

형태 심리

이 그림에 나타난 아버지의 형태심리는 크게 열두 가지로 나눌 수 있다.

- 첫 번째, **큰 머리**는 지적 능력에 대한 불안감, 과도한 보상 욕구로 과시적인 표출을 내포하고 있다.
- 두 번째, **적은 머리카락**은 성적인 면이 지나치게 수동적 또는 억제적 태도를 보인다.
- 세 번째, **크레파스로 덧칠한 두 눈**은 관계 형성이 원활하지 못함을 상징한다.
- 네 번째, **선으로 된 눈**은 어떤 제약이나 한계를 느끼고 있으므로 감정 교류를 좁힌다.
- 다섯 번째, **정교한 속눈썹**은 타인과의 교류에 과민 또는 집착하고, 강박적 또는 히스테리 그리고 자기애적인 성격을 보여 준다.
- 여섯 번째, **작은 코**는 성적 갈등이나 성적 미숙을 나타낸다.
- 일곱 번째, **작은 귀**는 정서적 자극을 회피하거나 위축됨을 상징한다.
- 여덟 번째, **큰 입**은 정서적으로 애정이나 교류에 불안감을 느끼고, 과도하게 적극적이거나 역공포의 행동이 나타난다.
- 아홉 번째, **벌린 입**은 대인 관계의 무기력감이나 수동적인 태도를 보인다.
- 열 번째, **가는 목**은 자기 행동에 대한 통제력의 상실을 의미한다.
- 열한 번째, **굵기가 다른 팔**은 신경학적 장애나 정신적 상태를 암시한다.
- 열두 번째, **작은 몸통**은 수동적이고 억제된 행동을 뜻한다.

형태 분석

- 이 그림은 아버지를 검정색 사인펜으로 그렸으며, 크레파스로 칠했다.
- 초등학교 4학년 남자 아이는 아버지의 머리카락, 얼굴, 두 눈, 두 귀, 코, 입, 목, 몸통, 팔, 손, 두 다리와 두 발을 표현했다.
- 아버지의 모습은 큰 머리, 진한 머리카락, 크레파스로 덧칠한 두 눈, 진한 눈썹, 작은 섬으로 표현된 눈, 작은 코, 안 보인 귀, 선으로 된 입, 목이 없고, 짧은 다리와 하나로 된 다리를 표현했다.

〈그림 29〉 **아버지** 초등 4학년 남자 아이

형태 심리

이 그림에 나타난 아버지의 형태심리는 크게 열한 가지로 나눌 수 있다.

- 첫 번째, **큰 머리**는 지적 능력에 대한 불안감, 과도한 보상 욕구로 과시적인 표출을 내포하고 있다.
- 두 번째, **진한 머리카락**은 사고 공상에 대한 불안이 있음을 보여 준다.
- 세 번째, **크레파스로 덧칠한 두 눈**은 관계 형성이 원활하지 못함을 상징한다.
- 네 번째, **진한 눈썹**은 내면의 적대적 또는 공격적인 태도를 의미한다.
- 다섯 번째, **작은 점으로 표현된 눈**은 어떤 제약이나 한계를 느끼고 있기 때문에 감정의 교류를 좁힌다.
- 여섯 번째, **작은 코**는 외모에 자신이 없고, 위축 또는 타인과의 교류를 수동적이며 회피한다.
- 일곱 번째, **안 보인(없음) 귀**는 정서적 문제와 감정 표현에 대한 불안, 사회적인 감정 교류에 대한 상황을 회피한다.
- 여덟 번째, **선으로 된 입**은 타인과의 정서적 교류에 무감각하거나 냉정함을 보인다.
- 아홉 번째, **표현되지 않은 목**은 인지 활동과 통제력이 모두 악화되어 뇌기능이나 사고 그리고 해리 장애를 의심할 수 있다.
- 열 번째, **짧은 다리**는 대처 능력에 대한 부적절감이 나타난다.
- 열한 번째, **하나로 된 다리**는 융통성 부족과 경직된 성격을 상징한다.

2) 부모

형태 분석

- 이 그림은 아버지와 엄마를 검정색 사인펜으로 그렸으며, 크레파스로 칠했다.
- 초등학교 4학년 남자 아이는 사인펜을 사용하여 아버지의 머리카락, 얼굴, 두 눈, 두 귀, 코, 입, 목, 몸통, 팔, 손, 두 다리와 두 발을 표현했다.

〈그림 30〉 **부모** - 초등 4학년 남자 아이

- 아버지의 모습은 크레파스로 덧칠한 두 눈, 가늘게 표현된 두 팔, 개수가 적은(네 개) 손가락, 굵기가 다른 두 다리와 두 발, 단순화 된 발, 화지의 위쪽에 위치한 모습을 표현했다.
- 이 아이는 엄마의 머리카락과 얼굴, 두 눈, 코, 입, 목, 몸통, 두 팔과 두 손, 두 다리와 두 발을 표현했다.
- 엄마의 모습은 연한 머리카락(적다), 개수가 적은(세 개) 손가락, 길이가 다른 다리와 가는 다리, 단순화 된 발을 표현했다.

형태 심리

이 그림에 나타난 아버지의 형태심리는 크게 여섯 가지로 나눌 수 있다.
- 첫 번째, <u>크레파스로 덧칠한 두 눈</u>은 관계 형성이 원활하지 못함을 상징한다.
- 두 번째, <u>가늘게 표현된 두 팔</u>은 열등감이나 노력하는 보람이 없는 감정을 의미한다.
- 세 번째, <u>개수가 적은(네 개) 손가락</u>은 세상의 통제력에 부적절감을 보여 준다.
- 네 번째, <u>굵기가 다른 두 다리</u>는 신경학적 장애, 정신증적 장애, 지적 장애를 나타낸다.
- 다섯 번째, <u>단순화 된 발</u>은 자기의 통제 결여를 암시한다.
- 여섯 번째, <u>화지의 위쪽에 위치한 모습</u>은 욕구나 포부가 높고, 어려운 목표 설정에 갈등과 스트레스, 공상 속에 만족감, 대인 관계, 사회적 상황의 무관심과 고립을 내포하고 있다.

이 그림에 나타난 엄마의 형태심리는 크게 여섯 가지로 나눌 수 있다.
- 첫 번째, <u>연한 머리카락(적다)</u>은 성적인 면이 지나치게 수동적 또는 억제적 태도를 보인다.
- 두 번째, <u>개수가 적은(세 개) 손가락</u>은 세상의 통제력에 부적절감을 보여 준다.
- 세 번째, <u>길이가 다른 다리</u>는 충동과 자기 통제 그리고 갈등을 의미한다.
- 네 번째, <u>가는 다리</u>는 대처 능력의 부적절감과 억제 경향 그리고 수동적인 태도를 나타낸다.
- 다섯 번째, <u>단순화 된 발</u>은 자율성이 미성숙한 수준을 암시한다.
- 여섯 번째, <u>화지의 위쪽에 위치한 모습</u>은 욕구나 포부가 높고, 어려운 목표 설정에 갈등과 스트레스, 공상 속에 만족감, 대인 관계, 사회적 상황의 무관심과 고립을 내포하고 있다.

형태 분석

〈그림 31〉 **부모** – 초등 4학년 남자 아이

- 이 그림은 아버지를 검정색 사인펜으로 그렸으며, 크레파스로 칠했다.
- 초등학교 4학년 남자 아이는 사인펜을 사용하여 아버지의 머리카락, 얼굴, 두 눈, 두 귀, 코, 입, 목, 몸통, 팔, 손, 두 다리와 두 발을 표현했다.
- 아버지의 모습은 전체적으로 아주 작게 그렸고, 화지의 위쪽에 위치, 크레파스로 덧칠한 두 눈, 진한 눈동자, 점으로 찍은 코, 아주 작은 입, 가늘게 표현된 목, 아주 작은 목, 가늘게 표현된 두 팔, 뒤로 돌린 팔, 편 손가락, 가는 다리를 표현했다.
- 이 아이는 엄마를 머리카락과 얼굴, 두 눈, 입, 목, 몸통, 두 팔과 두 손, 두 다리와 두 발을 표현했다.
- 엄마의 모습은 전체적으로 아주 작게 그렸고, 화지의 위쪽에 위치, 진한 머리카락, 선으로 표현된 눈, 표현되지 않는 코, 아주 작은 입, 가는 목, 아주 작은 목, 아주 작은 몸통, 아주 가는 팔, 뒤로 돌린 팔, 붙은 다리를 표현했다.

형태 심리

이 그림에 나타난 아버지의 형태심리는 크게 열두 가지로 나눌 수 있다.

- 첫 번째, <u>전체적으로 아주 작은 아버지의 모습</u>은 열등감, 수줍음, 사회적 불안감, 자아 구조나 자아 강도가 낮다.
- 두 번째, <u>화지의 위쪽에 위치</u>는 자기 자신에 대한 통찰 부족, 자신감과 자존심이 낮다. 자신의 상황에 안 맞는 낙천적 태도가 나타난다.
- 세 번째, <u>크레파스로 덧칠한 두 눈</u>은 관계 형성이 원활하지 못함을 상징한다.
- 네 번째, <u>진한 눈동자</u>는 불안감과 긴장감, 타인의 의심과 방어적 태도, 편집증 경향을 보인다.
- 다섯 번째, <u>점으로 찍은 코</u>는 성적 갈등과 성적 미숙을 의미한다.
- 여섯 번째, <u>아주 작은 입</u>은 타인과의 정서적 교류에 무감각하고, 냉정함을 나타낸다.

- 일곱 번째, <u>가늘게 표현된 목</u>은 자기 행동에 통제력 상실을 내포하고 있다.
- 여덟 번째, <u>아주 작은 목</u>은 스스로 하는 통제에 너무 억제되고 위축됨을 시사한다.
- 아홉 번째, <u>가늘게 표현된 두 팔</u>은 열등감과 노력하는 보람이 없는 감정을 보여 준다.
- 열 번째, <u>뒤로 돌린 팔</u>은 공격적 또는 적대적 감정을 억제하려고 한다.
- 열한 번째, <u>편 손가락</u>은 손의 활동에 불안을 느낀다.
- 열두 번째, <u>가는 다리</u>는 대처 능력의 부적절감과 억제된 경향 그리고 수동적인 태도를 의미한다.

이 그림에 나타난 엄마의 형태심리는 크게 열두 가지로 나눌 수 있다.

- 첫 번째, <u>전체적으로 아주 작은 엄마의 모습</u>은 열등감, 수줍음, 사회적 불안감, 자아 구조나 자아 강도가 낮다.
- 두 번째, <u>화지의 위쪽에 위치</u>는 자기 자신에 대한 통찰 부족, 자신감과 자존심이 낮다. 자신의 상황에 안 맞는 낙천적 태도가 나타난다.
- 세 번째, <u>진한 머리카락</u>은 사고 공상에 대한 불안이 있다.
- 네 번째, <u>선으로 표현된 눈</u>은 어떤 제약이나 한계를 느끼고 있기 때문에 감정의 교류를 좁힌다.
- 다섯 번째, <u>없는 코</u>는 자신이 타인에게 어떻게 보일지 대한 예민함과 사회적 상황에 대한 위축을 회피한다.
- 여섯 번째, <u>아주 작은 입</u>은 상처를 받지 않기 위해 상호작용을 회피하고, 타인의 애정 어린 태도를 거절하며, 과거에 절망감이나 우울감 경험이 있음을 내포하고 있다.
- 일곱 번째, <u>가는 목</u>은 자기 행동에 대한 통제력 상실을 의미한다.
- 여덟 번째, <u>아주 작은 목</u>은 스스로 하는 통제에 너무 억제되고 위축됨을 시사한다.
- 아홉 번째, <u>아주 작은 몸통</u>은 수동적이고 억제된 행동을 상징한다.
- 열 번째, <u>아주 가는 팔</u>은 열등감과 노력하는 보람이 없는 감정을 보여 준다.
- 열한 번째, <u>뒤로 돌린 팔</u>은 공격적 또는 적대적 감정을 억제하려고 한다.
- 열두 번째, <u>붙은 다리</u>는 융통성이 부족하고, 경직된 성격의 소유자임을 나타낸다.

3) 엄마

형태 분석

- 이 그림은 엄마를 검정색 사인펜으로 그렸으며, 크레파스로 칠했다.
- 초등학교 4학년 여자 아이는 사인펜을 사용하여 엄마의 머리카락, 얼굴, 두 눈, 코, 입, 목, 몸통, 팔, 손, 두 다리와 두 발, 여름용 신발을 표현했다.
- 엄마의 모습은 큰 머리, 많은 머리카락, 큰 눈, 속눈썹, 진한 눈동자, 작은 코, 웃음 짓는 입, 벌린 입, 가는 목, 아주 작은 몸통, 뒤로 돌린 팔, 편 손가락을 표현했다.

〈그림 32〉 **엄마** − 초등 4학년 여자 아이

형태 심리

이 그림에 나타난 아버지의 형태심리는 크게 열두 가지로 나눌 수 있다.

- 첫 번째, **큰 머리**는 지적 능력에 대한 불안감, 과도한 보상 욕구로 과시적인 표출을 내포하고 있다.
- 두 번째, **많은 머리카락**은 성격적으로 자신감이 있고 자기주장대로 행동하며, 공격적인 태도나 행동은 외모나 성적 매력에 대한 불안감을 과잉으로 보상받고자 함을 나타낸다.
- 세 번째, **큰 눈**은 타인과의 교류에 지나치게 예민함을 보여 준다.
- 네 번째, **속눈썹**은 타인과의 교류에 과민하거나 집착하는 경향을 보인다.
- 다섯 번째, **진한 눈동자**는 공격적 또는 적대적 자기주장을 의미한다.
- 여섯 번째, **작은 코**는 성적 갈등과 성적 미숙을 내포하고 있다.
- 일곱 번째, **웃음 짓는 입**은 타인의 애정을 지나치게 원하며, 타인과의 친밀한 관계를 몰두하고자 하는 마음을 보인다.
- 여덟 번째, **벌린 입**은 대인 관계의 무력감과 수동적인 태도를 상징한다.
- 아홉 번째, **가는 목**은 자기 행동에 대한 통제력 상실을 의미한다.
- 열 번째, **아주 작은 몸통**은 수동적이고 억제된 행동을 상징한다.
- 열한 번째, **뒤로 돌린 팔**은 공격적 또는 적대적 감정을 억제하려고 한다.
- 열두 번째, **편 손가락**은 손의 활동에 불안을 느낀다.

미술치료에 나타난
형태 심리

미술치료에 나타난 **형태 심리** ──○

중학생 그림의 형태 분석

Form Analysis of Middle School Student Picture

중학생 그림의 형태 분석
Form Analysis of Middle School Student Picture

1 가족화(family drawing)

1) 가족화

형태 분석

- 이 그림은 가족의 형태를 연필로 밑그림을 그렸다.
- 중학교 1학년 여학생은 가족을 앞줄에 엄마와 자신은 의자에 앉자 있고, 나머지 식구는 뒷줄에 서 있는 모습을 표현했다.
- 이 여학생은 가족의 형태 이미지를 적은 머리카락과 두 귀가 없는 아버지와 오빠를 묘사했다. 선으로 표현된 두 눈은 엄

〈그림 01〉 **가족화** – 중학교 1학년 여학생

마와 자신, 오빠도 동일하게 그렸다. 특히 언니는 두 눈동자를 자세히 나타냈다. 또한 아버지와 자신의 목에 아주 작은 넥타이를 묘사했다. 엄마와 자신은 손을 다른 손에 올려놓고, 아버지와 언니, 오빠는 차렷 자세로 서 있다.

형태 심리

이 그림에 나타난 가족의 형태심리는 크게 일곱 가지로 나눌 수 있다.

- 첫 번째, <u>아버지와 오빠의 적은(흐리게) 머리카락</u>은 겁쟁이, 꽁한 성격을 의미한다.
- 두 번째, <u>표현되지 않는 두 귀</u>는 정서적 문제, 감정 표현의 불안, 사회적으로나 감정적으로 교류의 상황을 회피한다.

- 세 번째, 아버지·엄마와 자신 그리고 오빠를 선으로 표현된 두 눈은 어떤 제약이나 한
  계를 느끼기 때문에 감정의 교류를 좁힌다.
- 네 번째, 자세히 표현한(강조) 언니의 두 눈동자는 변질적, 호기심이 많음을 보여 준다.
- 다섯 번째, 아주 작게 표현한 아버지와 자신의 넥타이는 자신의 능력이나 힘의 부적절
  함을 괴로워한다.
- 여섯 번째, 앞에서 교차된 엄마와 자신의 팔은 회의적이고 적대적인 태도를 상징한다.
- 일곱 번째, 아버지와 언니 그리고 오빠의 차렷 자세(밀착된)는 소극적 또는 방어적인 감
  정을 내포하고 있다.

이 그림의 전체적인 분위기는 가족 간의 상호작용이 잘 되고 있지 않다. 그 이유는 식구
들 간의 간격이 떨어져 있기 때문이다.

형태 분석

- 이 그림은 가족의 형태를 연필로 밑그림
  을 그렸다.
- 중학교 1학년 남학생은 가족을 본인과
  할머니 그리고 큰 아버지를 한 줄로 서
  있는 모습과 집을 투사하여 식구를 표현
  했으며, 굴뚝과 오토바이를 묘사했다.
- 이 여학생은 가족의 형태 이미지를 적은
  머리카락과 선과 점으로 표현된 눈과 눈
  동자, 점으로 표현된 코, 이빨이 보인 입,

〈그림 02〉 **가족화** – 중학교 1학년 남학생

아주 작은 목, 원으로 그린 손, 작게 그린 다리, 반대 방향의 발을 표현했다.
- 이 여학생은 할머니의 형태 이미지를 선과 점으로 표현된 눈과 눈동자, 점으로 표현된
  코, 벌린 입, 아주 작은 목, 뒤로 돌린 팔, 아주 작은 다리를 묘사했다.
- 이 여학생은 큰아빠의 형태 이미지를 적은 머리카락, 위로 세워진 머리카락, 아주 작
  은 목, 각진 어깨, 원으로 표현된 손, 작은 다리, 반대 방향으로 발을 그렸다.

형태 심리

이 그림에 나타난 가족 중에서 자신의 형태심리는 크게 아홉 가지로 나눌 수 있다.

- 첫 번째, <u>적은 머리카락</u>은 겁쟁이, 꽁한 성격을 의미한다.
- 두 번째, <u>선으로 표현된 눈</u>은 어떤 제약이나 한계를 느끼기 때문에 감정의 교류를 좁힌다.
- 세 번째, <u>점으로 표현된 눈동자</u>는 어떤 제약이나 한계를 느끼기 때문에 감정의 교류를 좁힌다.
- 네 번째, <u>점으로(작은) 된 코</u>는 외모에 자신이 없기 때문에 위축되거나 타인과의 교류에 수동적인 자세를 보인다.
- 다섯 번째, <u>이빨이 보인 입</u>은 유아기의 퇴행을 의미한다.
- 여섯 번째, <u>아주 작은 목</u>은 스스로 통제를 너무 억제하거나 위축됨을 암시한다.
- 일곱 번째, <u>원으로 그린 손</u>은 교류나 통제, 대처 능력의 부적절감과 무력감을 나타낸다.
- 여덟 번째, <u>작게 그린 다리</u>는 대처 능력의 부적절감, 억제하는 경향, 수동적인 태도를 말한다.
- 아홉 번째, <u>반대 방향의 발</u>은 감정의 갈등이 심함을 연상시킨다.

이 그림에 나타난 가족 중에서 할머니의 형태심리는 크게 다섯 가지로 나눌 수 있다.

- 첫 번째, <u>점으로 표현된 눈동자</u>는 어떤 제약이나 한계를 느끼기 때문에 감정의 교류를 좁힌다.
- 두 번째, <u>점으로 된 코</u>는 외모에 자신이 없기 때문에 위축되거나 타인과의 교류에 수동적인 자세를 보인다.
- 세 번째, <u>아주 작은 목</u>은 스스로 통제를 너무 억제하거나 위축됨을 암시한다.
- 네 번째, <u>뒤로 돌린 팔</u>은 공격적 또는 적대적 감정을 억제하려고 한다.
- 다섯 번째, <u>아주 작은 다리</u>는 대처 능력의 부적절감, 억제하는 경향, 수동적인 태도를 말한다.

이 그림에 나타난 가족 중에서 큰 아버지의 형태심리는 크게 일곱 가지로 나눌 수 있다.

- 첫 번째, <u>적은 머리카락</u>은 겁쟁이, 꽁한 성격을 의미한다.
- 두 번째, <u>위로 세워진 머리카락</u>은 자아가 강하고 자기중심적 사고방식을 나타낸다.

- 세 번째, <u>아주 작은 목</u>은 스스로 통제를 너무 억제하거나 위축됨을 암시한다.
- 네 번째, <u>각진 어깨</u>는 책임과 행동의 관련된 상황 속에서 경직되고 확고한 태도를 보인다.
- 다섯 번째, <u>원으로 표현되고 강조된 손</u>은 교류나 통제, 대처 능력의 부적절감과 무력감을 암시한다. 특히 내적 분노감과 공격성을 나타내고 있다.
- 여섯 번째, <u>작은 다리</u>는 대처 능력의 부적절감, 억제하는 경향, 수동적인 태도를 말한다.
- 일곱 번째, <u>반대 방향의 발</u>은 감정의 갈등이 심함을 의미한다.

2 **자화상**(self portrait)

1) 자화상

형태 분석

- 이 그림은 자기 자신의 서 있는 모습이며, 연필을 이용하여 밑그림을 그렸고, 여러 가지 색연필로 칠했다.

- 중학교 3학년 남학생은 자신의 모습을 머리카락, 얼굴, 안경, 눈썹, 눈, 눈동자, 코, 입, 귀, 어깨와 팔, 몸통, 손, 넥타이, 다리와 발, 슬리퍼 순으로 표현했다.

〈그림 03〉 **자화상** – 중학교 3학년 남학생

- 이 남학생은 자신의 형태 이미지를 움직이는 모습, 머리카락이 적은 두상, 자신의 신체 비례 중에서 과도하게 큰 팔, 진한 눈썹, 점으로 표현된 눈동자, 강조한 입과 이빨, 강조한 콧구멍, 각진 어깨와 큰 어깨, 편 손가락과 원으로 표현된 손, 바지 지퍼의 선, 넓게 벌린 다리를 묘사했다.

형태 심리

이 그림에 나타난 자화상의 형태심리는 크게 열네 가지로 나눌 수 있다.

- 첫 번째, <u>움직이는 모습</u>은 자기의 개념이 다소 공격적이고 주장이 강함을 나타낸다.
- 두 번째, <u>머리카락이 적은 두상</u>은 겁쟁이 또는 꽁한 성격을 의미한다.
- 세 번째, <u>자신의 신체 비례 중에서 과도하게 큰 팔(굵고 길다)</u>은 세상 교류의 능력이 부적절하고, 타인을 통제하거나 지배적 행동으로 무능력을 과잉으로 보상받고자 한다.
- 네 번째, <u>진한 눈썹</u>은 내면의 적대적 또는 공격적 태도를 보인다.
- 다섯 번째, <u>점으로 표현된 눈동자</u>는 어떤 제약이나 한계를 느끼고 있기 때문에 감정의 교류를 좁힌다.
- 여섯 번째, <u>강조한 입</u>은 구순적 성욕을 뜻한다.

- 일곱 번째, <u>이빨이 보인 입</u>은 유아기의 퇴행을 의미한다.
- 여덟 번째, <u>강조한 콧구멍</u>은 대인 관계의 미성숙과 공격적인 행동이 나타난다.
- 아홉 번째, <u>각진 어깨</u>는 책임과 행동의 관련된 상황 속에서 경직되고 확고한 태도를 보인다.
- 열 번째, <u>큰 어깨</u>는 책임감이 강하고, 상황을 지배하거나 과도하게 권위를 내세우는 자세를 말한다.
- 열한 번째, <u>편 손가락</u>은 손의 활동에 불안을 느끼고 있다.
- 열두 번째, <u>원으로 표현된 손</u>은 교류나 통제 그리고 대처 능력의 부적절감과 무력감을 나타내고 있다.
- 열세 번째, <u>바지 지퍼의 선</u>은 성적인 영역의 불안감, 긴장감, 자기 부적절감, 성적 능력의 불확실감을 보여 준다.
- 열네 번째, <u>넓게 벌린 다리</u>는 반항적인 자세로 내면의 불안정을 과잉으로 보상받고자 한다.

형태 분석

- 이 그림은 자기 자신의 서 있는 모습이며, 연필을 이용하여 밑그림을 그렸고, 여러 가지 색연필로 칠했다.
- 중학교 3학년 남학생은 자신의 모습을 머리카락, 얼굴, 눈썹, 안경, 눈, 눈동자, 코, 콧수염, 입, 귀, 이어폰, 자켓 단추, 어깨와 팔, 몸통, 손, 긴 넥타이, 다리와 발, 슬리퍼 순으로 표현했다.

〈그림 04〉 **자화상** – 중학교 3학년 남학생

- 이 남학생은 자신의 형태 이미지를 머리카락이 적은 두상, 큰 코, 콧수염, 작은 입, 가는 목, 많은 단추, 호주머니에 넣은 손, 바지의 지퍼 선, 성기를 묘사했다.

형태 심리

이 그림에 나타난 자화상의 형태심리는 크게 아홉 가지로 나눌 수 있다.

- 첫 번째, <u>머리카락이 적은 두상</u>은 겁쟁이 또는 꽁한 성격을 의미한다.
- 두 번째, **큰 코**는 타인과의 정서적 자극이 예민하고, 외모에 지나친 관심을 나타낸다.
- 세 번째, **콧수염**은 쾌락이나 힘, 남성적 면이 부족해서 보상받으려는 노력을 뜻한다.
- 네 번째, **작은 입**은 상처를 받지 않기 위해 상호작용을 회피하거나 타인의 애정 어린 태도를 거절하며, 과거에 절망감이나 우울감의 경험이 있음을 암시한다.
- 다섯 번째, <u>가는 목</u>은 자기 행동에 대한 통제력 상실을 상징한다.
- 여섯 번째, <u>많은 단추</u>는 안정적인 욕구에 집착한다.
- 일곱 번째, <u>호주머니에 넣은 손</u>은 회피하는 경향이나 양가감정이 나타난다.
- 여덟 번째, **바지의 지퍼 선**은 성적인 영역의 불안감, 긴장감, 자기의 부적절감, 성적 능력의 불확실감을 보여 준다.
- 아홉 번째, **자기의 성기 표현**은 자아 기능의 붕괴된 정신증적 상태, 성적 능력의 극심한 불안감, 성 정체성의 불안정 상태를 뜻한다.

형태 분석

- 이 그림은 자기 자신의 서 있는 모습이며, 연필을 이용하여 밑그림을 그렸고, 여러 가지 색연필로 칠했다.
- 중학교 2학년 여학생은 자신의 모습을 머리카락, 얼굴, 눈, 눈썹, 눈, 눈동자, 코, 입, 귀, 목, 자켓, 어깨와 팔, 몸통, 손, 짧은 넥타이, 다리와 발, 슬리퍼 순으로 표현했다.

〈그림 05〉 **자화상** – 중학교 3학년 여학생

- 이 여학생은 자신의 형태 이미지를 적은 머리카락, 진한 곡선의 눈썹, 큰 눈동자, 웃는 모습의 입, 가는 목, 짧은 넥타이, 각진 어깨, 뒤로 돌린 팔, 바지 지퍼의 선, 반대 방향인 발을 묘사했다.

형태 심리

이 그림에 나타난 자화상의 형태심리는 크게 열한 가지로 나눌 수 있다.

- 첫 번째, **적은 머리카락**은 겁쟁이 또는 꽁한 성격을 의미한다.
- 두 번째, **진한 눈썹**은 공격적인 태도를 가지고 있다.
- 세 번째, **곡선의 눈썹**은 경멸적인 태도를 보인다.
- 네 번째, **큰(검게) 눈동자**는 공격적 또는 적대적 자기주장을 세운다.
- 다섯 번째, **웃는 모습의 입**은 타인의 애정을 지나치게 원함, 타인과의 친밀한 관계에 몰두하는 타입이다.
- 여섯 번째, **가는 목**은 자기 행동에 대한 통제력 상실을 나타낸다.
- 일곱 번째, **짧은 넥타이**는 자신의 능력이나 부적절한 힘을 보이는 것을 괴로워한다.
- 여덟 번째, **각진 어깨**는 책임과 행동의 관련된 상황에서 경직되고, 확고한 태도를 보인다.
- 아홉 번째, **뒤로 돌린 팔**은 공격적 또는 적대적 감정을 억제하려고 한다.
- 열 번째, **바지 지퍼의 선**은 성적인 영역의 불안감, 긴장감, 자기 부적절감, 성적 능력의 불확실감을 보여 준다.
- 열한 번째, **반대 방향의 발**은 우유부단한 성격으로 자신감이 없음을 의미한다.

3 **태양**(sun)

1) 일방적인 후광

태양의 위치는 상단이면 왼쪽이든 오른쪽이든 문제가 없음을 나타낸다.

〈그림 06〉 **일방적인 후광** – 중학교 1학년 여학생

형태 분석

- 이 그림은 태양을 연필로만 그렸다.
- 중학교 1학년 여학생은 오른쪽 상단에 태양의 일방적인 후광을 표현했다.

형태 심리

이 그림에 나타난 태양의 형태심리는 크게 한 가지로 나눌 수 있다.
- 첫 번째, <u>태양의 일방적인 후광</u>은 아버지의 애정을 특히 요구한다.

2) 흐트러진 후광

형태 분석

- 이 그림은 태양을 연필로만 그렸다.
- 중학교 1학년 여학생은 오른쪽 상단에 태양의 흐트러진 후광을 표현했다.

〈그림 07〉 **흐트러진 후광** – 중학교 1학년 여학생

형태 심리

이 그림에 나타난 태양의 형태심리는 크게 한 가지로 나눌 수 있다.
- 첫 번째, <u>태양의 흐트러진 후광</u>은 성미가 급하고, 화를 잘 내는 아버지, 아버지의 교육 잘못으로 오는 심적 혼란을 의미한다.

3) 잘려진 후광

▎형태 분석

- 이 그림은 태양을 검정색 사인펜과 빨간색 사인펜으로 그렸다.
- 중학교 1학년 여학생은 왼쪽 상단에 태양의 잘려진 후광과 특수한 후광을 표현했다.

▎형태 심리

이 그림에 나타난 태양의 형태심리는 크게 두 가지로 나눌 수 있다.

〈그림 08〉 **잘려진 후광** – 중학교 1학년 여학생

- 첫 번째, <u>태양이 잘려진 후광</u>은 사망을 뜻한다.
- 두 번째, **특수한 후광**은 사망이나 부재 그리고 상태가 이상한 아버지를 의미한다.

▎형태 분석

- 이 그림은 태양을 빨간색 사인펜으로만 그렸다.
- 중학교 1학년 여학생은 오른쪽 상단에 태양의 잘려진 후광과 특수한 후광을 표현했다.

▎형태 심리

이 그림에 나타난 태양의 형태심리는 크게 두 가지로 나눌 수 있다.

〈그림 09〉 **잘려진 후광** – 중학교 1학년 여학생

- 첫 번째, <u>태양이 잘려진 후광</u>은 사망을 뜻한다.
- 두 번째, **특수한 후광**은 사망이나 부재 그리고 상태가 이상한 아버지를 의미한다.

4) 후광 없는 태양

- 이 그림은 태양을 검정색 사인펜으로만 그렸다.
- 중학교 1학년 여학생은 중앙 상단에 산과 산 사이에 후광 없는 태양을 표현했다.

이 그림에 나타난 태양의 형태심리는 크게 한 가지로 나눌 수 있다.

- 첫 번째, **후광 없는 태양**은 대체로 아버지 부재나 사망을 상징한다.

〈그림 10〉 **후광 없는 태양** – 중학교 1학년 여학생

- 이 그림은 태양을 사인펜으로만 그렸다.
- 중학교 1학년 여학생은 중앙 상단에 산과 산들 위에 후광 없는 태양을 표현했다.

이 그림에 나타난 태양의 형태심리는 크게 한 가지로 나눌 수 있다.

- 첫 번째, **후광 없는 태양**은 대체로 아버지 부재나 사망을 상징한다.

〈그림 11〉 **후광 없는 태양** – 중학교 1학년 여학생

4 집(house, H)

1) 상단에 위치한 집

형태 분석

<그림 12> **상단에 위치한 집**-중학교 2학년 여학생

- 이 그림은 집을 연필로 그리고 난 후 검정색 사인펜과 노란색 사인펜을 이용하여 다시 선을 그었고, 여러 가지 파스텔로 칠했다.
- 중학교 2학년 여학생은 집을 상단 중앙에 위치시키고, 건물 외벽을 갈색 선과 음표 그리고 원으로 표현했다.
- 이 여학생은 집의 형태 이미지를 상단에 위치시켰고, 너무 작은 문과 현관으로 향하는 계단, 크기가 다른 창문 두 개, 표현되지 않는 창문을 묘사했다.

형태 심리

이 그림에 나타난 집의 형태심리는 크게 다섯 가지로 나눌 수 있다.

- 첫 번째, <u>상단에 위치한 집</u>은 현실 도피를 꿈꾸고 있는 중이다.
- 두 번째, <u>너무 작은 문</u>은 타인과의 관계 욕구, 거부감과 두려움 그리고 불편한 감정, 양가감정 의미한다. 특히 이 문의 형태심리는 과묵하거나 우유부단한 감정을 나타낸다.
- 세 번째, <u>크기가 다른(부적절한 배열) 창문 두 개</u>는 시공간의 능력이 부족하고, 초기 정신 분열증이 나타날 수도 있다.
- 네 번째, <u>현관으로 향하는 계단</u>은 타인과의 관계를 맺고 있음을 암시한다.
- 다섯 번째, <u>표현되지 않는 창문</u>은 서툴고 직선적인 행동이 나타난다.

2) 오른쪽에 위치한 집

형태 분석

- 이 그림은 집을 연필로 그리고 난 후 검정색 사인펜을 이용하여 다시 선을 긋었다.
- 중학교 1학년 남학생은 집을 오른쪽 중앙에 위치시키고, 기와와 창문 그리고 굴뚝을 표현했다.
- 이 남학생은 집의 형태 이미지를 오른쪽 중앙에 위치시켰고, 너무 작은 집, 출입문이 없고, 닫힌 창문, 표현되지 않는 창문, 지나치게 크게 그려진 굴뚝, 연기가 나오는 굴뚝을 묘사했다.

〈그림 13〉 **오른쪽에 위치한 집** - 중학교 1학년 남학생

형태 심리

이 그림에 나타난 집의 형태심리는 크게 여섯 가지로 나눌 수 있다.

- 첫 번째, <u>너무 작은 집</u>은 신경증을 의미한다.
- 두 번째, <u>표현되지 않는 출입문</u>은 다른 사람의 접근 허락하는 것이 극도로 어려움을 느낀다.
- 세 번째, <u>닫힌 창문</u>은 지나친 방어와 차단을 의미한다.
- 네 번째, <u>표현되지 않는 창문</u>은 서툴고 직선적인 행동이 나타난다.
- 다섯 번째, <u>지나치게 크게 그려진 굴뚝</u>은 성에 관련된 주제들에 과잉된 관심을 갖거나 노출증의 경향을 보인다.
- 여섯 번째, <u>연기가 나오는 굴뚝</u>은 가정 내 불화나 가족 내의 긴장감을 상징한다.

3) 길이 있는 집

형태 분석

- 이 그림은 집을 연필로 그렸지만 벽은 파란색 사인펜, 창문은 파란색 파스텔로 칠했다.

- 중학교 3학년 여학생은 집을 오른쪽 중 상단에 위치시키고, 출입문, 창문과 굴뚝 그리고 연기를 표현했다.

- 이 여학생은 집의 형태 이미지를 아래에 서 위로 본 구도를 잡았고, 오른쪽 중 상 단에 배열, 집 주위의 꽃과 관목, 오솔길

〈그림 14〉 길이 있는 집 - 중학교 3학년 여학생

을 표현, 열린 출입구, 표현되지 않는 창문, 연기가 나오는 굴뚝을 묘사했다.

형태 심리

이 그림에 나타난 집의 형태심리는 크게 여섯 가지로 나눌 수 있다.

- 첫 번째, <u>아래에서 위로 본 구도</u>는 가정환경에 대한 거부나 소망하는 가정환경에 도달 할 수 없는 감정을 상징한다.

- 두 번째, <u>집 주위의 꽃과 관목</u>은 주변 환경을 더 구축하고 싶어 하는 소망을 나타내고, 감정적인 불안정감이나 인간관계에 대한 통제를 수행하고 싶은 욕구와 관련이 있다.

- 세 번째, <u>오솔길 표현</u>은 타인과의 관계를 맺고 있음을 의미한다.

- 네 번째, <u>열린 출입구</u>는 주변 환경의 따뜻함을 받아들이고 싶은 욕구를 나타낸다.

- 다섯 번째, <u>표현되지 않는 창문</u>은 서툴고 직선적인 행동을 보여 준다.

- 여섯 번째, <u>연기가 나오는 굴뚝</u>은 가정 내 불화, 가족 내의 긴장감을 암시한다.

4) 중앙에 있는 집

형태 분석

- 이 그림은 집을 연필로만 그렸다.
- 중학교 3학년 남학생은 집을 중앙 상단에 위치시키고, 출입문, 창문 두 개, 가와를 표현했다.
- 이 남학생은 집의 형태 이미지를 아래에서 위로 본 구도를 잡았고, 언덕 위에 다 그렸다. 손잡이 없는 문, 집주위에는 꽃과 나무, 풀, 표현되지 않는 창문, 굴뚝이 없는 집을 묘사했다.

〈그림 15〉 **중앙에 있는 집** – 중학교 3학년 남학생

형태 심리

이 그림에 나타난 집의 형태심리는 크게 다섯 가지로 나눌 수 있다.

- 첫 번째, <u>아래서 위로 본 구도</u>는 가정환경에 대한 거부나 소망하는 가정환경에 도달할 수 없는 감정을 상징한다.
- 두 번째, <u>손잡이 없는 문</u>은 세상으로 나가는 것을 불안하거나 저항감 또는 자기의 세계에 고립을 내포하고 있다.
- 세 번째, <u>집주위의 꽃과 나무, 풀</u>은 감정적인 불안정감이나 인간관계에 대한 통제를 수행하고 싶은 욕구와 관련이 있다.
- 네 번째, <u>표현되지 않는 창문</u>은 서툴고 직선적인 행동을 보여 준다.
- 다섯 번째, <u>굴뚝이 없는 집</u>은 가정환경의 따뜻한 말이 두드려지게 결핍되고, 인간관계에 따뜻함이 부족하거나 자신에게 중요한 한 남성과의 갈등의 의미이다.

5 **나무**(tree, T)

1) 오른쪽에 위치한 나무

형태 분석

- 이 그림은 나무를 연필로 그렸으며, 크
레파스로 칠했다.
- 중학교 1학년 여학생은 나무를 오른쪽에 위
치시키고, 시점을 매우 가깝게 잡았다. 이런
이유 때문에 나무를 매우 크게 묘사했다.
- 이 여학생은 나무의 형태 이미지를 매우
크고, 큰 기둥, 기둥에 네 개의 옹이가
있으며, 나뭇가지가 없다.

〈그림 16〉 **오른쪽 위치한 나무** – 중학교 1학년
여학생

형태 심리

이 그림에 나타난 나무의 형태심리는 크게 네 가지로 나눌 수 있다.

- 첫 번째, **매우 큰 나무**는 환경에 대한 복잡한 긴장감의 느낌과 자기를 지배한 강력한
힘의 경험을 의미한다.
- 두 번째, **큰 기둥**은 강한 내적 자아를 상징한다.
- 세 번째, **기둥에 네 개의 옹이**는 성장과정에서 경험한 네 가지의 외상적 사건 또는 자
아의 상처를 보여 준다.
- 네 번째, **가지가 없는 나무**는 상호작용에 매우 억제하는 경향을 볼 수 있다.

2) 나뭇가지가 뾰쪽한 나무

형태 분석

- 이 그림은 나무를 검정색 사인펜, 나뭇잎을 녹색 펜으로 그렸다.
- 중학교 3학년 여학생은 나무를 오른쪽 하단에 위치시키고, 시점을 매우 가깝게 잡았다. 이런 이유 때문에 나무를 매우 크게 표현했다.
- 이 여학생은 나무의 형태 이미지를 매우 크고, 큰 기둥, 뾰족한 나뭇가지, 새 한 마리, 오른쪽으로 쏠리게 묘사했다.

〈그림 17〉 **나뭇가지가 뾰족한 나무** – 중학교 3학년 여학생

형태 심리

이 그림에 나타난 나무의 형태심리는 크게 다섯 가지로 나눌 수 있다.
- 첫 번째, <u>매우 큰 나무</u>는 환경에 대한 복잡한 긴장감의 느낌과 자기를 지배한 강력한 힘의 경험을 의미한다.
- 두 번째, <u>큰 기둥</u>은 강한 내적 자아를 상징한다.
- 세 번째, <u>뾰족한 나뭇가지</u>는 지나치게 내향적이거나 사회적으로 위축됨을 말한다.
- 네 번째, <u>새 한 마리</u>는 태만과 방탕을 의미한다.
- 다섯 번째, <u>오른쪽으로 쏠린 그림</u>은 비사회적인 성격, 일반적으로 대인관계에 문제가 있음을 뜻한다.

3) 가는 줄기의 나무

형태 분석

- 이 그림은 나무를 연필로만 그렸다.
- 중학교 1학년 남학생은 나무를 오른쪽 하반부에 위치시켰고, 나뭇가지에 잎이 돋아나게 표현했다.
- 이 남학생은 나무의 형태 이미지를 가는 나뭇가지, 나뭇가지의 반복적인 잎, 두 개의 큰 옹이를 묘사했다.

〈그림 18〉 **가는 줄기의 나무** – 중학교 1학년 남학생

형태 심리

이 그림에 나타난 나무의 형태심리는 크게 네 가지로 나눌 수 있다.
- 첫 번째, 하반부에 위치한 나무는 환경에 억압받고 있으며, 비관적 태도를 보인다.
- 두 번째, 가는 나뭇가지는 환경과의 조화가 불충분하다.
- 세 번째, 나뭇가지의 반복적인 잎은 강박적인 보상 행동을 위해 불안감의 상쇄, 숨겨진 강한 의존 욕구, 지나친 내면의 과시를 상징한다.
- 네 번째, 두 개의 큰 옹이는 성장과정에서 경험한 두 가지의 외상적 사건 또는 자아의 상처를 보여 준다.

4) 종이 밑까지 그린 나무

형태 분석

- 이 그림은 나무를 연필로만 그렸다.
- 중학교 3학년 여학생은 나무를 오른쪽 하반부에 위치시켰고, 나뭇가지는 없고 반복적인 잎을 표현했다.
- 이 여학생은 나무의 형태 이미지를 나무 기둥을 종이 밑까지 그리고, 나뭇가지가 없고, 나뭇가지의 반복적인 잎을 묘사했다.

형태 심리

이 그림에 나타난 나무의 형태심리는 크게
세 가지로 나눌 수 있다.

- 첫 번째, <u>기둥을 종이 밑까지 그린 나무</u>
  는 외적인 안정감을 얻고자 하는 욕구,
  미숙, 퇴행, 의존적인 경향을 상징한다.
- 두 번째, <u>가지가 없는 나무</u>는 상호작용에
  매우 억제하거나 사회적으로 위축감 또
  는 우울감을 의미한다.
- 세 번째, <u>나뭇가지의 반복적인 잎</u>은 강박

〈그림 19〉 **종이 밑까지 그린 나무** – 중학교 3학년
여학생

적인 보상 행동을 위해 불안감의 상쇄, 숨겨진 강한 의존 욕구, 지나친 내면의 과시를
상징한다.

6 사람(person, P)

1) 본인과 동생

형태 분석

- 이 그림은 본인과 동생을 연필로 그렸고, 신체의 일부를 여러 가지 사인펜으로 그렸다.
- 중학교 1학년 여학생은 본인과 동생을 머리카락, 리본, 몸통, 팔, 손, 동생의 손에 고무풍선, 치마, 다리, 신발을 표현했다.
- 이 여학생은 본인과 동생의 형태 이미지를 큰 머리, 진한 머리카락, 짧고 약한 팔과 손, 너무 짧고 가는 다리와 발, 전체적으로 오른쪽 하단, 아주 작게 묘사했다.

〈그림 20〉 **본인과 동생** - 중학교 1학년 여학생

형태 심리

이 그림에 나타난 본인과 동생의 형태심리는 크게 여덟 가지로 나눌 수 있다.

- 첫 번째, <u>큰 머리</u>는 정상적인 지능을 가지고 있어도 학교 공부를 잘 못해서 적응을 못하는 사람을 의미한다.
- 두 번째, <u>진한 머리카락</u>은 사고 공상에 대한 불안이 있다.
- 세 번째, <u>짧고 약한 팔</u>은 상호작용이나 대처능력의 행동을 억제하거나 수동적인 태도를 보인다.
- 네 번째, <u>작은 손</u>은 세상에 대한 통제력 부적절감을 암시한다.
- 다섯 번째, <u>너무 짧고 가는 다리</u>는 대처능력의 부적절감과 억제하는 경향이나 수동적인 태도를 상징한다.
- 여섯 번째, <u>너무 작은 발</u>은 자율성에 대한 부적절함이나 두려움을 나타낸다.
- 일곱 번째, <u>오른쪽 하단</u>은 미래에 대한 무망감, 열등감이나 내향성이 강하며, 자발성이 약한 것, 특히 비관적 또는 심정적인 것을 의미한다.
- 여덟 번째, <u>아주 작게 묘사된 본인과 동생</u>은 열등감, 수줍음, 사회적 불안감, 압박감, 자아 구조나 자아 강도가 낮다.

2) 본인

형태 분석

- 이 그림은 본인의 뒷모습을 연필로만 그렸다.
- 중학교 1학년 여학생은 본인의 모습을 모자, 머리카락, 목, 몸통, 팔, 손, 손에 고무풍선, 치마, 다리, 의자와 새를 표현했다.
- 이 여학생은 본인의 형태 이미지를 뒷모습을 왼쪽 하단에, 머리, 목, 몸통, 짧고 약한 팔, 손, 치마, 다리를 아주 작게 또는 가늘게, 표현되지 않는 발, 신체를 아주 작게 표현했다.

〈그림 21〉 **본인** - 중학교 1학년 여학생

형태 심리

이 그림에 나타난 본인의 형태심리는 크게 열 가지로 나눌 수 있다.
- 첫 번째, **뒷모습**은 대상 인물과의 문제가 있다.
- 두 번째, **왼쪽 하단의 모습**은 과거에 관련된 우울감을 나타낸다.
- 세 번째, **작은 머리**는 지적 능력이나 공상 세계의 부적절감, 지적인 표현이 수동적 또는 억제적 태도를 보여 준다.
- 네 번째, **작은 목**은 스스로 통제를 너무 억제하거나 위축됨을 뜻한다.
- 다섯 번째, **작은 몸통**은 수동적이고 억제된 행동을 내포하고 있다.
- 여섯 번째, **짧고 약한 팔**은 상호작용이나 대처능력의 행동을 억제하거나 수동적 태도를 상징한다.
- 일곱 번째, **작은 손**은 통제력이 부족하고, 수동적이거나 억제적 방식을 암시한다.
- 여덟 번째, **짧고 가는 다리**는 대처능력의 부적절감이나 억제적 경향 그리고 수동적인 태도를 의미한다.
- 아홉 번째, **표현되지 않는 발**은 독립적인 생활에 심한 부적절감을 느끼고, 현실 지각의 왜곡을 나타낸다.
- 열 번째, **아주 작게 그린 신체**는 열등감, 수줍음, 사회적 불안감, 압박감, 자아 구조나 자아 강도가 낮다.

미술치료에 나타난
형태 심리

미술치료에 나타난 **형태 심리** ─○

고등학생 그림의 형태 분석
Form Analysis of High School Student Picture

Chapter 16 고등학생 그림의 형태 분석
Form Analysis of High School Student Picture

1 가족화(family drawing)

1) 가족화

형태 분석

- 이 그림은 가족의 형태를 연필과 여러 가지 색연필 그리고 매직으로 밑그림을 그렸으며, 연필과 색연필 그리고 크레파스를 사용하여 형태와 바탕을 칠했다.

- 고등학교 1학년 여학생은 가족을 할머니, 아버지, 본인, 남동생이 야외에 일렬로 서 있는 모습이다. 왼쪽 상단에는 태양, 중앙에는 구름, 하단에는 풀을 표현했다.

〈그림 01〉 **가족화** – 고등학교 1학년 여학생

- 이 여학생은 가족의 형태 이미지를 서열화 된 모습, 가족들의 큰 머리, 연한 머리카락, 진한 눈동자, 너무 작은 목, 너무 가는 목, 편 손가락, 반대방향으로 향한 발을 묘사했다.

형태 심리

이 그림에 나타난 가족의 형태심리는 크게 아홉 가지로 나눌 수 있다.

- 첫 번째, <u>서열화 된 모습</u>은 힘이나 영향력이 큰 사람을 크게 그리거나 중앙이나 맨 앞에 그리는 것이 일반적인 특징이다. 이 그림에서도 이런 특징을 쉽게 찾아볼 수 있다.

- 두 번째, <u>할머니의 어깨와 팔</u>은 약간 힘이 있는 각도(벌려)로 처리했지만, 나머지 식구들은 두 팔이 몸통에 붙어(차렷 자세) 있다.

- 세 번째, <u>가족들의 큰 머리</u>는 자격 또는 도덕적 허영 때문에 머리를 뚜렷 또는 크게 그린다. 할아버지는 오래전에 돌아가시고, 엄마는 이혼을 해 같이 살지 않고, 여학생은 남자 친구와 헤어졌다.
- 네 번째, <u>연한 머리카락</u>은 겁쟁이 또는 꽁한 성격을 말한다.
- 다섯 번째, <u>진한 눈동자</u>는 불안감과 긴장감, 타인의 의심과 방어적 태도, 편집증 경향을 보인다.
- 여섯 번째, <u>너무 작은 목</u>은 스스로 통제를 너무 억제하거나 위축됨을 상징한다.
- 일곱 번째, <u>너무 가는 목</u>은 자기 행동에 대한 통제력이 상실됨을 엿볼 수 있다.
- 여덟 번째, <u>편 손가락</u>은 손의 활동에 불안감을 나타낸다.
- 아홉 번째, <u>반대방향으로 향한 발</u>은 감정의 갈등이 심하다.

형태 분석

- 이 그림은 가족의 형태를 연필로만 그렸다.
- 고등학교 1학년 남학생은 가족을 할머니, 아버지, 엄마, 본인, 누나, 여동생을 일렬로 서 있는 모습을 표현했다.
- 이 남학생은 가족의 형태 이미지를 서열화 된 모습, 본인만 빼고 식구가 모두 팔을 벌렸으며, 모든 식구의 코와 목을 그리지 않았다.

〈그림 02〉 **가족화** - 고등학교 1학년 남학생

형태 심리

이 그림에 나타난 가족의 형태심리는 크게 네 가지로 나눌 수 있다.

- 첫 번째, <u>서열화 된 모습</u>은 힘이나 영향력이 큰 사람을 크게 그리거나 중앙이나 맨 앞에 그리는 것이 일반적인 특징이다.
- 두 번째, <u>팔을 붙인 본인</u>은 경직성 또는 억제 경향성이 나타난다. 이 학생은 집에서 외톨이 된 상태이다.

- 세 번째, <u>생략된 코</u>는 자신이 타인에게 어떻게 보일지에 대해서 예민하고, 사회적 상황이 위축되거나 회피하는 것을 의미한다.
- 네 번째, <u>생략된 목</u>은 인지 활동이나 통제력 모두 약화되고, 뇌기능이나 사고 장애를 보여 준다.

형태 분석

- 이 그림은 가족의 형태를 연필로만 그렸다.
- 고등학교 1학년 여학생은 가족을 아버지, 엄마, 큰 언니, 작은 언니, 본인이 일렬로 서 있는 모습을 표현했다.
- 이 여학생은 가족의 형태 이미지를 서열화 된 모습으로 왼쪽 상단에 위치시켰고, 전체적으로 가족의 형태가 아주 작고 반면에 공백이 많으며, 머리가 큰 가족, 팔

〈그림 03〉 **가족화** – 고등학교 1학년 여학생

을 밖으로 뻗는 가족, 팔을 붙인 작은 언니, 아버지의 연한 머리카락, 귀가 없는 아버지, 여자들은 진한 머리카락, 얼굴 표정이 다른 본인을 묘사했다.

형태 심리

이 그림에 나타난 가족의 형태심리는 크게 열한 가지로 나눌 수 있다.
- 첫 번째, <u>서열화 된 모습</u>은 힘이나 영향력이 큰 사람을 크게 그리거나 중앙이나 맨 앞에 그리는 것이 일반적인 특징이다.
- 두 번째, <u>왼쪽 상단의 위치</u>는 퇴행적인 공상(regressive fantasy)과 경향, 불안정감, 위축감, 불안감을 의미한다. 때로는 자폐적인 경향이나 불안을 나타낸다.
- 세 번째, <u>전체적으로 아주 작은 가족의 형태</u>는 자기 자신에 대한 통찰력 부족, 자신감과 자존심이 낮다. 자신의 상황에 안맞는 낙천적인 행동이 나타난다.
- 네 번째, <u>많은 공백</u>은 환경의 인식이 부족하거나 때로는 지적 지체도 있음을 의미한다.

- 다섯 번째, <u>머리가 큰 가족</u>은 지적 능력에 불안감, 과도한 보상 욕구로 과시적 표출을 상징한다.
- 여섯 번째, <u>팔을 밖으로 뻗는 가족</u>은 타인과의 교류를 갈망하고 있다.
- 일곱 번째, <u>팔을 붙인 작은 언니</u>는 경직되거나 억제하는 경향을 암시한다.
- 여덟 번째, <u>아버지의 연한 머리카락</u>은 겁쟁이 또는 꽁한 성격을 나타낸다.
- 아홉 번째, <u>귀가 없는 아버지</u>는 정서적 문제나 감정적 표현이 불안하고, 사회적으로나 감정적으로 교류적 상황을 회피한다.
- 열 번째, <u>진한 머리카락의 여자들</u>은 사고 공상에 대한 불안이 있다.
- 열한 번째, <u>얼굴 표정이 다른(눈동자가 없음) 본인</u>은 무엇인가에 대한 죄악감을 뜻한다.

▌형태 분석

- 이 그림은 가족의 형태를 연필로 그리고 난 후 색연필과 크레파스로 칠했다.
- 고등학교 1학년 남학생은 가족을 할머니, 아버지, 형, 본인이 일렬로 서 있고, 엄마의 모습을 아랫줄에 표현했다.
- 이 남학생은 가족의 형태 이미지를 머리가 큰 가족, 진한 눈동자의 할머니와 아버지 그리고 엄마, 선으로 표현된 형과 본인, 입이 큰 가족, 선으로 표현된 입,

〈그림 04〉 **가족화** – 고등학교 1학년 남학생

팔을 밖으로 뻗는 가족, 아버지의 진한 머리카락, 귀가 없는 가족(할머니, 아버지, 형, 본인), 옆모습의 엄마를 묘사했다.

▌형태 심리

이 그림에 나타난 가족의 형태심리는 크게 아홉 가지로 나눌 수 있다.

- 첫 번째, <u>머리가 큰 가족</u>은 적극성 또는 무의식적으로 지적인 것을 열망하고, 공상에 만족한다. 머리가 큰 쪽의 인물이 가정에서 권위가 있다. 때로는 두통이나 질병, 기타의 내장(內臟)의 징후가 나타난다.

- 두 번째, <u>진한 눈동자의 할머니와 아버지 그리고 엄마</u>는 공격적이거나 적대적인 자기주장을 펼친다.
- 세 번째, <u>선으로 표현된 눈의 형과 본인</u>은 신체의 가지애를 뜻한다.
- 네 번째, <u>입이 큰 가족</u>은 정서적 또는 애정적 교류의 불안감, 과도한 적극적 또는 역공포적임을 보여 준다.
- 다섯 번째, <u>선으로 표현된 입</u>은 타인의 정서적 교류로 무감각하고 냉정함을 의미한다.
- 여섯 번째, <u>팔을 밖으로 뻗는 가족</u>은 타인과의 교류를 갈망한다.
- 일곱 번째, <u>아버지의 진한 머리카락</u>은 사고 공상에 대한 불안이 있다.
- 여덟 번째, <u>귀가 없는 가족(할머니, 아버지, 형, 본인)</u>은 정서적 문제나 감정적 표현이 불안하고, 사회적으로나 감정적으로 교류적 상황을 회피한다.
- 아홉 번째, <u>옆모습의 엄마</u>는 자신감 부족 또는 자신의 외모를 창피하게 생각하거나 사고 장애 또는 신경학적 장애를 의미한다.

형태 분석

- 이 그림은 가족의 형태를 연필로 그리고 난 후 색연필과 크레파스로 칠했다.
- 고등학교 1학년 여학생은 가족을 아버지와 엄마 그리고 여동생을 아랫줄에 그렸고, 본인을 두 줄로 서 있는 모습 표현했다.
- 이 여학생은 가족의 형태 이미지를 모두 다리가 없거나 진한 머리카락, 팔을 뒤로 돌린 아버지, 엄마와 여동생이 손을 잡고 있고, 생략된 본인의 눈과 눈동자, 이빨이 보인 본인, 붕 떠 있는 본인의 모습을 묘사했다.

〈그림 05〉 **가족화** - 고등학교 1학년 여학생

형태 심리

이 그림에 나타난 가족의 형태심리는 크게 여덟 가지로 나눌 수 있다.
- 첫 번째, <u>모두가 없는 다리</u>는 성적으로 불안전하다.
- 두 번째, <u>진한 머리카락</u>은 사고 공상에 대한 불안이 있다.

- 세 번째, **팔을 뒤로 돌린 아버지**는 공격적 또는 적대적 감정을 억제하려고 한다.
- 네 번째, **손을 잡는 엄마와 여동생**은 상호작용이 매우 좋다. 다시 말해서 친밀감을 표시하는 것이다.
- 다섯 번째, <u>생략된 본인의 눈</u>은 타인과의 교류하는 데 극심한 불안감으로 회피하며, 사고 장애를 고려해 볼 수 있다.
- 여섯 번째, <u>생략된 본인의 눈동자</u>는 무엇인가에 대한 죄악감을 표시한다.
- 일곱 번째, <u>이발이 보인 본인</u>은 유아기의 퇴행을 상징한다.
- 여덟 번째, <u>붕 떠 있는 본인의 모습</u>은 정체성에 대한 불확실성 때문에 자신에게 소외됨을 의미한다.

2 **자화상**(self portrait)

1) 자화상

형태 분석

- 이 그림은 자기 자신의 서 있는 모습이며, 연필을 이용하여 밑그림을 그렸고, 색연필과 매직으로 칠했다.

- 고등학교 1학년 남학생은 자신의 모습을 머리카락, 얼굴, 눈썹, 눈, 눈동자, 코, 입, 귀, 목, 몸통, 팔, 손, 다리와 발 순으로 표현했다.

- 이 남학생은 자신의 형태 이미지를 큰 두상, 연한 머리카락, 진한 눈썹, 진한

〈그림 06〉 **자화상** – 고등학교 1학년 남학생

눈동자, 작은 코, 강조한 입술, 벌린 입, 표현되지 않는 어깨, 작은 몸통, 둥근 손, 짧은 다리, 길이가 다른 다리, 반대 방향으로 향한 발, 단순화 된 발을 묘사했다.

형태 심리

이 그림에 나타난 자화상의 형태심리는 크게 열네 가지로 나눌 수 있다.

- 첫 번째, **큰 두상**은 지적 능력에 불안감, 과도한 보상 욕구로 과시적 표출을 상징한다.
- 두 번째, **연한 머리카락**은 겁쟁이 또는 꽁한 성격을 나타낸다.
- 세 번째, **진한 눈썹**은 공격성을 의미한다.
- 네 번째, **진한 눈동자**는 공격적 또는 적대적 자기주장을 한다.
- 다섯 번째, **작은 코**는 외모에 자신이 없고, 위축되거나 타인과의 교류에 수동적이거나 회피를 한다.
- 여섯 번째, **강조한 입술**은 구순적 성욕을 뜻한다.
- 일곱 번째, **벌린 입**은 대인 관계의 무기력감과 수동적인 태도를 보여 준다.
- 여덟 번째, **표현되지 않는 어깨**는 신경학적 장애와 정신 지체의 가능성을 내포하고 있다.
- 아홉 번째, **작은 몸통**은 수동적이고 억제된 행동을 말한다.

- 열 번째, 둥근 손은 교류나 통제, 대처 능력의 부적절함과 무력감을 보여 준다.
- 열한 번째, 짧은 다리는 대처 능력의 부적절감과 억제하는 경향 그리고 수동적인 태도를 말한다.
- 열두 번째, 길이가 다른 다리는 신경학적 장애와 정신증적 장애 그리고 지적 장애를 상징한다.
- 열세 번째, 반대 방향으로 향한 발은 우유부단한 성격과 자신감이 없음 나타낸다.
- 열네 번째, 단순화 된 발은 자율성이 미성숙한 수준의 발달단계를 의미한다.

형태 분석

- 이 그림은 자기 자신의 서 있는 모습이며, 연필을 이용하여 밑그림을 그렸고, 색연필로 칠했다.
- 고등학교 1학년 남학생은 자신의 모습을 머리카락, 얼굴, 눈썹, 눈, 눈동자, 코, 입, 귀, 목, 몸통, 팔, 손, 다리와 발 순으로 표현했다.
- 이 남학생은 자신의 형태 이미지를 연한 머리카락, 진한 눈동자, 문질린 코, 작은 코, 벌린 입, 표현되지 않는 팔을 묘사했다.

〈그림 07〉 **자화상** – 고등학교 1학년 남학생

형태 심리

이 그림에 나타난 자화상의 형태심리는 크게 다섯 가지로 나눌 수 있다.

- 첫 번째, 연한 머리카락은 겁쟁이 또는 꽁한 성격을 나타낸다.
- 두 번째, 진한 눈동자는 공격적 또는 적대적 자기주장을 한다.
- 세 번째, 문질린 코는 자위거세(自慰去勢)의 공포를 느낀다.
- 네 번째, 벌린 입은 대인 관계의 무기력감과 수동적인 태도를 보여 준다.
- 다섯 번째, 표현되지 않는 팔은 분열증과 우울증이 의심스럽다.

형태 분석

- 이 그림은 자기 자신의 서 있는 모습이며, 여러 가지 색연필로 칠했다.
- 고등학교 1학년 남학생은 자신의 모습을 머리카락, 얼굴, 속눈썹, 눈, 눈동자, 코, 입, 목, 몸통 순으로 표현했다.
- 이 남학생은 자신의 형태 이미지를 진한 머리카락, 진한 속눈썹과 눈동자, 문질린 코, 작은 코, 큰 입, 벌린 입, 가는 목과 네 개의 단추를 묘사했다.

〈그림 08〉 **자화상** – 고등학교 1학년 남학생

형태 심리

이 그림에 나타난 자화상의 형태심리는 크게 아홉 가지로 나눌 수 있다.

- 첫 번째, **진한 머리카락**은 겁쟁이 또는 꽁한 성격을 나타낸다.
- 두 번째, **진한 속눈썹**은 강박적 히스테리 자기애적 성격을 의미한다.
- 세 번째, **진한 눈동자**는 공격적 또는 적대적 자기주장을 한다.
- 네 번째, **문질린 코**는 자위거세(自慰去勢)의 공포를 느낀다.
- 다섯 번째, **작은 코**는 성적 갈등과 성적 미숙을 상징한다.
- 여섯 번째, **큰 입**은 정서적 또는 애정적으로 교류의 불안감을 느껴 과도하게 적극적인 행동을 보인다.
- 일곱 번째, **벌린 입**은 대인 관계의 무기력감과 수동적인 태도를 보여 준다.
- 여덟 번째, **가는 목**은 자기 행동에 대한 통제력 상실을 뜻한다.
- 아홉 번째, **네 개의 단추**는 어머니에 대한 의존과 유아적 부적응을 상징한다.

형태 분석

- 이 그림은 자기 자신의 서 있는 모습이며, 검정색 사인펜으로 그렸다.
- 고등학교 1학년 여학생은 자신의 모습을 머리카락, 얼굴, 속눈썹, 눈, 눈동자, 코, 입, 목, 몸통, 호주머니 순으로 표현했다.
- 이 남학생은 자신의 형태 이미지를 긴 머리카락, 주의 깊게 그린 머리카락, 진한 눈썹과 강조한 눈(눈동자), 작은 코, 가는 목, 무늬로 강조한 가슴에 있는 호주머니, 큰 유방을 묘사했다.

〈그림 09〉 **자화상** – 고등학교 1학년 여학생

형태 심리

이 그림에 나타난 자화상의 형태심리는 크게 일곱 가지로 나눌 수 있다.

- 첫 번째, <u>주의 깊게 그린 머리카락</u>은 자기애의 동성애를 생각할 수 있다.
- 두 번째, <u>진한 눈썹</u>은 공격적인 태도를 보일 수 있다.
- 세 번째, <u>강조한 눈(눈동자)</u>은 호기심이 많음을 상징한다.
- 네 번째, <u>작은 코</u>는 외모에 자신이 없어 위축되고, 타인과의 교류에 수동적이거나 회피를 한다.
- 다섯 번째, <u>가는 목</u>은 자기 행동에 대한 통제력 상실을 내포하고 있다.
- 여섯 번째, <u>무늬로 강조한 가슴에 있는 호주머니</u>는 애정이나 물질의 결손을 보상받고자 하는 심리이다.
- 일곱 번째, <u>큰 유방</u>은 성적인 능력이나 매력을 강조하고, 의존 욕구의 불안감을 과잉으로 보상받고자 한다.

3 **자유화**(free drawing)

1) 자유화

형태 분석

〈그림 10〉 **자유화** – 23세 지적장애 남자

- 이 그림은 태양과 집, 구름을 그렸다.
- 23세 지적장애 남자는 자유화를 노란색 매직으로 그린 태양과 노란색 크레파스를 사용한 태양의 후광, 검정색 사인펜으로 그린 집과 창문 그리고 문, 파란색 사인펜으로 표현한 구름을 표현했다.
- 이 남자는 자유화의 형태 이미지를 왼쪽 상단에 잘려진 태양, 큰 태양, 노란색으로 약하게 그린 후광과 오른쪽 아래 구석에 표현한 집, 하나의 문, 부적절한 배열의 창문, 강조한 창문을 묘사했다. 특히 이 그림은 바탕의 칠한 검정색이 핵심이다.

형태 심리

이 그림에 나타난 자유화의 형태심리는 크게 여덟 가지로 나눌 수 있다.

- 첫 번째, 왼쪽 상단에 잘려진 태양은 아버지의 사망을 암시한다.
- 두 번째, 큰(1/4) 태양은 아버지의 사망이나 부재 그리고 정신적인 거리를 보여 준다.
- 세 번째, 노란색으로 약하게 그린 후광은 아버지에게 애정을 요구하나 애정이 적은 아버지 또는 부재나 사망한 아버지를 나타낸다.
- 네 번째, 오른쪽 아래 구석에 표현한 집은 위축감과 두려움 그리고 자신 없음을 상징한다.
- 다섯 번째, 하나의 문은 세상의 접근이 불편함을 나타낸다.
- 여섯 번째, 부적절한 배열의 창문은 시공간의 능력 부족과 초기 정신 분열증 환자를 의미한다.
- 일곱 번째, 강조한 창문은 고착 관념을 말한다.
- 여덟 번째, 검정색으로 칠한 바탕은 공포심이나 어머니의 히스테리를 내포하고 있다.

형태 분석

<그림 11> **자유화** - 고등학교 1학년 남학생

- 이 그림은 땅, 나무, 과일, 나비, 옹이, 벌레를 그렸다.
- 고등학교 1학년 남학생은 자유화를 진한 갈색 사인펜으로 그린 땅의 윤곽선, 갈색 사인펜을 사용해 나무와 나뭇가지, 빨간색 사인펜으로 과일, 녹색 사인펜으로 나뭇잎, 노란색 사인펜으로 나비를 표현했다.
- 이 남학생은 자유화의 형태 이미지를 지면에 비해 너무 큰 나무, 좌우로 기울어진 나무, 뾰족한 나뭇가지, 반복적으로 그린 열매(과일), 대칭인 나뭇가지, 밑 부분을 강조한 나무, 사과나무, 세 개의 옹이, 뿌리가 없는 나무를 묘사했다.

형태 심리

이 그림에 나타난 자유화의 형태심리는 크게 아홉 가지로 나눌 수 있다.

- 첫 번째, **지면에 비해 너무 큰 나무**는 환경에 대한 복잡한 긴장감의 느낌을 말한다.
- 두 번째, **좌우로 기울어진 나무**는 개성의 불균형, 특히 충동적 행동에 빠지기 쉽고 안정적인 감정이 결핍됨을 의미한다.
- 세 번째, **뾰족한 나뭇가지**는 지나친 내향적 사회적 위축, 내면의 적대감과 공격성을 내포하고 있다.
- 네 번째, **반복적으로 표현한 열매(과일)**는 강박적 보상 행동을 위해 불안감 상쇄, 숨겨진 강한 의존적 욕구, 지나친 내면의 과시(나는 두렵지 않다)를 나타낸다.
- 다섯 번째, **대칭인 나뭇가지**는 상호작용에 대한 두려움이나 불확실감 그리고 양가감정이 있지만 균형을 유지하고자 애쓰며, 융통성이 부족하여 경직되거나 스스로 한 치의 실수를 용납 못함을 상징한다.
- 여섯 번째, **밑 부분을 강조한 나무**는 기본적인 만족을 요구한다.
- 일곱 번째, **사과나무**는 애정이나 의존적인 욕구가 매우 높고, 사랑에 목말라 있는 상태를 의미한다.
- 여덟 번째, **세 개의 옹이**는 성장과정에서 경험한 세 번의 외상적 사건으로 자아의 상처를 보여 준다.
- 아홉 번째, **뿌리가 없는 나무**는 불안정감, 자신이 없음을 나타낸다.

〈참고문헌〉

교육학사전편찬위원회 편, 『교육학 대사전』, 교육서관, 1989.

김재은, 『그림에 의한 아동의 심리진단』, 교육과학사, 1984.

_____, 『인물화에 의한 지능측정』, 배영사, 1967.

김정, 『아동의 미술교육 연구』, 창지사, 1989.

___, 『유아의 묘화 분석』, 백록출판사, 1984.

김춘일, 『미술교육론』, 홍성사, 1985.

박현일, 『사고력 발달을 위한 어린이 그림 지도 방법론』, 생활지혜사, 1996.

_____, 『색채학 사전』, 도서출판 국제, 2006.

_____, 『색채학 강의』, 도서출판 서우, 2007.

_____, 『디자인 강의』, 교우사, 2008.

_____, 『아동미술 인명사전』, 한국학술정보(주), 2010.

_____, 『미술치료 용어사전』, 시그마프레스, 2012.

_____, 『아동미술 용어사전』, 한국학술정보(주), 2012.

박현일·조홍중, 『그림을 통한 성격치료 미술치료』, 시그마프레스, 2009.

김중술, 「아동화의 이해와 평가」, 『새교실』, 대한교련, 1980.

『두산백과사전』, 동아출판사, 1982.

신세호, 「창의적 사고에 미치는 인성요인에 관한 연구」, 서울대학교 석사논문, 1965.

윤치연, 『발달장애의 이해』, 형설출판사. 2004.

임영방·박철준, 『미술과 교육(I)』, 한국방송통신대학, 1987.

Osborne, A. F., 『想像工學』, 신세호 역, 배영사, 1968.

정순목, 『예술교육론』, 교육과학사, 1983.

사또루 후지 편저, 『미와 조형의 심리학』, 김복영 옮김, 조형사, 1994.

香川勇, 『太陽の硏究』, 日本兒童畵硏究會, 1954.

森谷寬之·杉浦京子·入江茂·山中康裕, 『コラージュ療法入門』, 東京：岩崎學術出版社, 1993.

淺利篤, 『兒童畵の秘密』, 黎明書房, 1956.

_____, 『兒童畵と家庭』, 黎明書房, 1956.

Alschuler, Rose H. & Hattwick, La Berta W., *Art and Personality : A Study of Young Children*, Chicago : Univ. of Chicago Press, (Vol. 1) & 2, 1947.

American Association on Mental Retardation, *Mental Retardation*, Washington D. C. : American Association on Mental Retardation. 2002.

Barron, F., "The Psychology of Imagination", *Scientific American*, (Vol. 199), September 1958.

Barron, F. & Welch, G., "Artistic Perception as a Possible Factor in Personality Style : Its Measurement by a Figure Preference Test", *Journal of Psychology*, (Vol. 33), 1958.

Buber, M., *I and Thou*, 김광식 역, 『당신과 나 세계의 대사상 21』, 徽文出版社, 1973.

Bühler, C., *Childhood Problems and the Teacher*, London : Routledge & Kegan Paul, Ltd., 1953.

Bühler, Karl, *The Mental Development of the Child*, New York : Harcourt, Brace & World, Inc., 1930.

Burt, S. C., *Mental and Scholastic Teste*, London : P. S. King, & Son., 1921.

Cohen, E. P. & Gainer, R. S., *Art, Another Language for Learning*, 1984.

Davis, D. J., *Research Trends in Art Education*, Pappas, G., Concepts in Art and Education, London : Macmillan, Co., 1970.

De Francesco, Italo L., *Art Education : Its Means and Ends*, New York : Harper & Row, Publishers, 1958.

Dewey, John, *Democracy and Education*, Chicago : Rand McNally, 1916.

_____, *Art as Experience*, New York : Gapricorn Books, G. P. Putnam's, 1958.

Dubin, E., "The Effect of Training on the Tempo of Development of Graphic Representations in Preschool Children", *Journal of Experimental Education*, (Vol. 15), No. 2, December, 1946.

Eisner, Elliot W., *Educating Artistic Vision*, New York : Macmillan Publishing Co., Inc., 1972.

Ellermeyer, D., "Enhancing Creativity through Play : A Discussion of Parental and Environment All Factors", *Early Child Development and Care*, 93, Guilford, J. P., 1968. Intelligence. 1993.

Freeman, N. H., "Process and Product in Children's Drawing", *Perception*, 1, pp. 123~140, 1972.

Gesell, A. L. & Ames, L. B., "The Development of Directionality in Drawing", *Journal of Genetic Psychology*, 68, pp. 45~61, 1946.

Getzels, J. W. & Jackson, P. W., *Creativity and Intelligence*, 1962.

Goodenough, F. L., *Measurement of Intelligence by Drawings*, New York : World Book, Co., 1926.

Goodnow, Jacqueline J., *Children Drawing*, Massachusetts, Cambridge : Harvard Univ. Press, 1977.

Guilford, Joy P., *The Nature of Intelligence*, New York : McGraw & Hill Inc., 1967.

_____, *Intelligence, Creativity, and Their Educational Implications*, San Dieg o : California, Robert R. Knapp, 1968.

Harris, Dale B., *Children's Drawings as Measure of Intellectual Maturity : A Revision and Extension of the Goodenough Draw-a-Man Test*, New York : Harcourt, Brace & World, Inc., 1963.

Hastie, R., *Encounter with Art*, New York : McGraw & Hill Book Co., 1969.

Jefferson, Blanche, *Teaching Art to Children*, Boston : Allyn & Bacon, Inc., 1959.

Karnes, Merle B., *Creative Art for Learning*, Virginia : Council for Exception Children, 1982.

Kellogg, Rhoda & O'dell, S., *Psychology of Children's Art*, California : CRM Inc., 1967.

Koestler, Arthur, *Insight and Outlook*, New York : Macmillan Co., 1949.

Lansing, Kenneth M., *Art, Artists and Art Education*, New York : McGraw & Hill Book Co., 1977.

Lark-Horovitz, B., *Understanding Children Art for Better Teaching*, New York : Bell & Howell Co., 1973.

Lasky, L. & Mukerji, R., "Art Basic for Young Children", *The National Association for the Education of Young Children*, Washington, DC, 1981.

Levy, S., "Figure Drawing as a Projective Test", in *Projective Psychology by Abt*, L. E. & Bellak, L. Knapt, 1950.

Lewis, Hilda, "Spatial Representation in Drawing as a Correlate of Development and a Basis for Picture Preference", *Journal of Genetic Psychology*, 102, pp. 95~107, March, 1963.

Lindstrom, Miriam & Lindstrome, C., *Children's Art*, Berkeley : Univ. of California Press, 1962.

Lowenfeld, Viktor, & Brittain, W. Lambert, (4th Eds.), *Creative and Mental Growth*, New York : Macmillan Publishing Co., Inc., 1964.

_____, (6th Eds.), *Creative and Mental Growth*, New York : Macmillan Publishing Co., Inc., 1975.

_____, (8th Eds.), *Creative and Mental Growth*, New York : Macmillan Publishing Co., Inc., 1987.

Luka, M., & Kent, R., *Art Education*, Strategies of Teaching, New Jersey : Prentice & Hall, Inc., 1968.

Machover, K., *Personality Projection in the Drawings of the Human Figure*, 8th Printing Springfield Minois, Springfield, Illinois : Charles C. Thomas, 1949.

Maslow, A. H., *Towards a Psychology of Being*, Princeton : Van Nostrand, 1962.

Medinnus, J. R. & Bobitt, D., Hullet, J., "Effect of Training on the Draw a Man Test",

Journal of Experimental Education, (Vol. 35), Winter, 1966.

Piaget, Jean, *Play : Dreams and Imitation in Childhood*, New York : W. W. Norton Co., 1951.

_____, *The Origins of Intelligence in Children*, (Trans.) by Margaret Cook, New York : International Univ. Press, 1952.

Piaget, Jean, & Inhelder, B., *The Psychology of the Child*, New York : Basic Books, 1969.

Ranger, Suzanne K., *Expressiveness : Problems of Art*, New York : Charles Scribner's Sons, 1957.

Read, Herbert, *Education through Art*, New York : Pantheon, 1943.

Salome, R. H., "The Effects of Perceptual Training upon the Two Dimensional Drawings of Children", *Studies in Art Education*, (Vol. 7), No. 1, Autumn, 1965.

Schaefer, C. E., *Developing Creativity in Children*, Buffalo : Dok Publishers, 1973.

Spencer, H., *Education Theory*, 1861.

Sully, J., *The Child as Artists : In Studies in Childhood*, London : Longmans & Green Co., 1890.

Torrance, E. Paul, *Guiding Creative Talent*, 1960.

_____, *Creativity*, Belmont, California : Feron Publishers, 1969.

Wankelman, W. F., *A Handbook of Arts and Crafts for Elementary and Junior High School Teachers*, Iowa : Brown, W. C., Publishers, Co., 1977.

Wolff, W., *The Expression of Personality*, New York : Harper, 1943.

_____, *The Personality of Preschool Child : the Child's Research for His Self*, New York : Grune & Stratton, 1946.

저자 소개

박현일 (서양화, 미술교육, 미학 전공)

- 전남대학교 동아시아연구소 연구원
- 원광대학교 철학 박사(미학 전공)
- 동국대학교 교육학 석사(미술교육 전공)
- 아시아장애사회학회 '학술이사'
- 한국미술치료학회 '이사'
- 아시아아동지원학회 '이사'
- 한국다문화가족학회 '이사'

〈저 서〉
- 『사고력 발달을 위한 어린이 그림 지도 방법론』(1996)
- 『애니메이션이 보인다』(1999)
- 『디자인이란』(2006)
- 『색채학 사전』(2006)
- 『색채학 강의』(2007)
- 『디자인 강의』(2008)
- 『그림을 통한 성격 치료 미술 치료』(2009)
- 『아동미술 인명사전』(2010)
- 『미술치료 용어사전』(2012)
- 『아동미술 용어사전』(2012)
- 『미술치료에 나타난 형태심리』(2013)

〈논 문〉
- 「색채를 통한 청소년 심리상태의 분석연구」, 동국대학교 석사논문(1990)
- 「유아 글자 교육 여러 가지 색」, (월간신문 바로찾는세상)(1992)
- 「초등학생을 위한 그림 지도」, 역사와 사회(1999)
- 「색채미학에 대한 연구(1): 인류부터 중세까지」, 동서철학연구(2002)
- 「디지털 시대의 색채문화(2): 1980년대의 색채에 관한 연구」, 동서철학연구(2003)
- 「한국 색채문화의 사회미학적 연구」, 원광대학교 박사논문(2004)
- 「한국문화에 나타난 색채의식(3): 상고시대부터 근대까지」, 동서철학연구(2004)
- 「장애인의 색채의식에 관한 연구(4)」, 亞細亞障害社會學研究(2006)
- 「障害者の色彩意識に關する研究(5): 精神遲滯障害者と肢体障害者」, 亞細亞障害社會學研究(2008)
- 「C-T-S-C Personality Inventory: Circle, Triangle, Square, and Clover」, The Asian Journal of Child Care(2010)

미술치료에 나타난 형태심리

1판 1쇄 발행 2013년 3월 05일
1판 2쇄 발생 2023년 06월 01일
저   자 박현일
발 행 인 이범만
발 행 처 **21세기사** (제406-2004-00015호)
          경기도 파주시 산남로 72-16 (10882)
          Tel. 031-942-7861   Fax. 031-942-7864
          Home-page : www.21cbook.co.kr
          E-mail : 21cbook@naver.com
          ISBN 978-89-8468-472-0

정가 25,000원